京津冀及周边地区产业与能源结构优化研究

Research on Optimization of Industrial and Energy Structure in Beijing-Tianjin-Hebei and Surrounding Areas

吕连宏 张保留 罗 宏 等 编著

中国环境出版集团·北京

图书在版编目（CIP）数据

京津冀及周边地区产业与能源结构优化研究/吕连宏等编著. —北京：中国环境出版集团，2019.7
ISBN 978-7-5111-3972-6

Ⅰ. ①京… Ⅱ. ①吕… Ⅲ. ①区域产业结构—产业结构优化—研究—华北地区②空气污染控制—研究—华北地区 Ⅳ. ①F127.2②X510.6

中国版本图书馆 CIP 数据核字（2019）第 083348 号

出 版 人　武德凯
责任编辑　董蓓蓓
责任校对　任　丽
封面设计　彭　杉

出版发行　中国环境出版集团
（100062　北京市东城区广渠门内大街 16 号）
网　　址：http：//www.cesp.com.cn
电子邮箱：bjgl@cesp.com.cn
联系电话：010-67112765（编辑管理部）
发行热线：010-67125803，010-67113405（传真）
印　　刷　北京建宏印刷有限公司
经　　销　各地新华书店
版　　次　2019 年 7 月第 1 版
印　　次　2019 年 7 月第 1 次印刷
开　　本　787×1092　1/16
印　　张　12
字　　数　260 千字
定　　价　60.00 元

前　言

党的十八大以来，以习近平同志为核心的党中央高度重视生态文明建设和环境保护工作，我国生态环境质量持续好转，出现了稳中向好趋势，但成效并不稳固，环境保护工作已经进入“坚决打好污染防治攻坚战，推动生态文明建设迈上新台阶”的攻坚期。

京津冀及周边地区是全国大气污染最为突出、灰霾污染最为严重的地区，城市之间污染相互影响显著，重污染事件频发，对区域经济社会发展形成严重制约，同时也影响人群身体健康。在京津冀一体化的背景下，大气污染治理已成为推进京津冀协同发展战略的优先领域，对保障人民群众身体健康、探索生态文明建设有效路径、实施京津冀协同发展重大国家战略和促进国民经济可持续发展具有重要意义。

《大气污染防治行动计划》及相关政策实施以来，京津冀及周边地区细颗粒物浓度呈显著下降趋势，但与全面实现空气质量达标仍存在巨大差距。为切实改善京津冀及周边地区大气环境质量，当前和未来较长一段时间内必须下大决心，采取更加积极有效的强化措施。

从全球发展经验来看，产业结构和能源结构与大气污染有着密切的关系。要从根本上控制大气污染、切实改善空气质量，必须调整区域经济结构和能源结构，构建高质量现代化经济体系，培育壮大节能环保产业、清洁生产产业等新兴产业，全面推动绿色发展。

本书以从根本上改善京津冀及周边地区大气环境质量为目标，借鉴国内外先进发展经验，以京津冀及周边地区的山东、河南、山西、内蒙古等七省（区、市）为研究对象，深入分析区域经济发展与能源消费状况，针对控制大气污染问题提出优化产业结构与能源结构的对策措施，力求破解当前大气污染防治中的难点问题，为区域大气环境管理提供科学可靠的支撑。

本书是在多位专家辛勤工作的基础上完成的，具体如下：第1章由吕连宏、罗宏编写，第2章由张保留、吕连宏编写，第3章由张保留、吕连宏编写，第4章由罗宏、吕连宏编写，第5章由史丹丹、罗宏编写，第6章由谢雪松、罗宏编写，第7章由王健、张保留编写，第8章由吕连宏、张保留编写，全书由吕连宏、张保留统稿。在研究过程中得到了总理基金“大气重污染成因与治理攻关项目”“2+26城市综合解决方案研究”（编号：DQGG0304）的资助和多位专家的指导，在此一并表示衷心的感谢。

由于作者水平有限，书中难免会出现错误与不当之处，敬请广大读者批评指正。

编者

2018年6月

目　录

1　京津冀及周边地区经济发展现状

1.1　经济增长

1.1.1　京津冀

北京市、天津市、河北省三省（市）2000—2015年地区生产总值（2000年可比价格）和增速分别见图1.1-1至图1.1-3。2000—2015年，京津冀地区经济建设始终保持平稳较快发展的良好态势。就经济增速来看，京津冀地区，除河北近两年增速低于7%以外，其他两地经济增长速度总体上保持了不低于7%的较高水平，地区经济总量保持平稳提升态势。

进入“十二五”以来，京津冀区域一体化进程进一步加快，在基础设施建设一体化、区域产业升级、区域资源与市场整合等方面均取得了长足发展，三地在经济持续平稳增长的同时，经济运行质量不断提高，区域经济增长速度平缓下降。

2000—2015年，北京经济总量持续增长，按2000年可比价计算，增速大体保持在7%以上。2007年以前，北京市地区生产总值增速总体波动上升，2008年有较大幅度下降，2009—2010两年较为平稳，随后缓慢下降，自2011年起，增速均低于10%，2015年为6.9%。

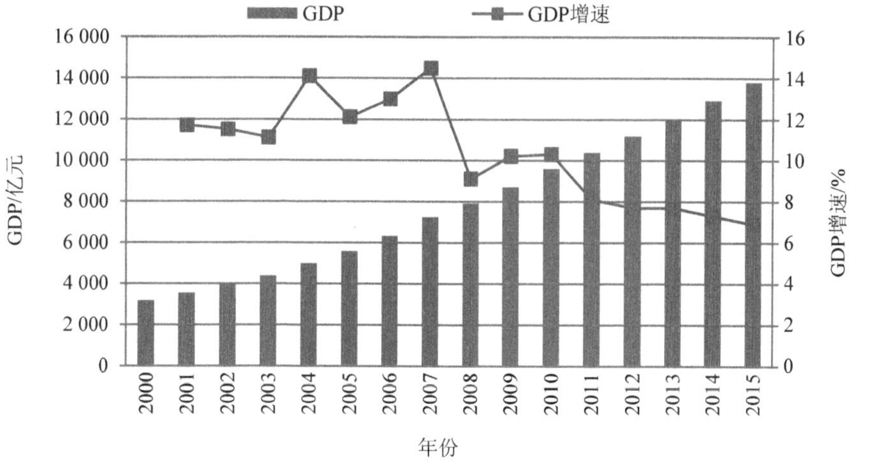

图1.1-1　2000—2015年北京市地区生产总值（2000年可比价格）及增速

数据来源：《中国统计年鉴》。

2001—2004 年，天津市地区生产总值快速增长，增速也逐年提高；2005—2010 年，增速平稳上升；2010 年以后，增速由最高点的 17.4%快速降低至 2015 年的 9.3%。可见“十二五”以来的经济调整成效较为明显。

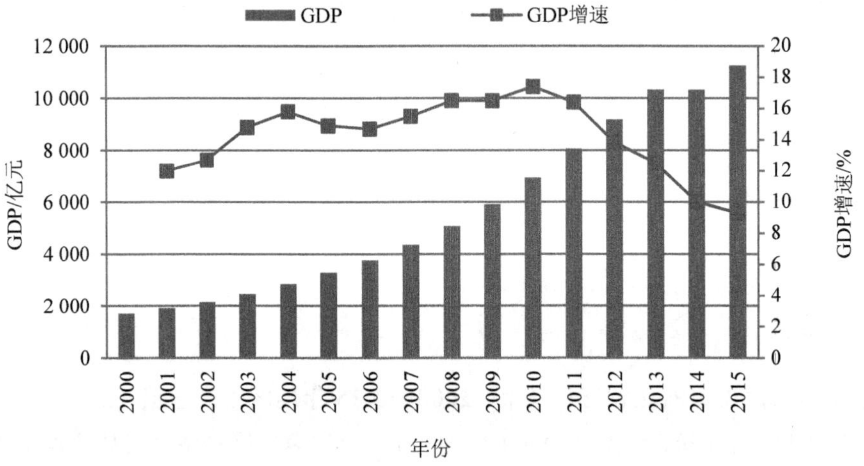

图 1.1-2　2000—2015 年天津市地区生产总值（2000 年可比价格）及增速

数据来源：《中国统计年鉴》。

2000 年以来，河北省地区生产总值总体呈上升趋势，2001—2004 年，河北省地区生产总值增长迅速，增速也大幅增长；2004—2010 年，经过短暂回落有一定上升；2010 年以后，增速逐年下降，2015 年为 6.8%。

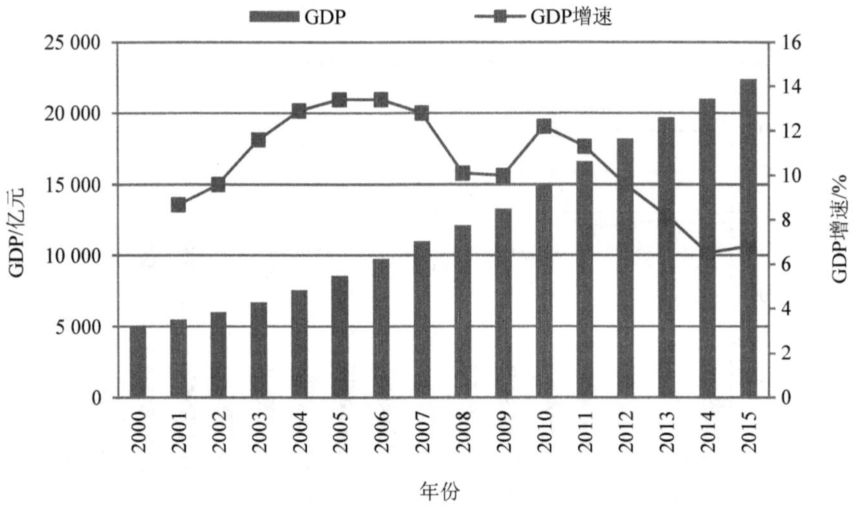

图 1.1-3　2000—2015 年河北省地区生产总值（2000 年可比价格）及增速

数据来源：《中国统计年鉴》。

北京、天津与河北三地的自然禀赋差异巨大，产业基础也各有特点，这造成了京津冀地区内部经济发展差异显著，直接体现在三省市经济总量的差异上，北京和天津两大城市的经济总量占京津冀全区域经济总量的55%以上。

就经济增长速度来看，2010年以来北京、天津、河北三地的地区生产总值增长率均呈现下降趋势。天津始终保持最高的经济增长速度，2015年增长率分别高出北京和河北2.4个百分点和2.5个百分点，天津在京津冀区域经济中的比重将进一步增加。

1.1.2 周边四省（区）

山西、山东、河南、内蒙古四省（区）2000—2015年地区生产总值（2000年可比价格）和增速分别见图1.1-4至图1.1-7。

山西省地区生产总值增速波动较大，2001—2004年，增速增长较快，随后两年增速有所回落；2007年增速回升，达到16%左右，为近年来的峰值；2008年、2009年，增速大幅度下降；2010年，增速回升至14%左右，随后几年逐年降低，2015年已降至4%以下。

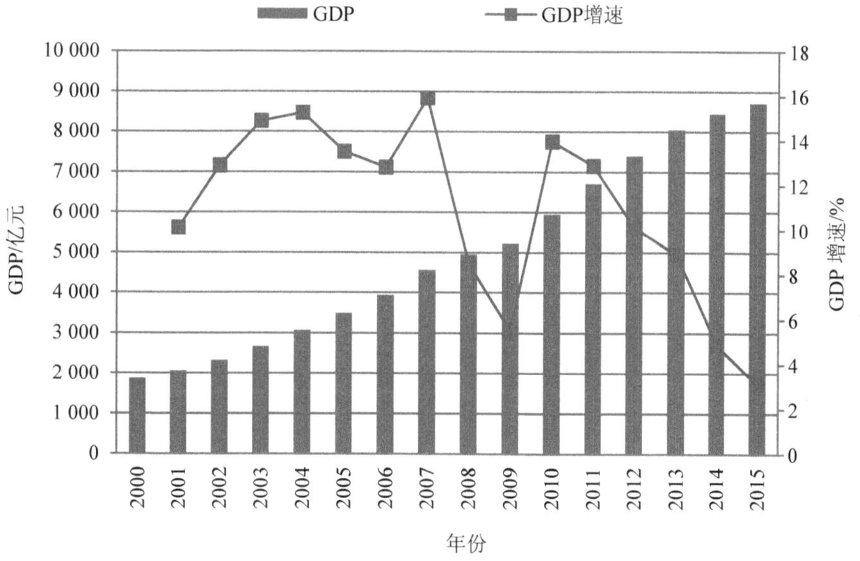

图1.1-4 2000—2015年山西省地区生产总值（2000年可比价格）及增速

数据来源：《中国统计年鉴》。

相比其他几个省（区、市），山东省地区生产总值增速较为平稳，自2001—2004年快速增长至峰值后，开始缓慢下降，2008年降幅明显，2011年开始，降低幅度增大。但2015年增速仍然保持在8%。

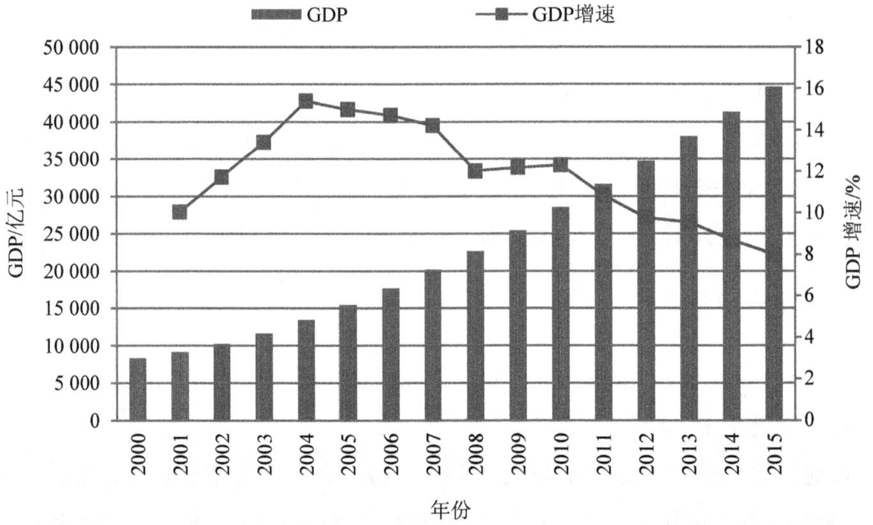

图 1.1-5 2000—2015 年山东省地区生产总值（2000 年可比价格）及增速

数据来源：《中国统计年鉴》。

2001—2004 年，河南省地区生产总值增速快速增长；2005—2007 年，增速增长放缓，2007 年达到最高增速 14.6%；2008 年、2009 年，增速有明显回落，2010 年有小幅回升；自 2010 年以来，增速持续下降，2015 年降至 8.3%左右。

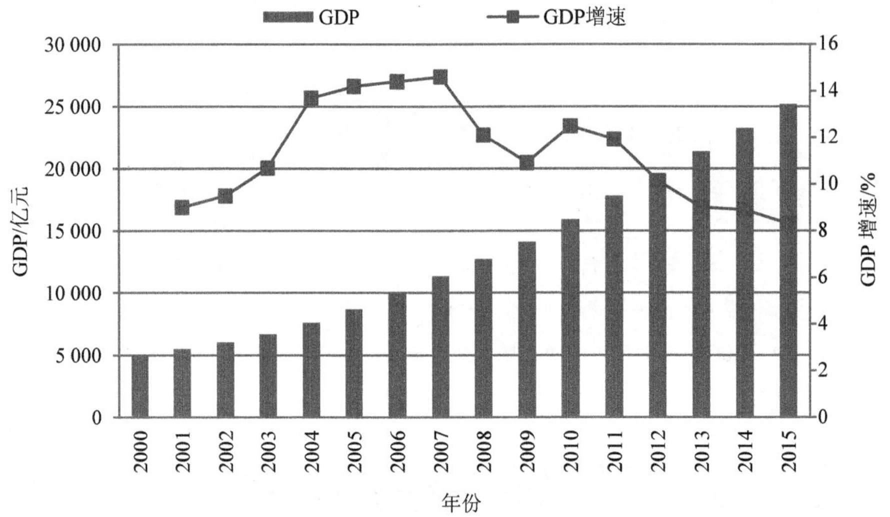

图 1.1-6 2000—2015 年河南省地区生产总值（2000 年可比价格）及增速

数据来源：《中国统计年鉴》。

内蒙古自治区地区生产总值增速变化规律与其他几省（市）不太一致，峰值出现在 2005

年，且增速超过 23%，是京津冀及周边四省（区）中的最大峰值；2006 年增速有较大回落；自 2007 年开始，增速平稳下降，2015 年增速为 7.7%，这一增速已经接近新常态发展要求。

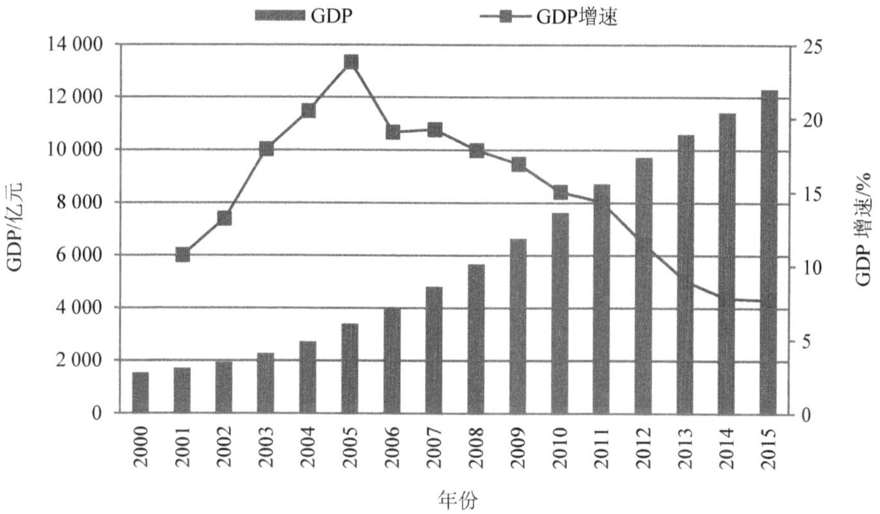

图 1.1-7　2000—2015 年内蒙古自治区地区生产总值（2000 年可比价格）及增速

数据来源：《中国统计年鉴》。

综上所述，从经济总量来看，山东省地区生产总值总量明显高于其他几省（区、市），山西省略低于平均水平。从增速上看，京津冀周边四省（区）除山西、内蒙古以外，其他两省地区生产总值增速均高于京津冀三省市平均水平，经济增长较快。

1.2 产业结构

1.2.1 京津冀

北京市、天津市、河北省三省市 2000—2015 年第一、第二、第三产业产值占地区生产总值的比重分别见图 1.2-1 至图 1.2-3。

改革开放以来，北京市的产业结构调整表现出从第二产业的一家独大到“退二进三”的基本特征，随着第三产业额不断发展，第一、第二产业的比重不断下降。“十二五”以来，北京第三产业维持了较为稳定的发展态势，比重不断提升，2010 年三次产业比例为 0.9∶23.6∶75.5，在“十二五”的政策推动下，2013 年三次产业比例为 0.8∶21.7∶77.5，而在《大气污染防治行动计划》（简称“大气十条”）实施后，截至 2015 年，三次产业结构已调整为 0.6∶19.7∶79.7。随着首都“四个中心”定位的明确及京津冀协调发展大背景的要求，第三产业尤其是现代服务业将成为未来经济发展的核心产业类型，第三产业在北京经济中的主导地位将不断加强。

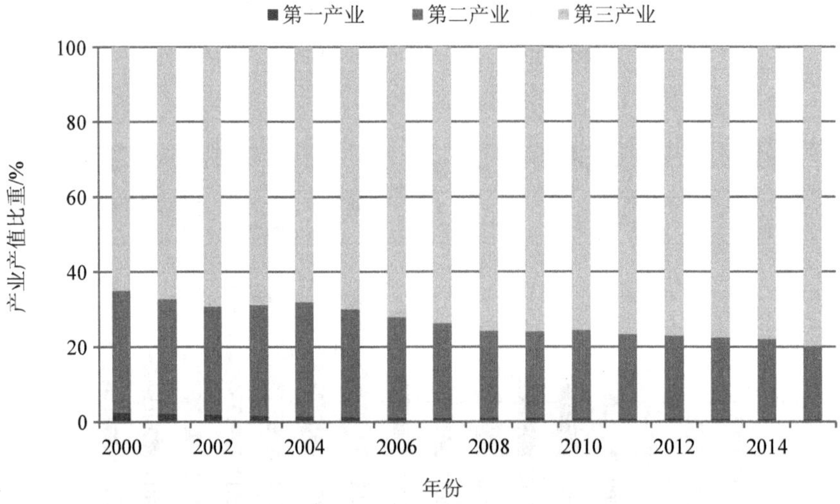

图 1.2-1　2000—2015 年北京市产业结构变化

数据来源：《中国统计年鉴》。

2000 年以来，天津市产业结构呈现第一、第二产业逐年下降，第三产业比重缓慢上升的特征。“十二五”以来，三次产业比例由 2010 年的 1.6∶52.4∶46.0 调整为 2015 年的 1.3∶46.6∶52.2，其中 2013 年之后，第三产业比例上升明显，一跃超过 50%。根据钱纳里工业化阶段理论判断，天津处于工业化后期。伴随产业结构调整升级，三产对天津经济发展的推动作用会进一步加大。

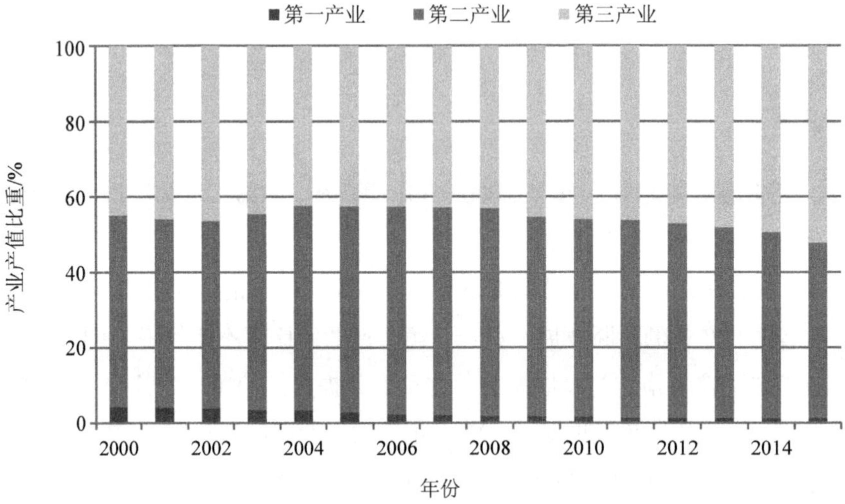

图 1.2-2　2000—2015 年天津市产业结构变化

数据来源：《中国统计年鉴》。

从河北三次产业结构来看，比重最大的仍然为第二产业，且与京津相比，第一产业的比重仍然较高。三次产业结构由 2000 年的 16.3∶49.9∶38.8 调整优化为 2015 年的 11.5∶48.3∶40.2，其中 2013 年以后，第一、第二产业比重持续降低，三产比重不断上升，“十二五”末上升幅度最大。当然，第三产业对河北经济的推动作用还有很大的提升空间。

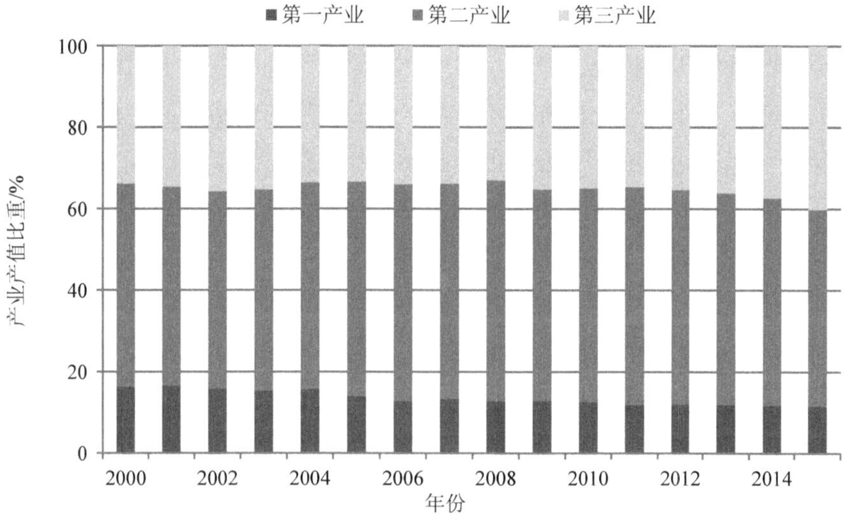

图 1.2-3　2000—2015 年河北省产业结构变化

数据来源：《中国统计年鉴》。

从 2010 年以来京津冀地区的产业结构变化趋势来看（表 1.2-1），第三产业比重缓慢上升，第一产业与第二产业比重略有下降，但总体结构变化微小，三次产业结构相对稳定。第二产业比重 2015 年降至 40%以下，在区域经济中的重要地位仍然不可动摇。第三产业则持续高于 50%，2015 年已经高于 55%，区域产业结构升级调整进入了新的阶段。京津冀地区产业结构由工业主导型经济向服务主导型经济逐步转变，服务业优势日益凸显，第一产业的退出进程相对缓慢。

表 1.2-1　2010—2015 年京津冀地区及全国三产结构比较　单位：%

年份	第一产业		第二产业		第三产业	
	京津冀地区	全国	京津冀地区	全国	京津冀地区	全国
2010	6.5	9.6	43.2	46.2	50.4	44.2
2011	6.1	9.5	43.7	46.1	50.2	44.3
2012	6.1	9.5	42.9	45.0	50.9	45.5
2013	6.0	9.4	42.1	43.7	52.0	46.9
2014	5.7	9.2	41.1	42.7	53.2	48.1
2015	5.5	8.9	38.4	40.9	56.1	50.2

与全国三次产业结构水平相比，京津冀地区的第一产业比重始终低于全国 3 个百分点左右；第二产业比重同样保持低于全国水平的态势，差距逐步缩小；第三产业比重则明显高于全国水平 5～6 个百分点，三产优势较为显著。

纵观京津冀产业结构的变化趋势，总体呈现第一、第二产业比重降低，第三产业比重提升的特点，尤其在 2013 年及之后，受“大气十条”中对高耗能、高污染行业管控要求及“倒逼产业转型升级”等措施的影响，第二产业比重下降幅度变大，第三产业比重增速加快。深入研究京津冀三地产业内部结构，可发现其发展的侧重点各不相同，主要表现在三地对区域第一、第二、第三产业发展的贡献不同：从 2015 年三地各产业增加值在京津冀区域所占比重来看，河北是区域第一产业发展的主要力量，第二产业增加值主要来自河北和天津，而第三产业则以北京的贡献最为显著。河北的第一产业发展基础深厚，天津则表现出以第二产业为主导、第三产业迅速发展的趋势，而北京的服务化趋势最为显著。我国目前处于经济结构调整的关键阶段，未来几年经济结构调整还有很大潜力，产业结构调整将是大气污染物减排潜力最大的途径之一。

1.2.2 周边四省（区）

山西、山东、河南、内蒙古四省（区）2000—2015 年第一、第二、第三产业产值占地区生产总值的比重分别见图 1.2-4 至图 1.2-7。

相比其他几个省（区、市），山西省第一产业的占比降低幅度较小，第二、第三产业的占比此消彼长，总体变化不大，第二产业略占优势。2011 年以来，第三产业发展较快。

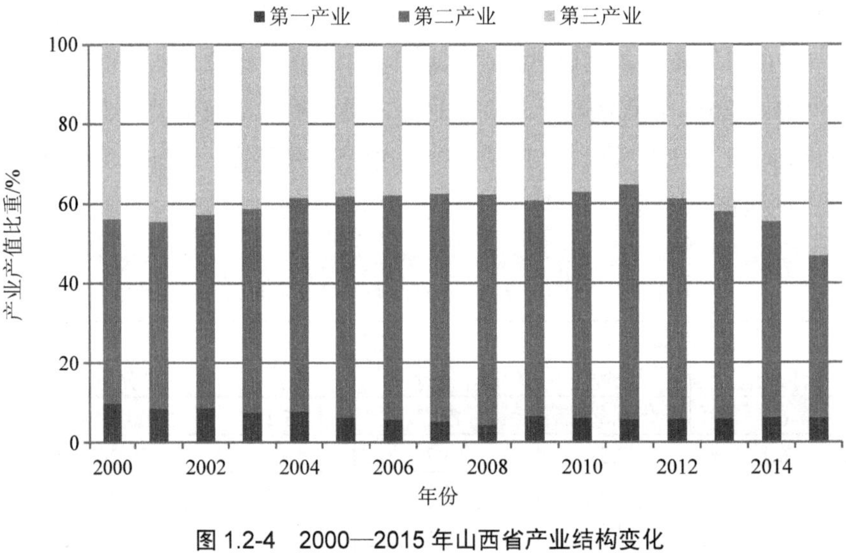

图 1.2-4　2000—2015 年山西省产业结构变化

数据来源：《中国统计年鉴》。

山东省自2000年以来，第二、第三产业比例增长较快，第二产业占比仍然最高。2009年以来，第三产业发展迅速，2015年第三产业占比为45.3%。

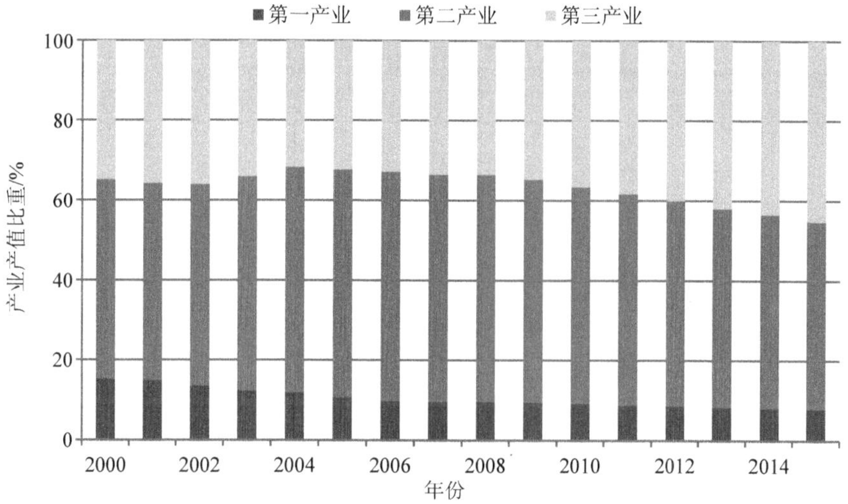

图 1.2-5 2000—2015 年山东省产业结构变化

数据来源：《中国统计年鉴》。

2000年以来，河南省第一产业比重逐渐下降，从2000年的20%以上降至2014年的12%。第三产业占比波动上升，2011年以来增长较快。经过产业调整优化，三次产业的占比由2000年的23∶45.4∶31.6变为2015年的11.4∶48.4∶40.2，结构调整取得较为显著的成果。

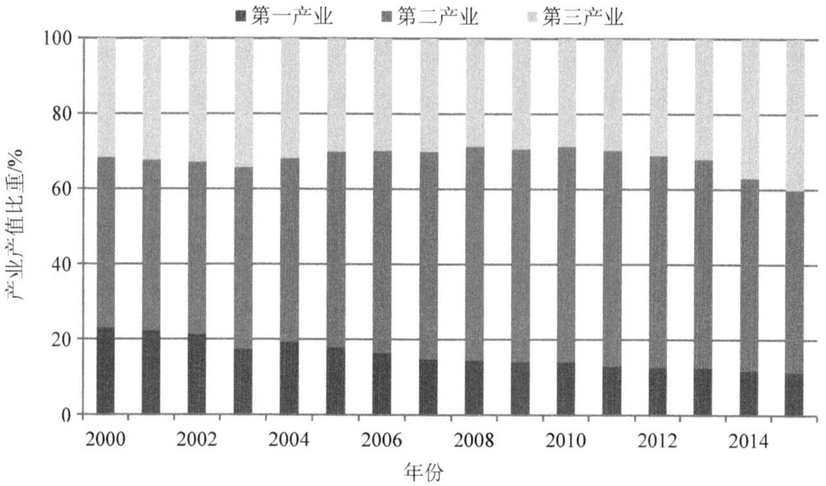

图 1.2-6 2000—2015 年河南省产业结构变化

数据来源：《中国统计年鉴》。

2000—2015 年，内蒙古自治区第一产业占比有超过 50%的降幅，第二产业占比由 2000 年的 37.9%增长至 2011 年的 56%，随后两年虽有小幅下降，但仍是内蒙古的主要产业。2013 年之后，第三产业占比提升幅度加大。

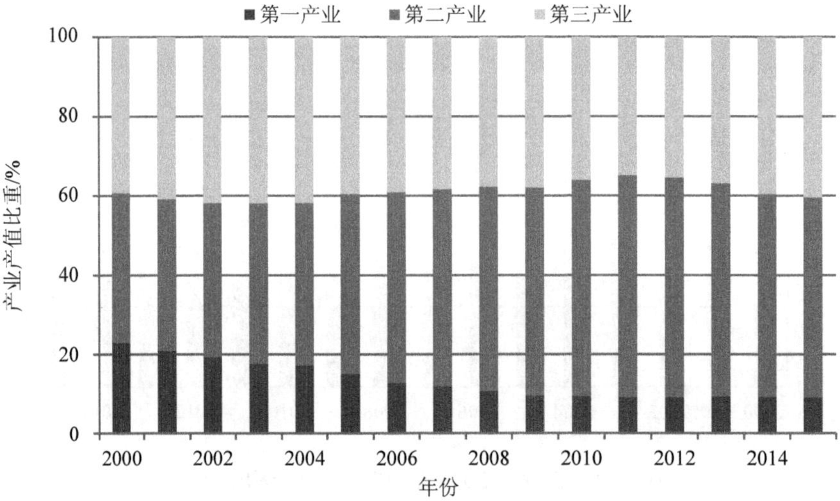

图 1.2-7 2000—2015 年内蒙古自治区产业结构变化

数据来源：《中国统计年鉴》。

综上所述，周边四省（区）产业结构历年来变化情况不一，近几年总体上呈现第一、第二产业比重降低，第三产业比重上升的趋势，第一产业占比普遍高于京津冀平均水平，第二产业是周边四省（区）的支柱产业，第三产业占比相对较低，但上升趋势明显。尤其是“大气十条”发布以来，各地响应号召，涉及产业调整的措施层出不穷，效果显著，第二产业比重降低幅度加大，第三产业比重增速陡然提升。总而言之，相较于产业结构转型升级的最终目标而言，未来周边四省（区）产业结构调整还有较大空间。

1.3 主导产业

1.3.1 京津冀

北京市工业增加值占比较高的行业主要有汽车制造业，电力、热力的生产和供应业，计算机、通信和其他电子设备制造业及医药制造业，四类行业近年来总占比已达到 50%以上（图 1.3-1）。其中，计算机、通信和其他电子设备制造业 2005—2015 年占比逐渐由 16%左右降至 7%左右，而汽车制造业由 8%左右上涨到 2015 年的 22%左右，电力、热力生产和供应业由 2005 年的 11%上升到 18%，医药制造业由 3%上升到 8%，可见工业结构有相当程度的变化。

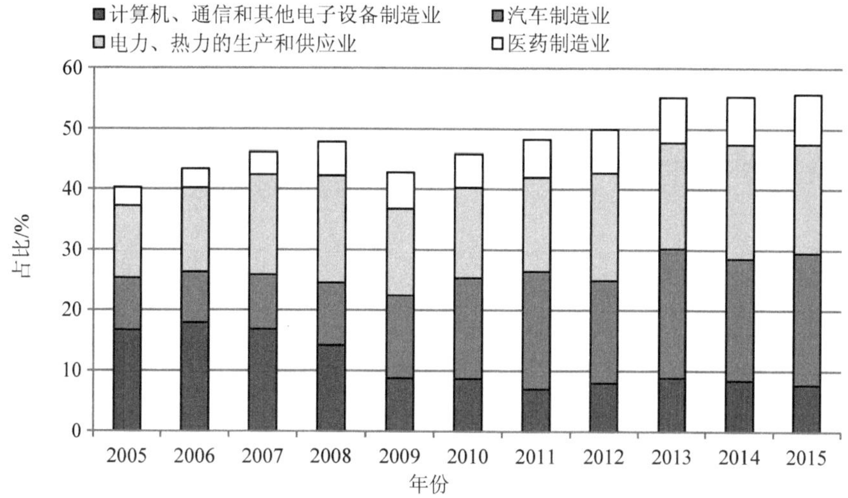

图 1.3-1 北京市规模以上工业增加值占比较高的行业

数据来源：《中国统计年鉴》。

经济发展新常态在北京的表现最为突出和明显，以服务业为主的产业结构和以消费为主的需求结构已经确立，科技创新、文化创新已经成为驱动发展的新引擎，已经先于天津和河北进入经济增速换挡期。

北京市第三产业发展迅速，其中金融业，批发与零售业，信息传输、计算机服务和软件业以及租赁和商务服务业产值占比靠前。房地产业和科学研究、技术服务与地质勘查业的占比稍靠后（图 1.3-2）。在 2015 年之前，六类行业占第三产业总产值的比例达 70%有余，2015 年与整体经济增速减缓形势相关联，行业产值比重整体均有下降，总比重仅占 60%左右。

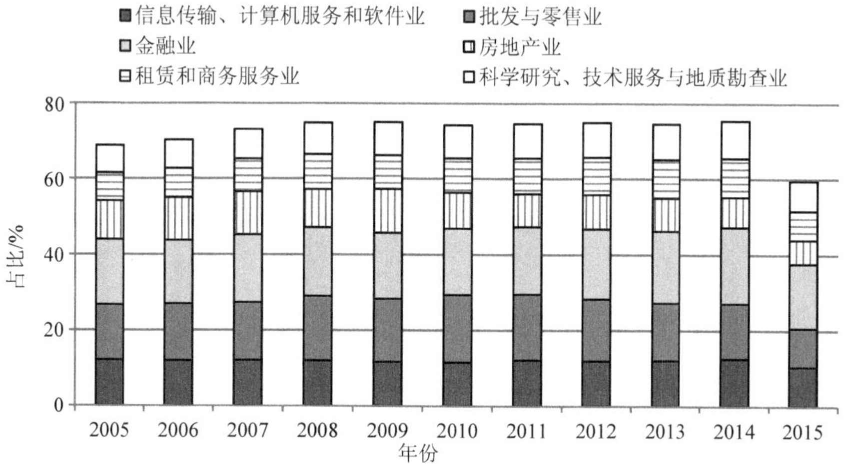

图 1.3-2 北京市第三产业中产值占比较高的行业

数据来源：《中国统计年鉴》。

天津市规模以上工业总产值占比较高的行业主要为黑色金属冶炼和压延加工业，计算机、通信和其他电子设备制造业，化学原料及化学制品制造业，煤炭开采和洗选业（图1.3-3）。2012年之后，新增汽车制造业项目的产值占比开始凸显。所有工业增加值较高的行业总占比达40%以上。

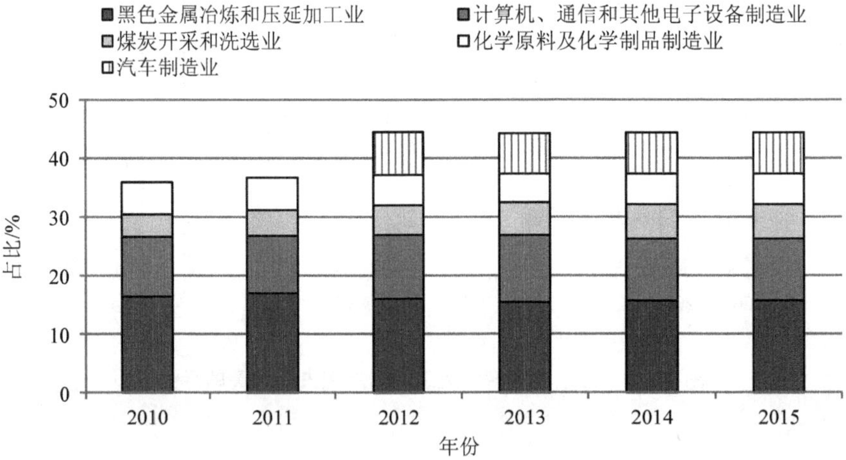

图 1.3-3　天津市规模以上工业总产值占比较高的行业

数据来源：《中国统计年鉴》。

河北省规模以上工业企业总产值占比最高的为黑色金属冶炼及压延加工业，高达25%～30%，其次为电力、热力的生产和供应业，黑色金属矿采选业，化学原料和化学制品制造业，金属制品业，农副食品加工业等行业，6个行业共占所有规模以上工业总产值的50%左右（图1.3-4）。

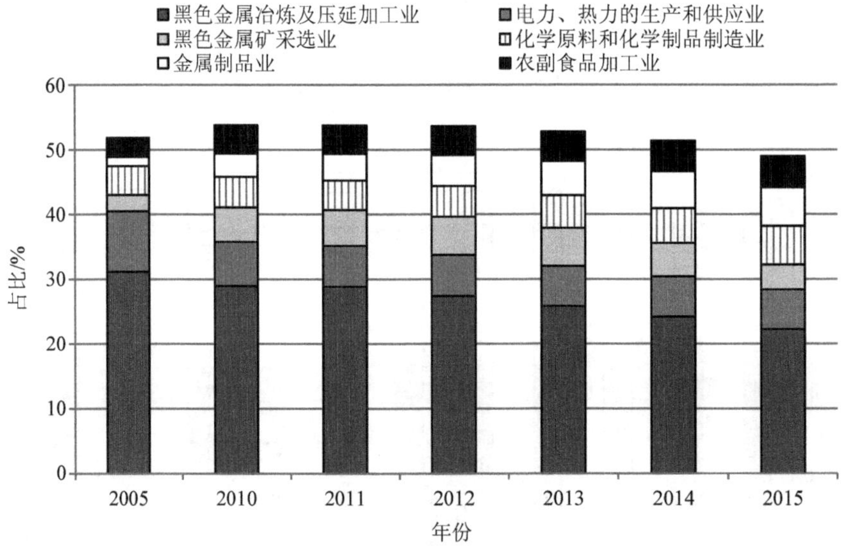

图 1.3-4　河北省规模以上工业总产值占比较高的行业

数据来源：《中国统计年鉴》。

综上所述，从主导产业角度来看，北京市第三产业发展迅速，相关主导产业在 2014 年之前呈逐年上升趋势，2015 年整体比例有所下降；天津市主导产业主要为黑色金属冶炼加工业、电子设备制造业、汽车制造业等偏制造类的工业行业；河北省的主导产业仍然以重金属冶炼加工、电力热力等污染较重的工业为支柱产业。

1.3.2　周边四省（区）

山西省规模以上工业企业增加值占比最高的行业为煤炭开采和洗选业，占比高达 50%以上，其中 2011 年、2012 年高达 60%以上（图 1.3-5）。其次为黑色金属冶炼和压延加工业，但占比从 2005 年的 16%降到 2014 年的 8%。电力、热力的生产和供应业占比稳定在 5%～10%。石油加工、炼焦及核燃料加工业占比从 2005 年的 11%降到 2014 年的 4%。2009 年之前，有色金属冶炼和压延加工业与化学原料和化学制品制造业占比均在 5%左右。计算机、通信和其他电子设备制造业从 2012 年开始发展较快，工业增加值占比列于前四位。不同年份增加值较高的行业总占比达 80%左右。

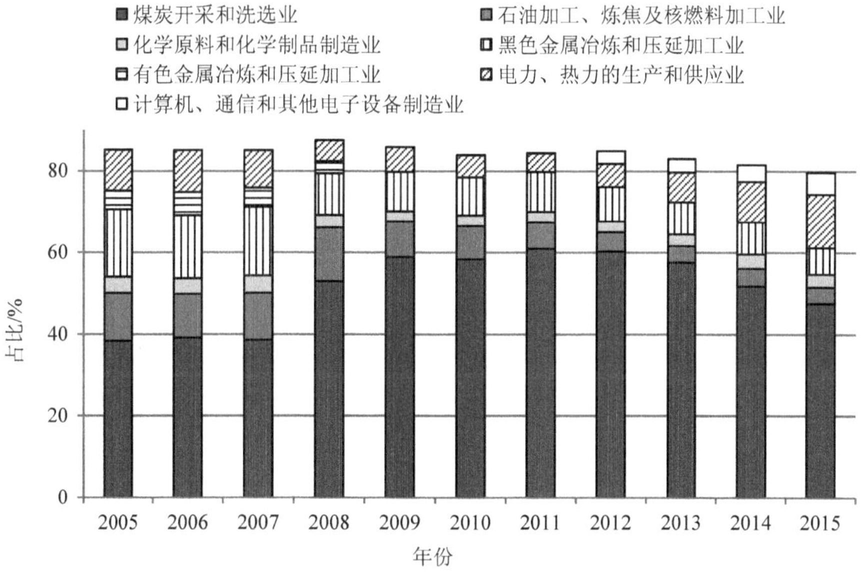

图 1.3-5　山西省规模以上工业增加值占比较高的行业

数据来源：《中国统计年鉴》。

山东省规模以上工业企业增加值占比最高的行业为化学原料和化学制品制造业，其次为农副食品加工业、非金属矿物制品业、通用设备制造业和纺织业。五类行业总占比达 35%左右（图 1.3-6）。

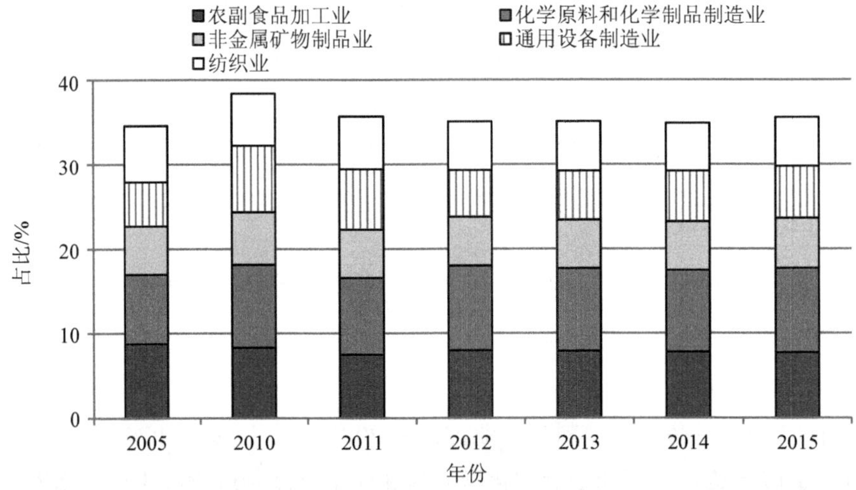

图 1.3-6 山东省规模以上工业增加值占比较高的行业

数据来源：《中国统计年鉴》。

河南省规模以上工业企业增加值占比最高的行业随着年份更替变化较为明显。其中占比稳定居高的行业有非金属矿物制品业、农副食品加工业、煤炭开采和洗选业，其中非金属矿物制品业占比一直在 10%以上，其他均在 5%～8%，电力、热力的生产和供应业，有色金属冶炼和压延加工业，通用设备制造业及黑色金属冶炼和压延加工业等均在不同年份占比靠前（图 1.3-7）。近两三年，化学原料和化学制品制造业占比稳居前五。工业增加值较高的行业总占比达 40%左右。

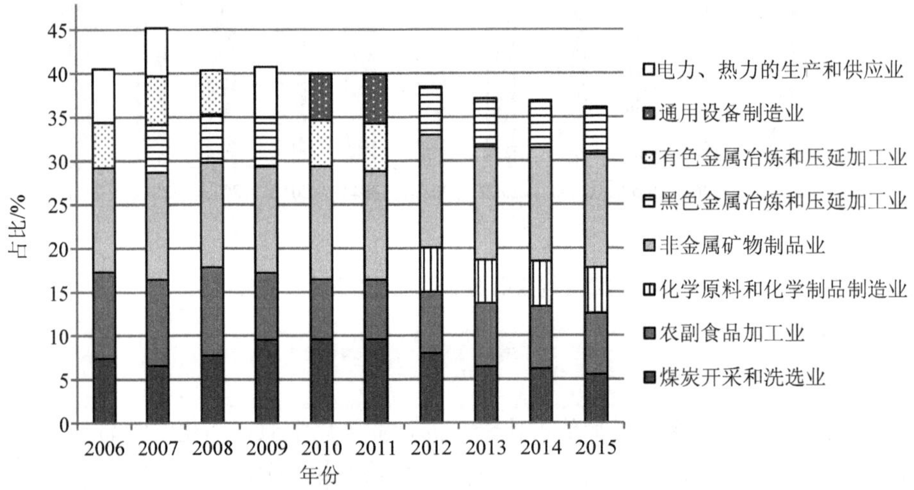

图 1.3-7 河南省规模以上工业增加值占比较高的行业

数据来源：《中国统计年鉴》。

内蒙古自治区规模以上工业企业总产值占比最高的行业为煤炭开采和洗选业，占比高达15%～20%，电力、热力的生产和供应业占比在10%左右。其后为黑色金属冶炼和压延加工业、有色金属冶炼和压延加工业、化学原料和化学制品制造业、农副食品加工业，均在7%～9%。六类行业总占比达60%左右（图1.3-8）。

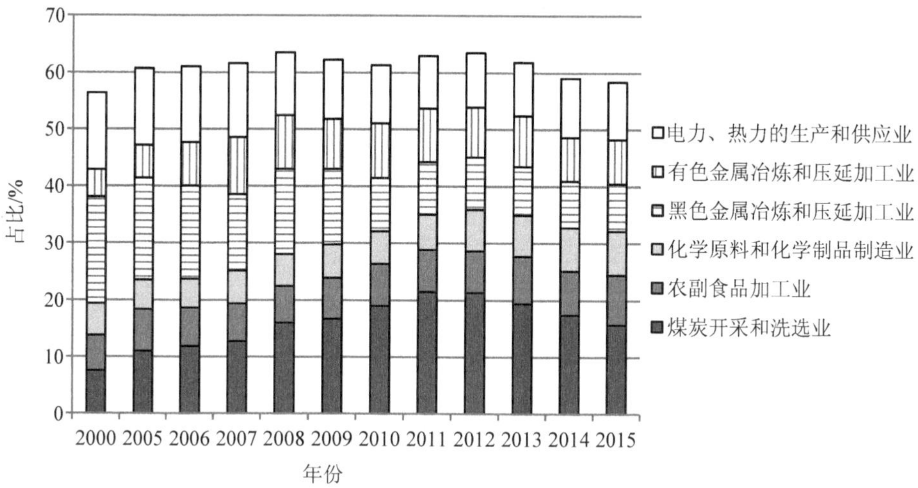

图1.3-8 内蒙古自治区规模以上工业总产值占比较高的行业

数据来源：《中国统计年鉴》。

周边四省（区）中，山西和内蒙古的煤炭开采和洗选业在工业增加值中占有很大比例，这与当地的资源分布和储藏量有关，其基础性地位短期内很难改变。山东省近年来的主导产业较为稳定，主要集中在化工行业。河南省的主导产业变动较大，近几年以非金属矿物制品业、农副食品加工业、黑色金属冶炼和压延加工业为主。从主导产业占比变化趋势可发现，自“大气十条”发布之后，高耗能、重污染行业产值占比基本呈下降趋势，且降幅较大，比如煤炭开采和洗选业、有色金属冶炼和压延加工业、黑色金属冶炼和压延加工业等。电力、热力的生产和供应业则有一定的提升趋势，产业的清洁转型一直在向前推进。

1.4 小结

（1）区域间发展水平悬殊。原因可能在于河北产业布局过度分散，由此导致大量资金、人才、技术等优质资源进一步在京津聚集，对河北的虹吸效应明显，难以形成相互衔接的产业发展链条。北京、天津可进一步加强对周边地区的扩散和带动作用。

（2）京津冀与周边地区产业结构差别较大。京津冀地区得益于政策定位，经济发展相对周边较为先进，与周边的经济发展之间存在较大差异。尤其是北京，相对于周边省（区、市），第三产业发展较快，较为先进的产业结构与周边省（区、市）形成鲜明对比。京津冀及周边地区应进一步结合发展定位，适当调整产业结构。

（3）周边地区主导产业优势不明显。从周边四省（区）的主导产业总产值占工业总产值的比例情况来看，除了山西、内蒙古分别达到 80%、60%左右，其他两省的主导产业产值仅占 30%～40%，说明主导产业的集中度不够高，优势不明显，或者说缺乏主导的特色或龙头产业。

2 京津冀及周边地区能源供需特征

2.1 综合能源生产消费特征

2.1.1 能源生产消费总量

2000—2015 年，京津冀等七省（区、市）能源生产量和消费量总体呈上升趋势（图 2.1-1 至图 2.1-6）。具体来看，在 2012 年之前七省（区、市）能源生产和消费一直不断增长，到 2012 年达到能源生产和消费量的最高值，2013 年以后，能源生产量连续下降，能源消费以较小幅度上升。在生产量上，山西、内蒙古为生产量较大的省份，其他省（市）水平相当；在消费量上，山东、河北、河南、山西、内蒙古依次为能源消费较大的省份。七省（区、市）的能源消费总量之和与各省份能源消费变化趋势基本一致。七省（区、市）的能源生产量和消费量之间存在一定的产消差，产能剩余情况仍存在，但呈逐年减缓的趋势，产消趋于平衡。在七省（区、市）能源消费占全国能源消费的比重上，七省（区、市）2012 年达到最高比例，超过 36%，近两年来逐年降低，约为 33%，仍占据了全国 1/3 的能源消费量。

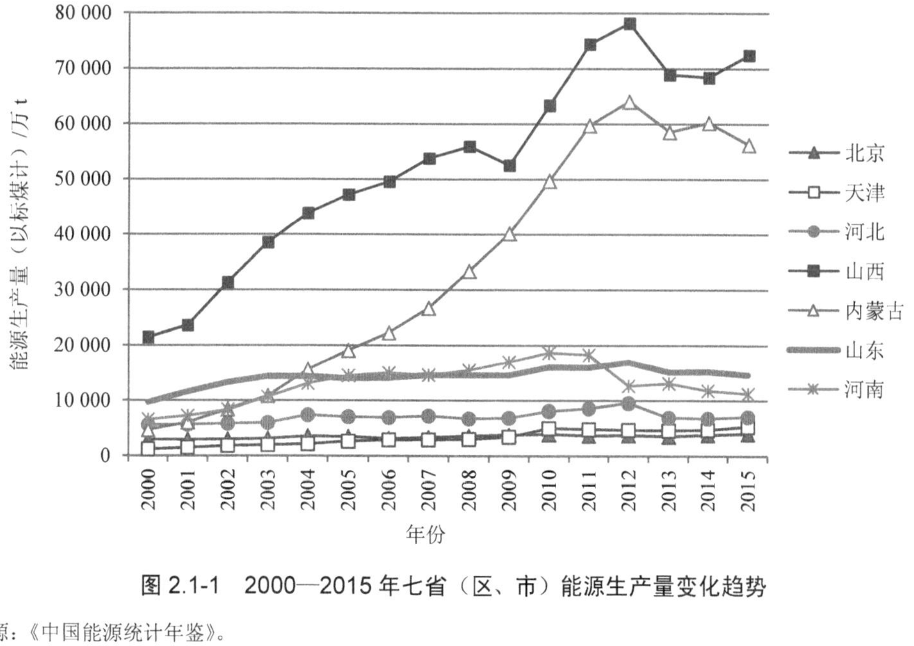

图 2.1-1 2000—2015 年七省（区、市）能源生产量变化趋势

数据来源：《中国能源统计年鉴》。

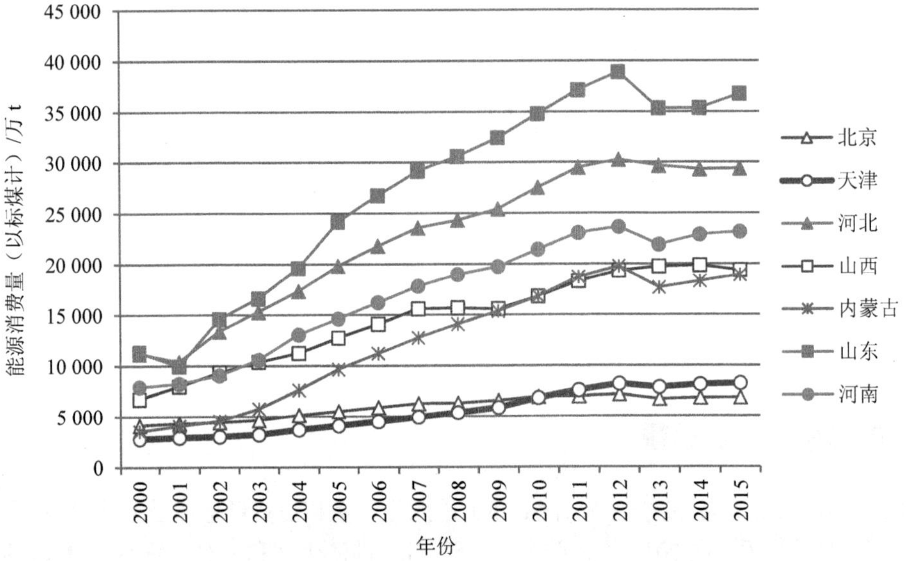

图 2.1-2　2000—2015 年七省（区、市）能源消费量变化趋势

数据来源：《中国能源统计年鉴》。

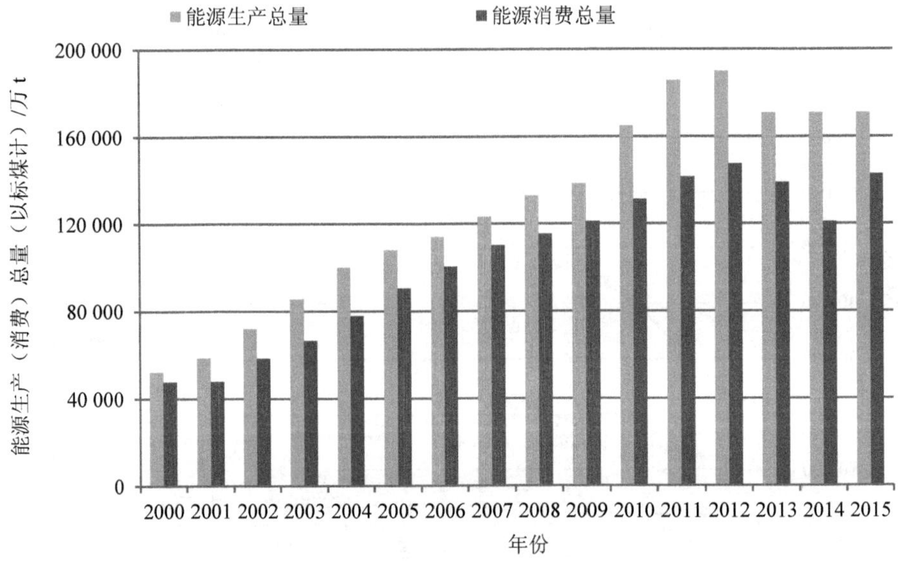

图 2.1-3　2000—2015 年七省（区、市）能源生产总量及消费总量变化情况

数据来源：《中国能源统计年鉴》。

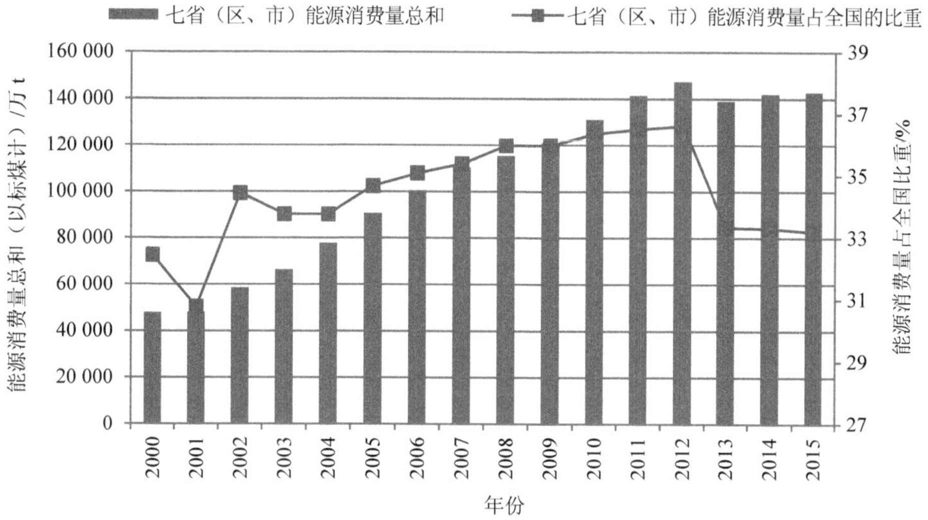

图 2.1-4 2000—2015 年七省（区、市）能源消费总量及占比情况

数据来源：《中国能源统计年鉴》。

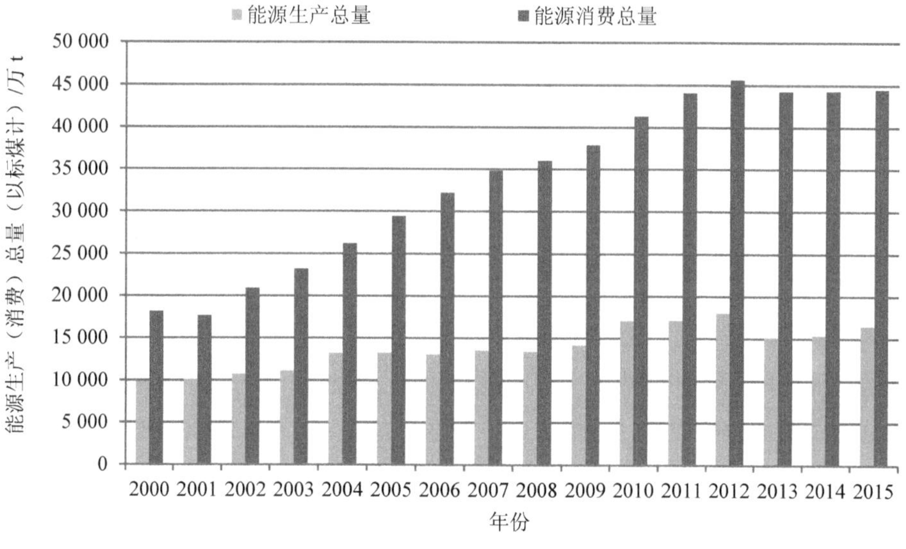

图 2.1-5 2000—2015 年京津冀地区能源生产总量及消费总量变化情况

数据来源：《中国能源统计年鉴》。

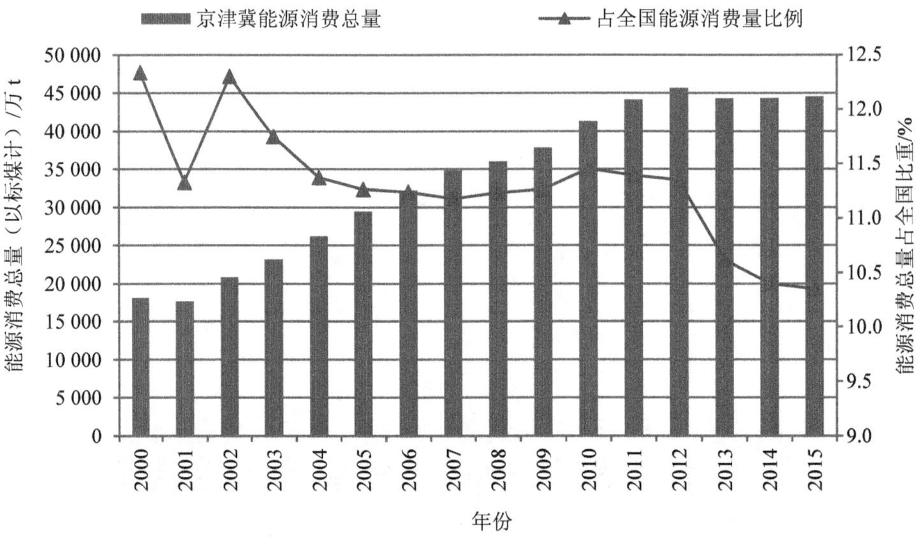

图 2.1-6 2000—2015 年京津冀能源消费总量及占比情况

数据来源：《中国能源统计年鉴》。

京津冀地区能源生产和消费量之间存在显著差距。能源消费量远远大于能源生产量，靠外输能源的情况较为明显。其能源消费总量之和占全国能源消费总量的比例在下降，近年来占 10%～11%，约为七省（区、市）能源消费总量的 1/3。区域的能源消费布局发生了一定的变化，可能与各省（区、市）的经济发展需求及能源政策有关。

2.1.2 能源消费结构

为落实“大气十条”，京津冀及周边地区纷纷出台相应的行动计划，加速能源改革步伐，能源结构调整效果显著，近年来煤炭消费占比一直呈下降趋势，电力、天然气、油品及其他清洁能源等能源品种消费比例有所提升。对七省（区、市）2015 年能源消费总量或终端能源消费中的能源构成进行分析，可得到不同省（区、市）的能源消费结构现状。

由图 2.1-7 可知，七省（区、市）中，除北京以油品和电力为主外，其他多以煤炭消费为主。其中，河北仅煤炭一项能源消费占比就高达 86.5%，天津的煤炭和油品占比之和高达 80%，内蒙古、山东、河南的煤炭消费占据 80%左右的比例，山西以煤炭和电力为主。七省（区、市）的天然气消费量占比均不高，仅北京、山西超过 10%，分别达到 29%和 18%，河北、天津、河南、内蒙古、山东均在 10%以下。

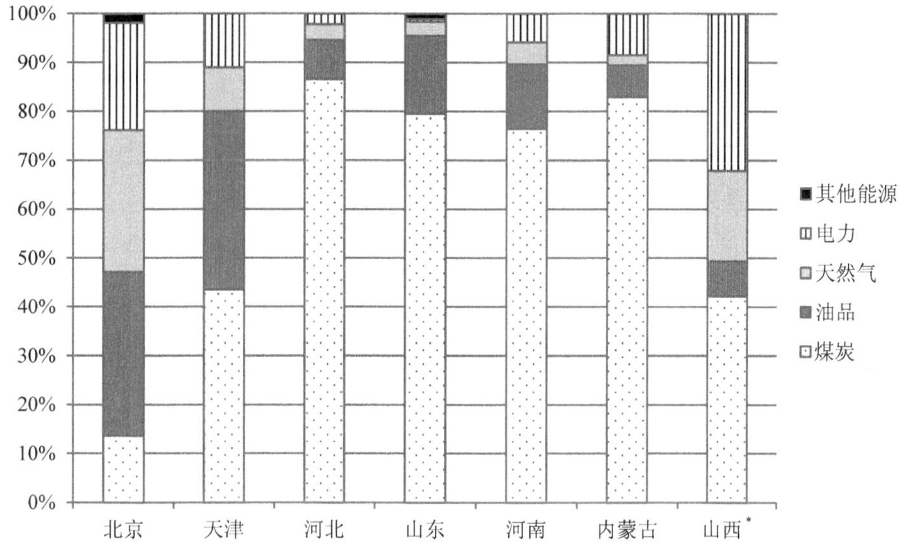

图 2.1-7 2015 年七省（区、市）能源消费结构

数据来源：《中国能源统计年鉴》。

* 除山西省为终端能源消费结构外，其他均为一次能源消费结构。

从国家层面上，与发达国家相比，中国的能源消费结构以煤为主的特点较为明显，发达国家如美国、英国、法国等国家的能源消费特点体现在煤炭占比均较低，石油、天然气占比较高，较为突出的是法国的核能（41.42%）、俄罗斯的天然气（52.83%）、巴西和加拿大的水电（26%～28%）等，已经或接近成为一国的主要能源品种。

表 2.1-1 2015 年世界主要国家能源消费结构 单位：%

国家	煤炭	石油	天然气	核能	水电	非水可再生能源
美国	17.38	37.34	31.29	8.33	2.52	3.14
日本	26.62	42.27	22.76	0.22	4.88	3.23
英国	12.24	37.45	32.11	8.32	0.73	9.10
德国	24.42	34.37	20.96	6.46	1.37	12.48
法国	3.64	31.84	14.69	41.42	5.10	3.31
意大利	8.17	39.09	36.45	0.00	6.53	9.69
加拿大	6.00	30.40	27.95	7.15	26.28	2.21
澳大利亚	35.46	35.16	23.52	0.00	2.36	3.42
俄罗斯	13.30	21.45	52.83	6.63	5.77	0.01
中国	63.72	18.57	5.89	1.28	8.46	2.08
印度	58.13	27.91	6.50	1.23	4.01	2.21
巴西	5.94	46.89	12.57	1.13	27.90	5.57
南非	68.44	25.04	3.62	1.93	0.16	0.81

数据来源：BP 世界能源统计年鉴。

2.1.3 能源消费强度

（1）单位地区生产总值能源消费强度

2000—2015 年七省（区、市）能耗强度总体均呈下降趋势（图 2.1-8），与全国能耗水平相比较，山西、内蒙古、河北及河南的能耗强度均大于全国水平，其他三省（市）均在全国水平之下，说明北京、天津、山东的能源利用效率要高于山西、内蒙古等四省（区）。而京津冀地区整体的能源消费强度则高于全国，低于山西、内蒙古与河北，说明河北的能源消费强度过大，拉高了京津冀地区整体能耗强度。

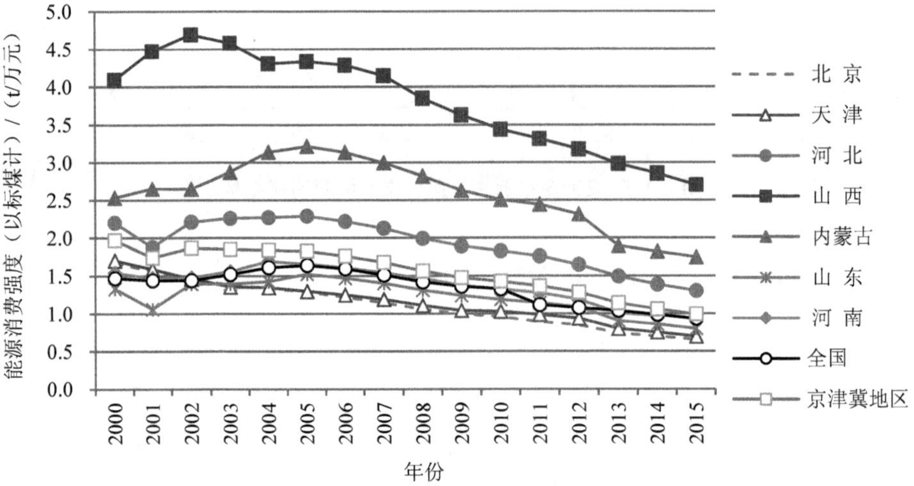

图 2.1-8　2000—2015 年七省（区、市）能源消费强度

数据来源：《中国能源统计年鉴》。

从国家层面上来看，与发达国家相比，我国的单位地区生产总值能耗强度仍处于较高水平（图 2.1-9），为发达国家的 2～5 倍，中国未来还需提高能源利用效率，降低能耗成本。

（2）单位面积能源强度

七省（区、市）单位面积能源消费量与能源消费量变化趋势一致，但各省（区、市）单位面积能源消费量相比于能源消费量情况存在一定差别（图 2.1-10）。能源消费量较小的天津、北京，拥有相比其他五省（区）较高的单位面积能源消费量。相比于全国单位面积能源消费量，除内蒙古处于全国水平之下外，其他六省（市）均比全国的单位面积能耗高出许多。京津冀地区单位面积能耗在全国之上，又低于北京、天津和山东。说明河北的单位面积能耗将京津冀地区的整体强度拉低。

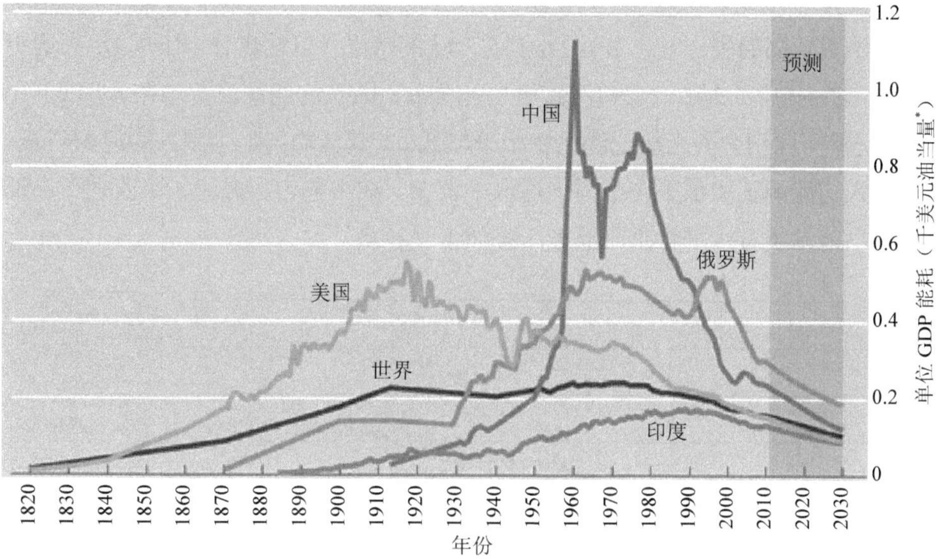

图 2.1-9 世界主要国家能耗强度对比

数据来源：BP。

*2009 年购买力平价汇率。

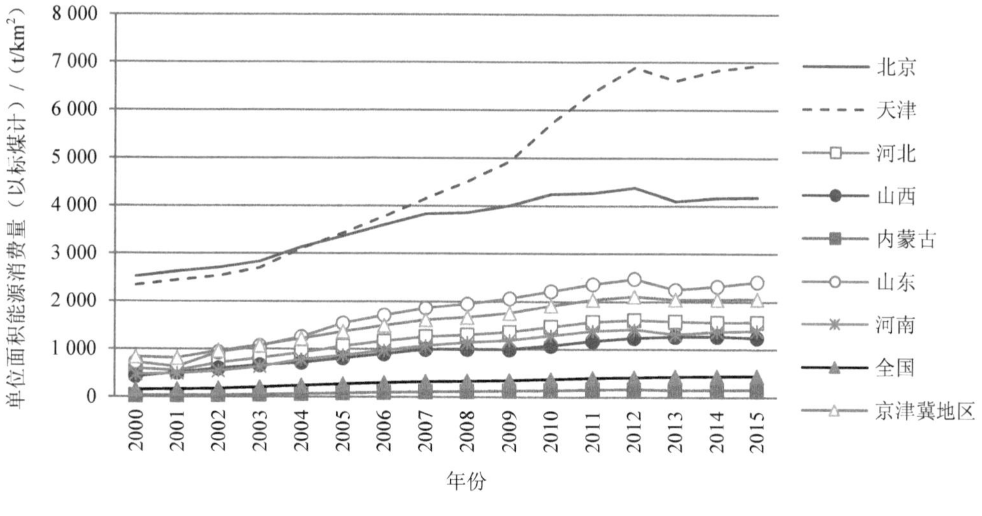

图 2.1-10 2000—2015 年全国、京津冀地区及七省（区、市）单位面积能源消费量

数据来源：《中国能源统计年鉴》。

（3）人均能源消费强度

对七省（区、市）人均能源消费进行统计分析可发现，2000—2015 年，七省（区、市）

人均能源消费量总体呈上升趋势，近年来有所下降（图 2.1-11），其中内蒙古、天津、山西为人均能源消费较高的省（区、市），处于 5～8 t 的水平（以标煤计，下同），人均能源消费水平分别为 7.54 t、5.34 t、5.29 t，其他几省（市）的人均能源消费均在 4 t 以下。相比于全国平均水平，除河南的人均能源消费水平较低外，其他均高于全国人均能源消费水平，京津冀地区人均能源消费水平在全国平均水平之上，在内蒙古、天津、山西之下。说明天津较高的人均能源消费水平将京津冀地区整体水平拉高。

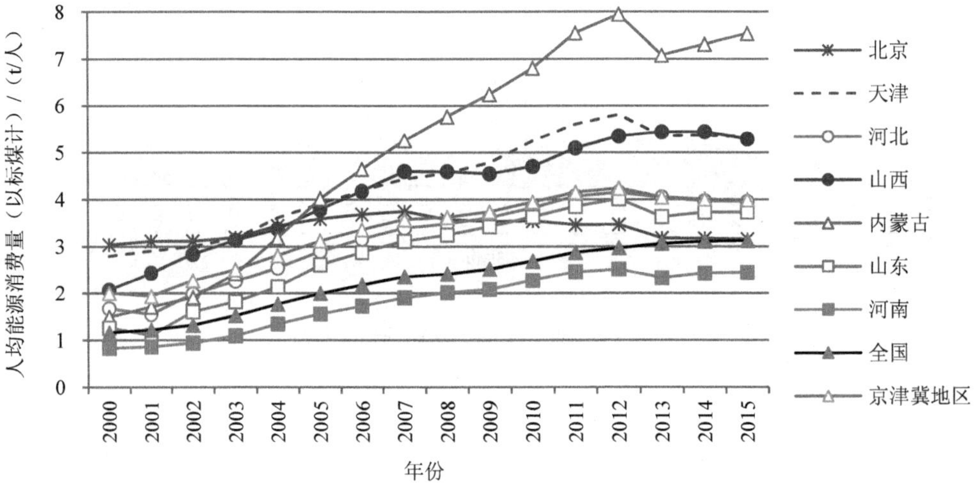

图 2.1-11 2000—2015 年全国、京津冀地区及七省（区、市）人均能源消费量

数据来源：《中国能源统计年鉴》。

从国家层面来看，世界人均一次能源消费量一直保持增长趋势，但发达国家和发展中国家差距仍然明显。根据相关研究，2011 年，世界人均一次能源消费量为 2.69 t，与 2010 年持平，1990—2011 年年均增长 0.6%。OECD 国家人均为 6.0 t，1990—2011 年几乎无变化。随着经济的发展和生活水平的提高，非 OECD 国家人均一次能源消费量快速增加，2011 年达到 1.86 t，1990—2011 年年均增长 1.45%。

在世界能源消费大国中，加拿大人均一次能源消费量最高，为 10.4 t；美国、韩国和俄罗斯人均仅次于加拿大，分别为 9.67 t、7.52 t 和 7.36 t；法国、德国、日本为 5～6 t；印度人均水平较低，仅为 0.86 t。中国人均为 2.6 t，已经达到世界平均水平，但仅为美国的 30%。进入 21 世纪以来，中国人均一次能源消费量年均增速为 7.35%，远高于世界同期 1.19%的平均水平。相比于世界人均能源消费量，七省（区、市）中仅河南低于世界水平，为 2.43 t。

2.2 主要能源品种消费特征

2.2.1 煤炭消费量

通过数据统计分析，2000—2015 年京津冀等七省（区、市）煤炭消费量增降趋势不一（图 2.2-1 至图 2.2-3）。除了北京自 2005 年以来一直处于下降趋势、山西自 2000 年以来一直呈增长趋势之外，其他省（区、市）均呈现起伏的变化趋势。天津在 2012 年之前呈平缓增长趋势，之后煤炭消费量略有下降，河北在 2013 年之前均呈增长趋势，2014 年开始下降，河南以 2011 年为结点，呈先增后降的趋势，山东、内蒙古的增长趋势在 2012 年停止，2013 年略有下降之后，均再次呈增长趋势。总体来讲，七省（区、市）煤炭消费水平处于不同层次，山东、内蒙古、山西为煤炭消费较大的省（区），河北、河南位于其次，再次为北京、天津。这与各省人口规模及经济发展需求有密切关联。七省市的煤炭消费总量总体呈上升趋势，近年来增速趋缓，占全国总煤炭消费量的比例自 2006 年以来逐年下降，说明区域煤炭消费比例开始发生变化。

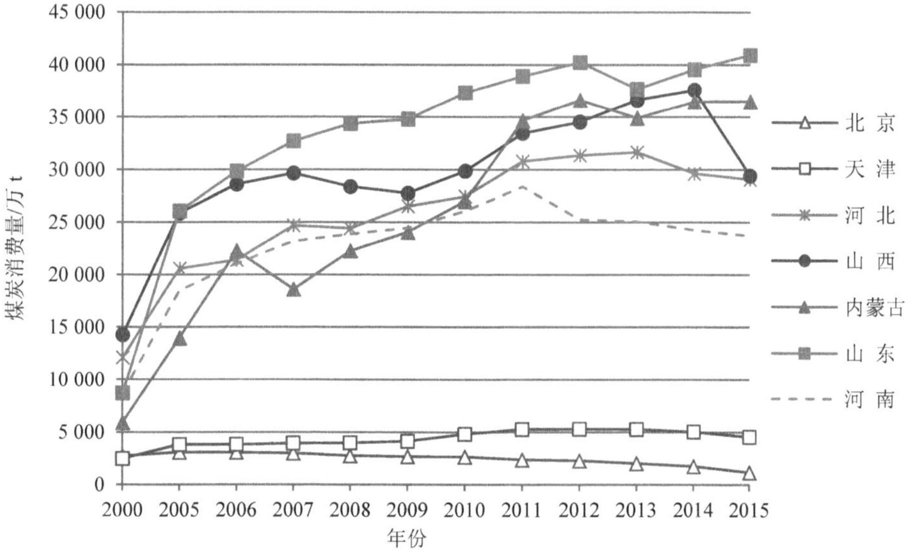

图 2.2-1 2000—2015 年七省（区、市）煤炭消费量变化趋势

数据来源：《中国能源统计年鉴》。

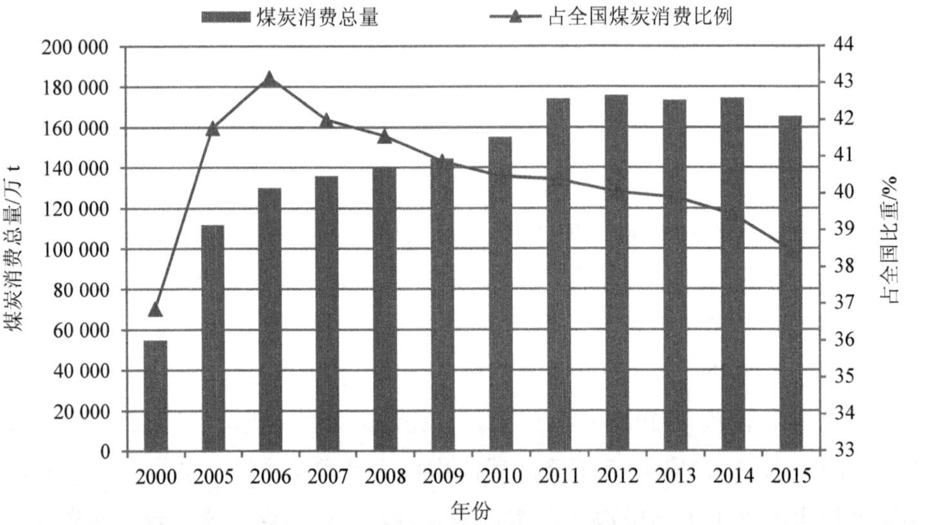

图 2.2-2 2000—2015 年七省（区、市）煤炭消费总量及占全国总量比例变化

数据来源：《中国能源统计年鉴》。

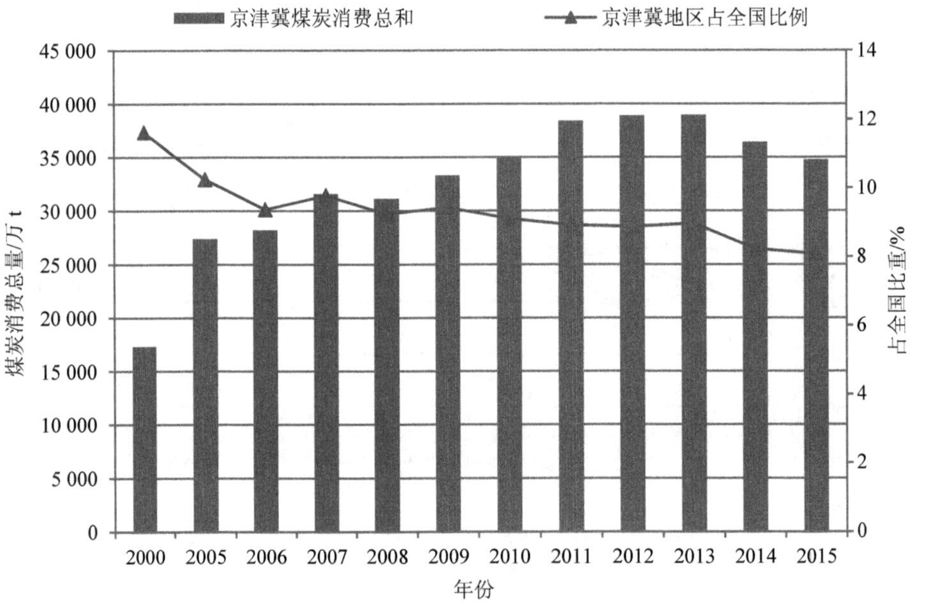

图 2.2-3 2000—2015 年京津冀地区煤炭消费总量及占全国总量比例变化

数据来源：《中国能源统计年鉴》。

2.2.2 煤炭消费结构

相比于发达国家80%～90%的电力耗煤占比，我国的电力耗煤占比处于较低水平（图2.2-4），为40%～45%。通过分析七省（区、市）电力耗煤占比发现，七省（区、市）中，电力耗煤占比达到50%的仅为内蒙古和天津，其他省（市）均处于50%以下，大部分在30%～40%，北京为20%～30%。相比于全国平均水平，内蒙古与天津高于国家水平，其他省（市）均低于国家水平，京津冀地区电力耗煤占比低于国家水平，高于北京、河北及山西电力耗煤占比，说明天津较高的电力耗煤占比将京津冀地区整体的电力耗煤比例拉高，从而处于35%左右。未来我国仍需提高电力耗煤占比，促进煤炭的清洁高效利用。

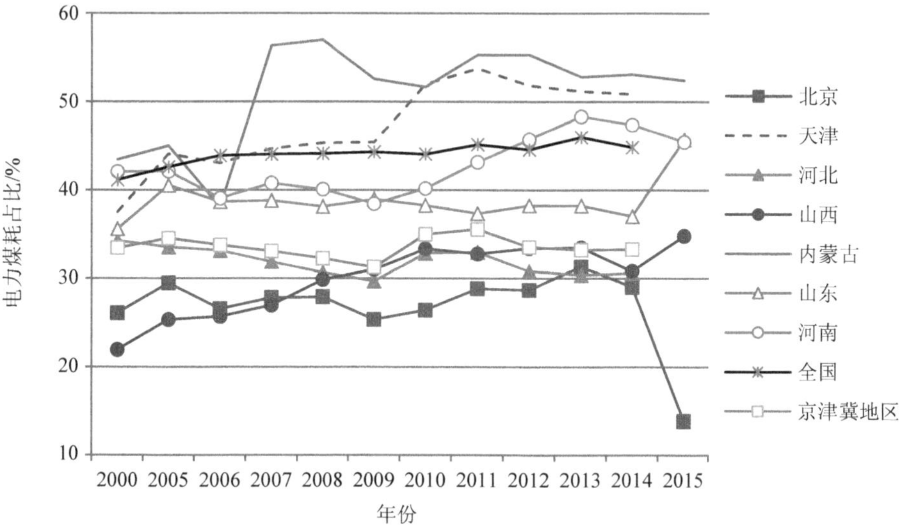

图2.2-4 2000—2015年全国、京津冀地区及七省（区、市）电力耗煤占比

数据来源：《中国能源统计年鉴》。

2.2.3 电力消费量

随着经济不断发展，七省（区、市）电力消费量一直呈增长趋势（图2.2-5、图2.2-6），其中，山东、河北、河南相比于其他省（区、市）电力消费量较大，七省（区、市）电力消费总和占全国电力消费量比重在30%左右，京津冀地区占全国电力消费总量的9%左右。七省（区、市）电力消费占比在2014年之前呈下降趋势，后于2015年上升；京津冀地区电力消费占比近年来呈下降趋势，可能与区域电力发展政策有关。

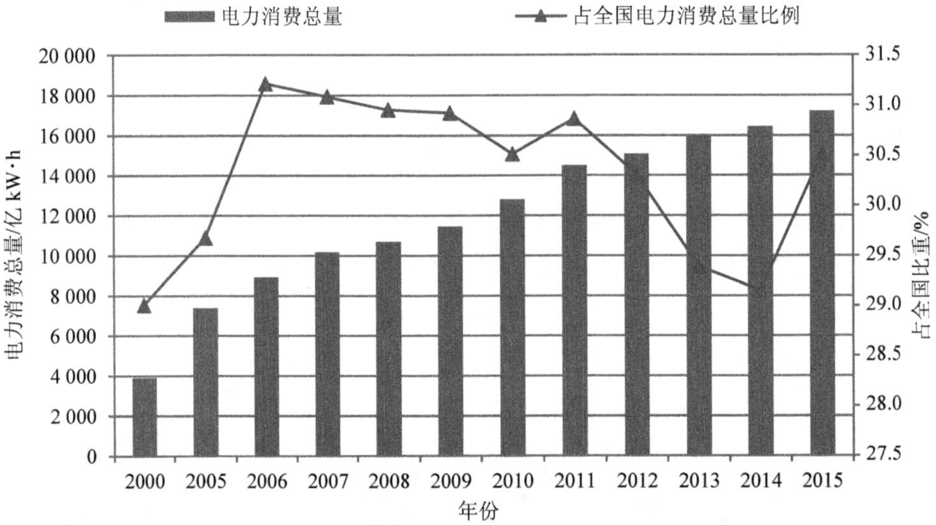

图 2.2-5　2000—2015 年七省（区、市）电力消费总量及占全国总量比例变化

数据来源：《中国能源统计年鉴》。

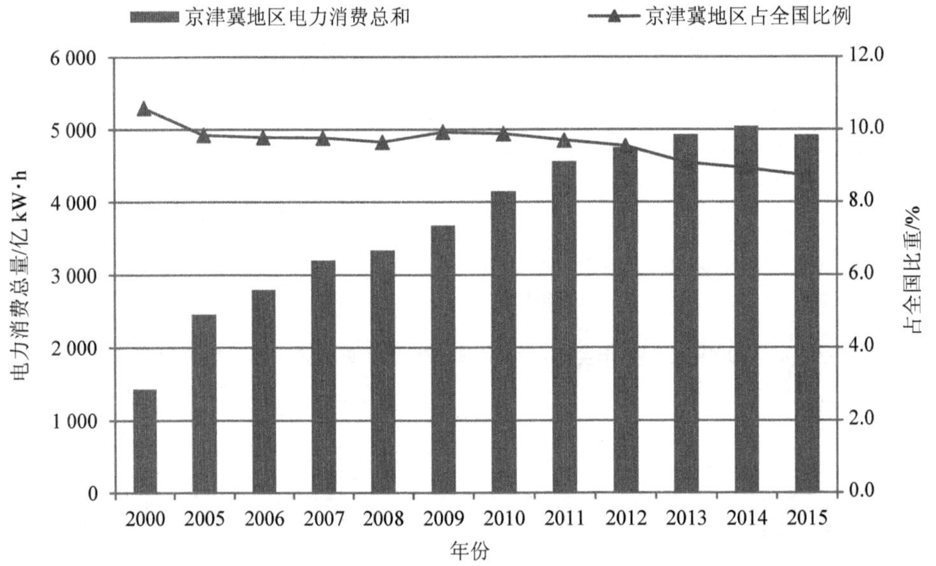

图 2.2-6　2000—2015 年京津冀地区电力消费总量及占全国总量比例变化

数据来源：《中国能源统计年鉴》。

2.2.4　天然气消费量

天然气消费是发展清洁替代能源的需求及方向，在国家政策推动下，七省（区、市）天然气消费量均呈快速增长趋势（图 2.2-7），其中，北京消费量最多，达到 156 亿 m^3，山东、河南、河北、天津四省（市）消费量在 60 亿～80 亿 m^3，其他均在 60 亿 m^3 以下。其中河南省受益于“西气东输”工程，从 2003 年开始，迎来天然气快速发展时期，之后结合发展形势，河南省制定了专门的天然气中长期发展规划，提出“气化河南”的战略目标，进一步有效推动了天然气的普及利用。七省（区、市）天然气消费总和占全国天然气消费量比重在 25%左右，京津冀地区天然气消费量占全国总量的比例在 11%左右，七省（区、市）天然气消费占比在“十二五”之后有平缓下降趋势，2015 年有较大上升；京津冀地区天然气消费占比近年来呈上升趋势，未来还需提高这一能源品种的消费比例（图 2.2-8、图 2.2-9）。

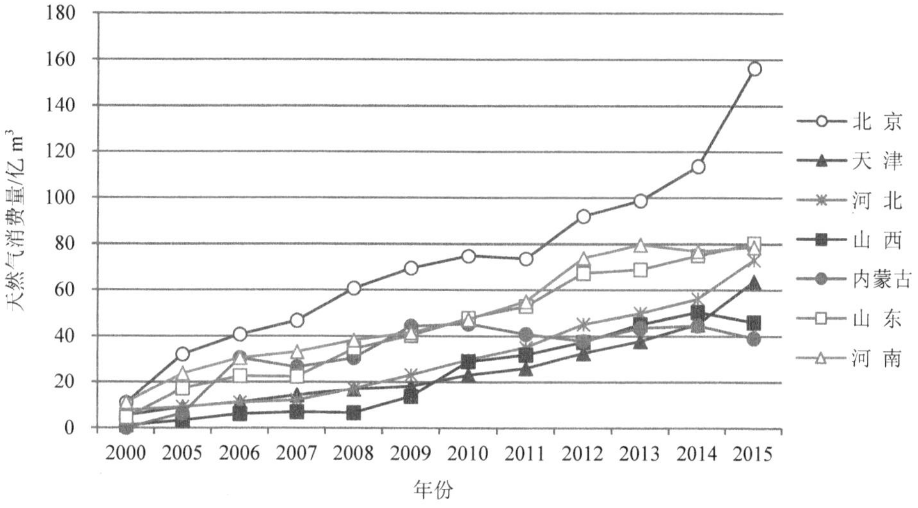

图 2.2-7 2000—2015 年七省（区、市）天然气消费量变化趋势

数据来源：《中国能源统计年鉴》。

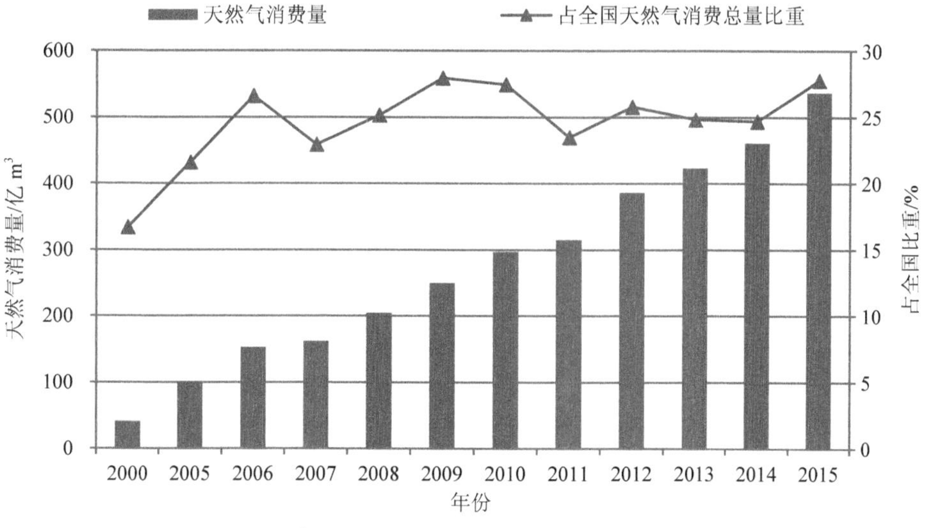

图 2.2-8 2000—2015 年七省（区、市）天然气消费总量及占全国总量比例变化

数据来源：《中国能源统计年鉴》。

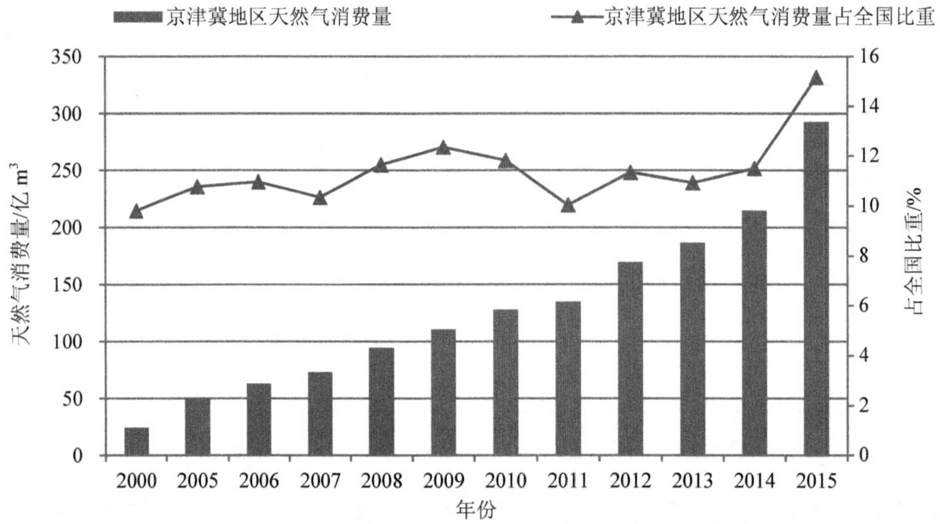

图 2.2-9　2000—2015 年京津冀地区天然气消费总量及占全国总量比例变化

数据来源：《中国能源统计年鉴》。

2.3　工业分行业能源消费特征

2.3.1　工业分行业能源消费现状

（1）北京

北京市 2015 年工业耗能为 1 784.42 万 t 标准煤，占北京市当年能源消费总量的 26.0%。其中，采矿业耗能 17.2 万 t 标准煤，制造业耗能 1 292.5 万 t 标准煤，电力、热力、燃气及水的生产和供应业耗能 474.7 万 t 标准煤，建筑业耗能 118.3 万 t 标准煤。六大耗能行业的综合能源消费量在整个工业总能耗中的占比如图 2.3-1 所示。

六大耗能行业及其综合能源消费量依次为：石油加工、炼焦和核燃料加工业 478.19 万 t 标准煤，电力、热力的生产和供应业 390.06 万 t 标准煤，非金属矿物制品业 132.73 万 t 标准煤，汽车制造业 109.74 万 t 标准煤，化学原料和化学制品制造业 114.51 万 t 标准煤，计算机、通信和其他电子设备制造业 78.35 万 t 标准煤。六大耗能行业的能源消费占工业总耗能的 73%。

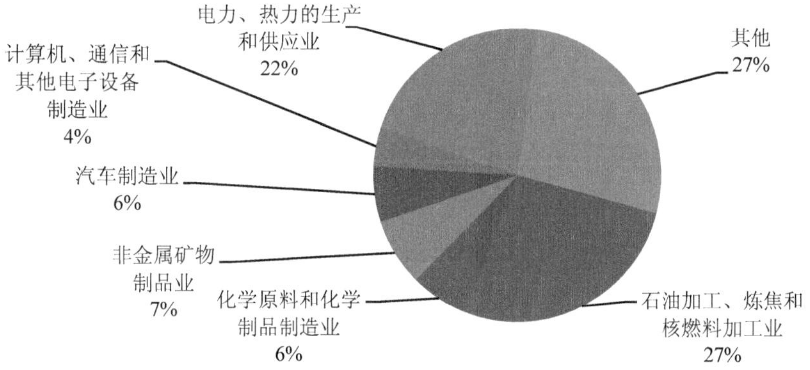

图 2.3-1 2015 年北京六大能耗行业综合能源消费占工业总能耗的比重

数据来源：北京统计年鉴。

（2）天津

天津市 2015 年工业耗能为 5 672.66 万 t 标准煤，无细分行业能源消费标准量统计。工业行业终端能源消费量为 5 490.57 万 t 标准煤，主要能源终端消费量的实物量总计情况为：煤炭 808.27 万 t、焦炭 904.69 万 t、原油 10.37 万 t、汽油 13.02 万 t、柴油 40.22 万 t、燃料油 8.01 万 t、天然气 25.17 亿 m^3、热力 8.6×10^{13} kJ、电力 544.27 亿 kW·h、其他石油制品 383.24 万 t。工业耗能的能源品种以煤炭和石油为主。

两大耗能行业为黑色金属冶炼和压延加工业、化学原料和化学制品制造业，总耗煤占比达 72%，其中黑色金属冶炼和压延加工业煤炭消耗占总煤耗的 63%，原油消耗占比 96%。

（3）河北

河北省 2015 年规模以上工业企业分行业能源消耗情况统计数据显示，规模以上企业工业综合能源消费量为 20 269.64 万 t 标准煤，其中六大高耗能行业能耗为 18 550.75 万 t，占工业总能耗的 91.5%。六大耗能行业的综合能源消费量在整个工业总能耗中的占比如图 2.3-2 所示。

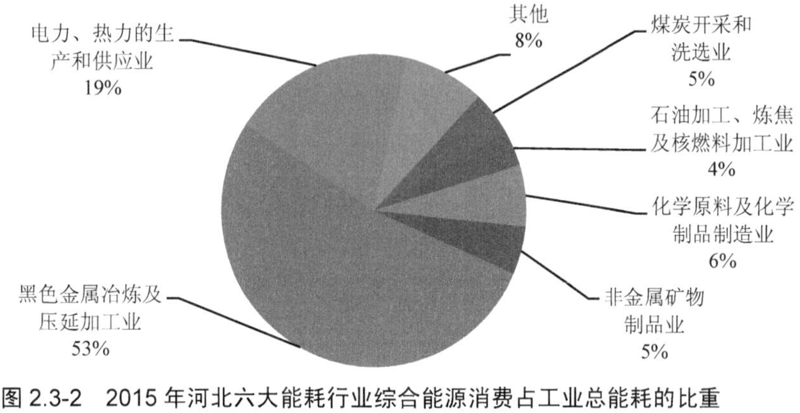

图 2.3-2 2015 年河北六大能耗行业综合能源消费占工业总能耗的比重

数据来源：河北统计年鉴。

六大高耗能行业及其综合能源消费量（规模以上企业）依次为：黑色金属冶炼及压延加工业 10 686.81 万 t 标准煤，电力、热力的生产和供应业 3 871.98 万 t 标准煤，化学原料及化学制品制造业 1 288.43 万 t 标准煤，非金属矿物制品业 1 011.22 万 t 标准煤，煤炭开采和洗选业 929.53 万 t 标准煤，石油加工、炼焦及核燃料加工业 762.78 万 t 标准煤。

（4）山西

山西省 2015 年工业耗能为 15 446.44 万 t 标准煤，占该省当年能源消费总量的 79.7%。其中，采矿业耗能 4 725.15 万 t 标准煤，制造业耗能 9 571.59 万 t 标准煤，电力、热力、燃气及水的生产和供应业耗能 1 129.46 万 t 标准煤。七大耗能行业的综合能源消费量在整个工业总能耗中的占比如图 2.3-3 所示。

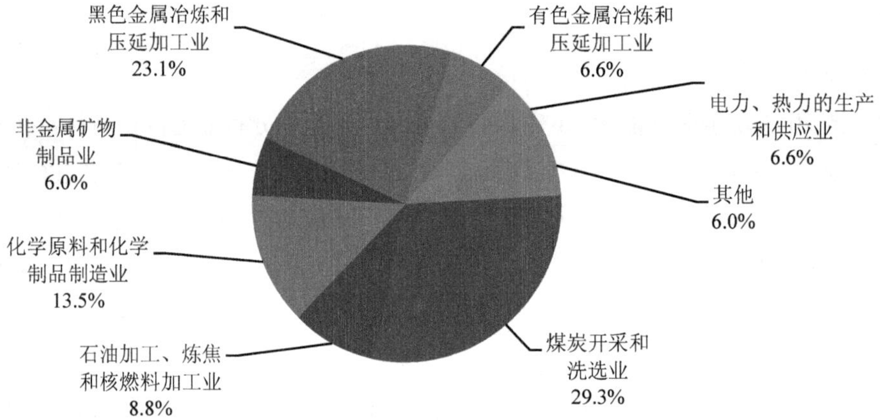

图 2.3-3　2015 年山西七大能耗行业综合能源消费占工业总能耗的比重

数据来源：山西统计年鉴。

七大能耗行业及其综合能源消费量依次为：煤炭开采和洗选业 4 525.15 万 t 标准煤，黑色金属冶炼和压延加工业 3 561.86 万 t 标准煤，化学原料和化学制品制造业 2 088.05 万 t 标准煤，石油加工、炼焦和核燃料加工业 1 366.30 万 t 标准煤，电力、热力的生产和供应业 1 026.70 万 t 标准煤，有色金属冶炼和压延加工业 1 026.29 万 t 标准煤，非金属矿物制品业 928.78 万 t 标准煤。七大耗能行业的能源消费占工业总耗能的 94%。

（5）山东

山东省 2015 年工业耗能为 29 253.85 万 t 标准煤，占该省当年能源消费总量的 77.10%。其中，采矿业耗能 1 522.7 万 t 标准煤，制造业耗能 25 636.5 万 t 标准煤，电力、热力、燃气及水的生产和供应业耗能 2 094.6 万 t 标准煤。六大耗能行业的综合能源消费量在工业总能耗中的占比如图 2.3-4 所示。

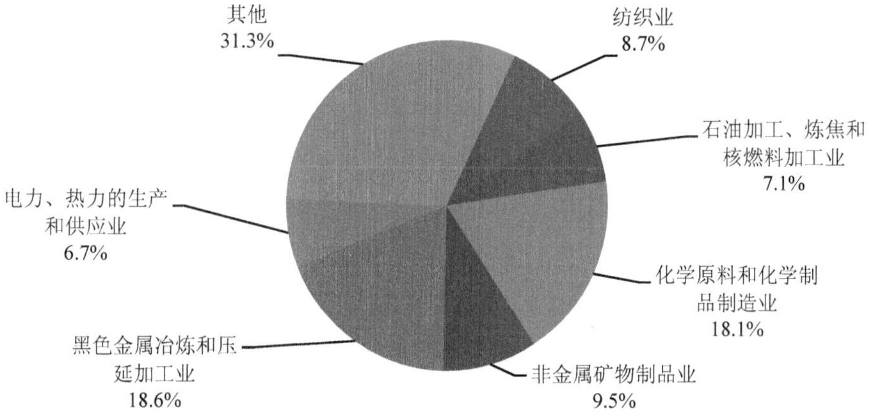

图 2.3-4　2015 年山东六大能耗行业综合能源消费占工业总能耗的比重

数据来源：山东统计年鉴。

六大耗能行业及其综合能源消费量依次为：黑色金属冶炼及压延加工业 5 450.7 万 t 标准煤，化学原料和化学制品制造业 5 306.6 万 t 标准煤，非金属矿物制品业 2 770.3 万 t 标准煤，纺织业 2 531 万 t 标准煤，石油加工、炼焦和核燃料加工业 2 076.7 万 t 标准煤，电力、热力的生产和供应业 1 502.6 万 t 标准煤。六大耗能行业的能源消费占工业总耗能的 68.7%。

（6）河南

河南省 2015 年工业耗能为 16 392.4 万 t 标准煤，占该省当年能源消费总量的 70.8%。其中，采矿业耗能 1 908.75 万 t 标准煤，制造业耗能 11 961.15 万 t 标准煤，电力、热力、燃气及水的生产和供应业耗能 2 522.52 万 t 标准煤。六大耗能行业的综合能源消费量在整个工业总能耗中的占比如图 2.3-5 所示。

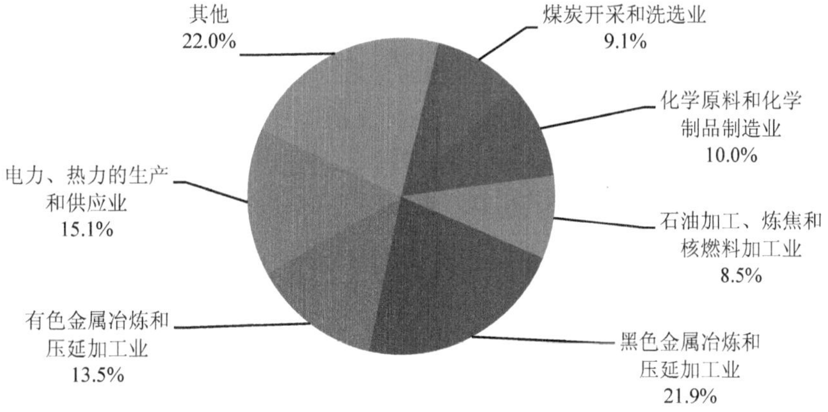

图 2.3-5　2015 年河南六大能耗行业综合能源消费占工业总能耗的比重

数据来源：河南统计年鉴。

六大耗能行业及其综合能源消费量依次为：黑色金属冶炼和压延加工业 3 589.24 万 t 标准煤，电力、热力的生产和供应业 2 476.04 万 t 标准煤，有色金属冶炼和压延加工业 2 207.13 万 t 标准煤，化学原料和化学制品制造业 1 635.08 万 t 标准煤，煤炭开采和洗选业 1 487.55 万 t 标准煤，石油加工、炼焦和核燃料加工业 1 392.41 万 t 标准煤。六大耗能行业的能源消费占工业总耗能的 78%。

（7）内蒙古

内蒙古自治区 2015 年工业耗能为 13 728.81 万 t 标准煤，占该省当年能源消费总量的 72.5%。其中，采矿业耗能 857.49 万 t 标准煤，制造业耗能 11 041.65 万 t 标准煤，电力、热力、燃气及水的生产和供应业耗能 1 694.74 万 t 标准煤。六大耗能行业的综合能源消费量在整个工业总能耗中的占比如图 2.3-6 所示。

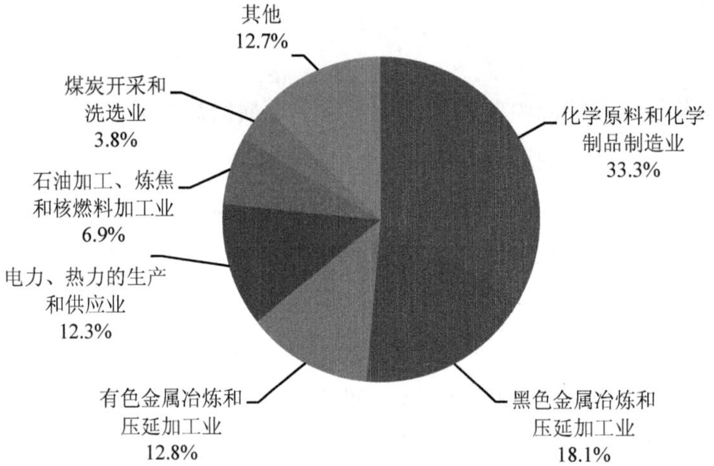

图 2.3-6　2015 年内蒙古六大能耗行业综合能源消费占工业总能耗的比重

数据来源：内蒙古统计年鉴。

六大能耗行业及其综合能源消费量依次为：化学原料和化学制品制造业 4 576.09 万 t 标准煤，黑色金属冶炼和压延加工业 2 488.68 万 t 标准煤，有色金属冶炼和压延加工业 1 753.56 万 t 标准煤，电力、热力的生产和供应业 1 694.74 万 t 标准煤，石油加工、炼焦和核燃料加工业 941.68 万 t 标准煤，煤炭开采和洗选业 524.63 万 t 标准煤。六大耗能行业的能源消费占工业总耗能的 87.3%。

2.3.2　工业分行业能源消费趋势

（1）北京

北京六大工业能耗行业的综合能源消费都呈现稳步下降的趋势，特别是石油加工、炼焦和核燃料加工业，非金属矿物制品业，化学原料和化学制品制造业三大耗能行业的能源消费下降较为明显（图 2.3-7）。但电力、热力的生产和供应业的能源消费有上升趋势，仅在 2014 年、2015 年比上年略有下降。

预计北京未来随着第二产业占比的下降，工业能源消费总体将持续显著下降，但电力、热力的生产和供应业的能源消费会平缓下降。

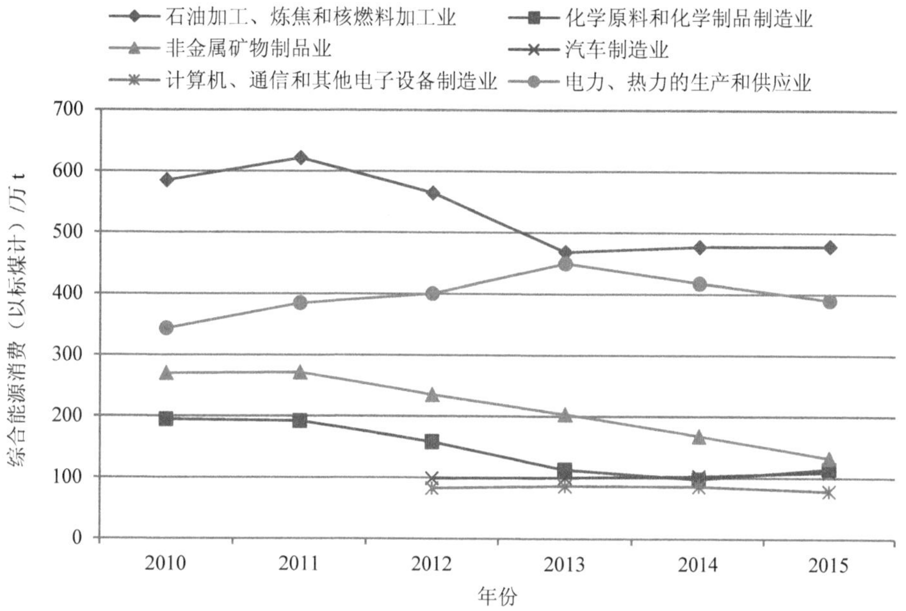

图 2.3-7　北京六大能耗行业综合能源消费趋势

数据来源：北京统计年鉴。

（2）天津

天津两大耗能行业是黑色金属冶炼和压延加工业、化学原料和化学制品制造业。黑色金属冶炼和压延加工业主要消耗焦炭和煤炭，化学原料和化学制品制造业主要消耗煤炭和热力。为考察这两大耗能行业的能源消费变化趋势，此处选取了它们的煤炭消费量变化趋势（图 2.3-8）。化学原料和化学制品制造业的能源消费呈现稳步上升趋势；黑色金属冶炼和压延加工业的能源消费变化较小，仅在 2013 年出现明显增加。

（3）河北

河北规模以上工业企业六大能耗行业中，黑色金属冶炼和压延加工业的能源消费呈现上升趋势，其他五大能耗行业的能源消费呈现小幅波动（图 2.3-9）。

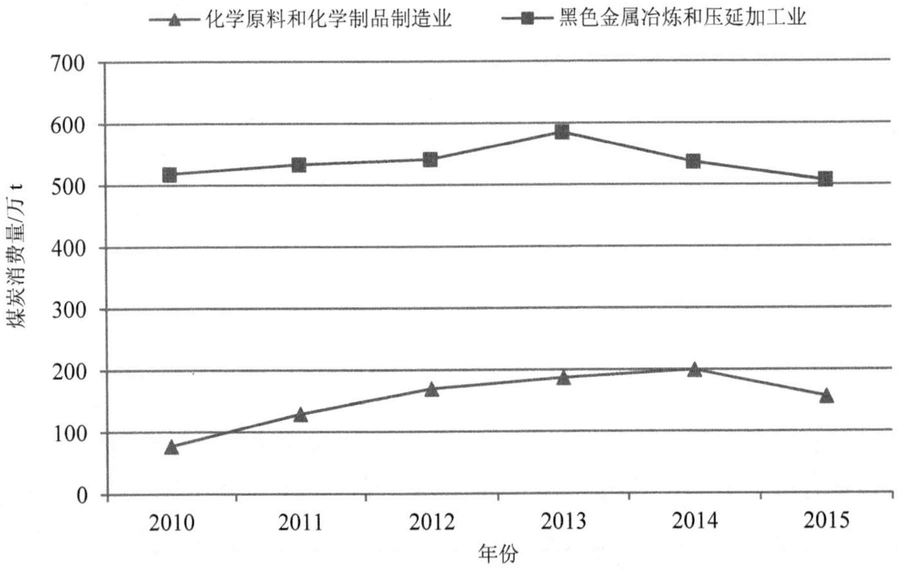

图 2.3-8　天津两大能耗行业煤炭消费趋势

数据来源：天津统计年鉴。

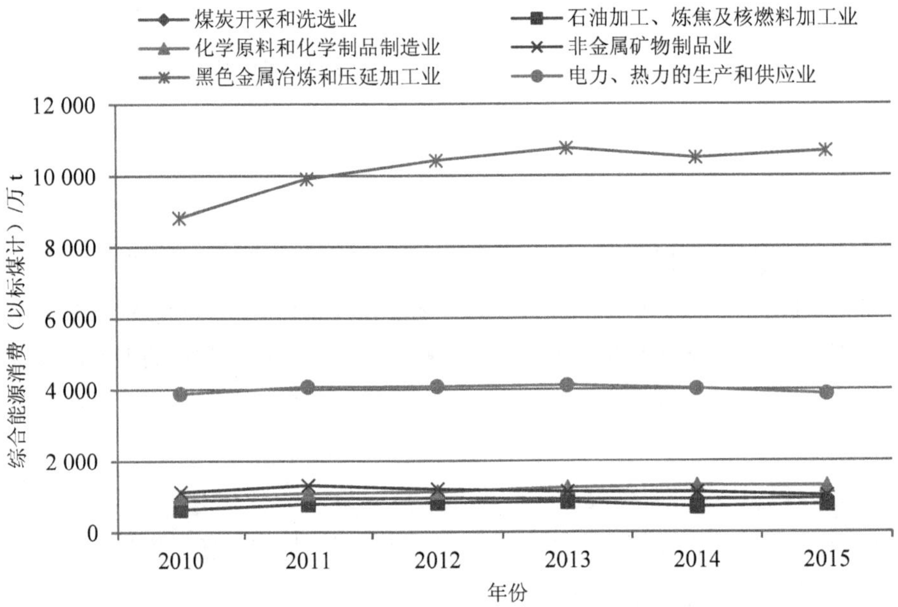

图 2.3-9　河北规模以上企业六大能耗行业综合能源消费趋势

数据来源：河北统计年鉴。

（4）山西

山西部分行业的能源消费呈现上升趋势，如黑色金属冶炼和压延加工业，煤炭开采和洗选业，化学原料和化学制品制造业，电力、热力的生产和供应业，非金属矿物制品业（图 2.3-10）。部分行业的能源消费呈现下降趋势，如石油加工、炼焦和核燃料加工业。有色金属冶炼和压延加工业的能源消费呈现平稳小幅波动。

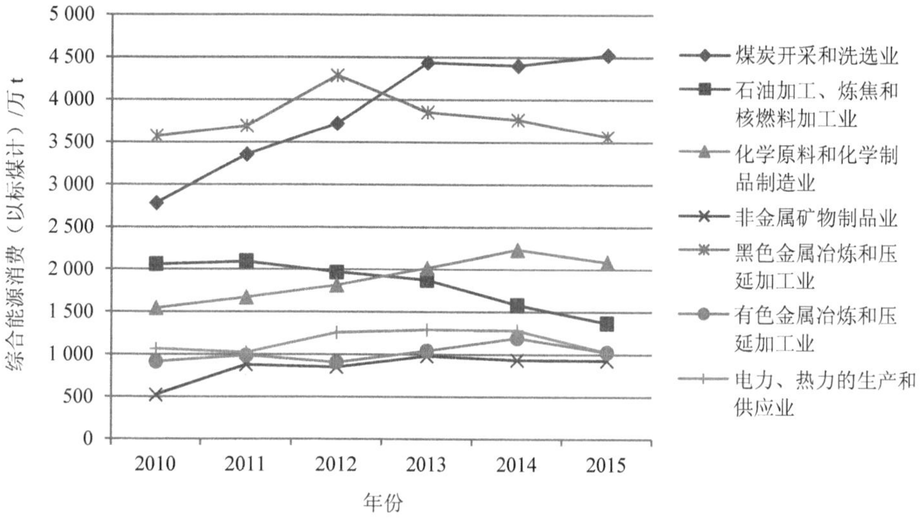

图 2.3-10　山西七大能耗行业综合能源消费

数据来源：山西统计年鉴。

（5）山东

山东工业能耗总体呈现波动，未出现下降趋势（图 2.3-11）。黑色金属冶炼和压延加工业、化学原料和化学制品制造业的能源消费呈现上升趋势；煤炭开采和洗选业、石油加工炼焦和核燃料加工业的能源消费呈现下降趋势；非金属矿物制品业、有色金属冶炼和压延加工业的能源消费呈现平稳小幅波动。

（6）河南

河南工业能耗总体呈现波动，未出现下降趋势（图 2.3-12）。能源消费波动较为明显的行业是有色金属冶炼和压延加工业，非金属矿物制品业，其中前者在 2014 年消费量降至最低，后又上升；后者在 2014 年上升至最高，后在 2015 年大幅降低。值得注意的是，2015 年非金属矿物制品业相较于以往年份的分行业能耗量排名已经降低，单就本年度而言，其能耗占比略低于石油加工、炼焦及核燃料加工业能耗量。

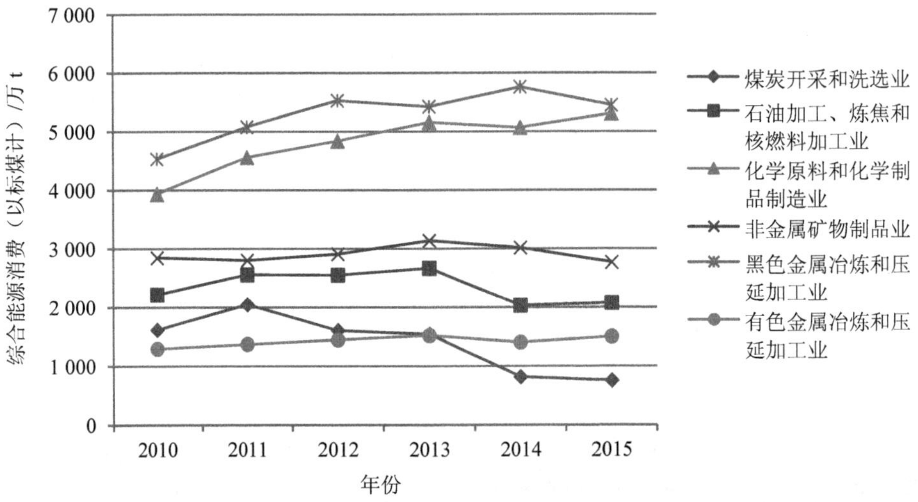

图 2.3-11　山东六大能耗行业综合能源消费

数据来源：山东统计年鉴。

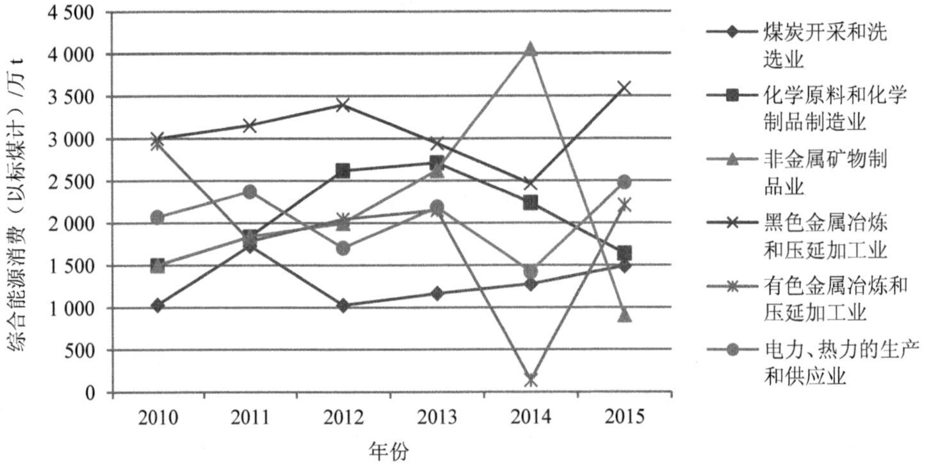

图 2.3-12　河南六大能耗行业综合能源消费

数据来源：河南统计年鉴。

（7）内蒙古

内蒙古化学原料和化学制品制造业的能源消费呈稳步上升趋势（图 2.3-13）。石油加工、炼焦和核燃料加工业的能源消费呈小幅波动，略有上升。非金属矿物制品业的能源消费呈小幅波动，近年来略有下降。黑色金属冶炼和压延加工业的能用消费波动较大，2012 年降至最低后开始反弹，2013 年之后开始下降。煤炭开采和洗选业 2012 年之后呈下降趋势，电力、热力的生产和供应业的能源消费呈上升趋势。

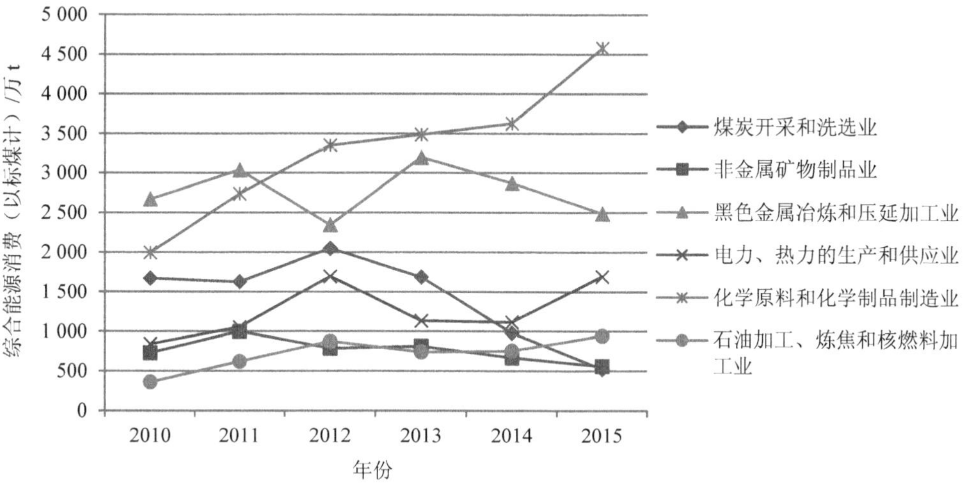

图 2.3-13 内蒙古七大能耗行业综合能源消费

数据来源：内蒙古统计年鉴。

2.4 小结

京津冀及周边四省（区）能源消费总量较大，且能源消费结构有待优化，持续高能耗以及高度依赖煤炭的耗能状况，会是大气污染防治的重要阻碍因素。

（1）能源消费总量较大，区域能耗较高。近年来，七省（区、市）能源消费总量呈现增长趋势，尽管七省（区、市）能源消费总量占全国消费总量的比重稍有回落，区域能源消费总量仍约占全国的 1/3，区域能耗水平较高。

（2）能源消费类型以煤为主，可再生能源消费占比较低。除北京外，多数省（区、市）能源消费类型以煤炭为主，而煤炭消费中电煤比例较低。七省（区、市）不仅能源消费强度较高，以煤为主的能源消费结构也给环境保护带来了很大压力。电煤在能源消费中的比例以及电力在终端能源消费中的比例都较低，电能替代推广力度不够。而相比之下，可再生能源消费量占比较低，有待进一步发展。

（3）能耗强度较大。山西、内蒙古、河北及河南的单位地区生产总值能耗强度均大于全国平均水平，将会对大气环境产生直接的不良影响。而我国平均能耗与发达国家相比也处于较高水平，区域能源利用效率较低，存在较大节能潜力。

（4）高耗能产业占比较高。虽然各省（区、市）各行业能源消费占比不尽相同，但从工业能源消费情况来看，高耗能产业的能源消费总量大，占比高，直接会给大气环境质量改善带来较大的控制压力，应加快发展能源利用效率较高的行业。

3 京津冀及周边地区产业与能源结构定量分析

3.1 产业结构与经济增长和大气环境的关系

3.1.1 产业结构与经济增长的关系

目前已经有大量文献针对中国产业结构与经济增长之间的关系进行了相关研究，但是由于经济发展时间较短，样本数据仍存在各种各样的问题，例如，改革开放以来我国第二产业的比重一直维持在 45%左右的水平，工业化水平并没有随着经济发展而出现明显提升，仅仅是第三产业比重缓慢上升，难以详细分析产业结构对经济增长的实际影响。

现有的发展经济学产业变迁理论认为，伴随经济发展，农业所占比重将下降，工业、服务业等所占比重将上升；当经济发展到比较发达程度时，即进入“后工业化”阶段，工业部门比重反而会下降，服务业会成为经济的主体部门。通过对比中美两国 1978—2010 年产业结构变化情况可发现，中国的产业结构在向美国的产业结构趋同。采用计量经济模型，以泰尔指数和 TS 指数作为产业结构指标，以分别表征产业结构的合理化程度和高级化程度，从而计算产业结构的变迁对经济增长率的影响。结果表明，长远来看产业结构的合理化和高级化演变对于经济增长都有正面影响，但产业结构合理化的作用强度和明显程度都高于产业结构高级化，相比于中国，美国产业结构合理化对经济增长作用力更强。

有学者不仅运用调整后的柯布-道格拉斯函数分析产业结构对经济总量的直接和间接影响，而且为了定量研究美国产业结构对经济增长的贡献，采用包含各产业以及制度技术水平的生产函数模型：$Y=F(X_1, X_2, \cdots, X_{22}, A)$ 进行计算；其中 Y 为总产出，即国内生产总值；X_i，$i=1, 2, \cdots, 22$，表示第 i 产业增加值；A 表示经济制度技术水平。对计算式进行变形，利用以下计量模型实证研究产业结构对经济增长的贡献：$\log Y=\beta_0+\beta_1\log X_1+\beta_2\log X_2+\cdots+\beta_{22}\log X_{22}+\varepsilon$，其中 β_0 表示经济制度变迁对经济总产出的贡献，β_i 表示第 i 产业的总产出弹性，运用计量软件对 1975—2011 年美国不变地区生产总值（用 Y 表示）、22 个产业组增加值（分别用 X_1，X_2，…，X_{22} 表示）进行 ADF 单位根检验。

另有学者以三大产业的产业结构和经济增长指数为变量，通过计量经济学的分析方法来判断产业结构和经济增长之间的相关关系发生顺序。在做各项检验之前，为使变量趋势线性化，消除时间序列中存在的异方差现象，对变量进行了对数化。回归分析之前，先做平稳性检验，以避免虚假回归的问题，第一步采用 ADF 单位根检验，检验各时间序列的平稳性。根据 Dickey 和 Funer 于 1979 年给出的检验用的模拟临界值和 AIC 准则，运用 Eviews 6.0，采用 E-G 检验法对变量的协整关系进行检验，再对回归方程的残差序列的平稳性进行检验。在得到产业结构与地区生产总值之间的关系后，即可在改变产业结构的同时，观察对地区生产总值的贡献程度。

灰色关联法和回归分析法也是研究产业结构与经济增长关系时常用的方法。研究者认为研究产业结构与经济增长的关系，重点就是研究产业结构的变化引起经济发展的趋势、产业结构中三次产业对经济增长的影响程度大小，灰色关联度分析可以将每阶段三次产业对生产总值影响大小进行排序，可以看出哪个产业对生产总值的影响比较大。软件输出结果自动将影响地区生产总值（母序列）的三次产业（子序列）影响程度进行排序，可以很直观地看到在某一阶段哪些产业对经济增长起到了更大的拉动作用，等等。还有诸多研究均在产业结构与经济增长的关系研究上做出了尝试，也获得了一定成果。

总之，当前对产业结构与经济增长关系的研究主要集中在两者的定量数量关系或者定性因果关系上，所围绕的是产业结构对经济增长的贡献率或者产业结构及经济增长之间的因果联动效应。所采用的方法大多属计量经济范畴，只是在解释变量上各有选择，对相关的经济变量进行了不同的处理，或选用回归分析，或采用相关模型，操作原理相差不大。本研究将借鉴其中以计量经济为基础，结合回归、检验等方法的实证分析法对京津冀及周边四省（区）产业结构与经济增长之间的关系进行研究。

3.1.2 产业结构与大气环境的关系

产业结构与环境污染之间存在密切的关系，作为污染物产生的质和量的“控制体”，产业结构决定了经济体的资源消耗强度，对污染物在种类、规模以及形成原因上存在直接或间接的影响。关于产业结构与大气环境之间的关系，发达国家的产业结构调整所产生的环境改善效应较为显著并且也成为其他国家发展的重要借鉴。早在 1941 年，里昂惕夫在其《美国经济的结构（1919—1939）》中，就用投入产出的研究方法对美国经济结构进行了阐述。产业结构研究的真正发展始于对日本战后仅用 40 年完成产业结构三次转换创造的经济奇迹的分析。在 1995 年，美国普林斯顿大学经济学家格鲁斯曼和克鲁格对 42 个典型国家的数据进行分析，发现环境污染水平在经济从较低到较高的发展过程中形成一条先上升继而下降的倒“U”形曲线，这与美国经济学家库兹涅茨对收入分配状况的观察类似，因此称其为环境问题的库兹涅茨曲线。一些经济学家也用实际的数据验证了环境库兹涅茨曲线的正确性。这一理论也意味着先污染后治理的政策方向，许多发达国家的工业化都是按照这一模式进行的。

与此同时，国内专家也对此进行了大量的实证研究。在利用 VAR 模型、广义脉冲响应函数和方差分解函数分析河北省产业结构和大气污染的关系时，发现长期的产业结构升级有利于大气污染状况的改善，工业是污染物排放比较多的产业，与环境污染相关性最大的是工业的产业结构。因此工业占比的下降为大气环境改善提供了有利因素。利用环境库兹涅茨曲线所做的大量工业化进程的大气环境效应研究结果显示，工业结构和布局是现阶段影响大气污染的重要变量，重污染行业结构是影响大气环境效应的主要因素，工业结构与废气污染之间呈现负相关关系，工业结构调整是解决大气环境问题的重要手段。京津冀地区的产业结构演变与工业二氧化硫排放的关系研究表明，京津冀地区三次产业演变与工业二氧化硫排放的关系存在显著差异：第一产业演变的影响极小；第二产业演变与工业二氧化硫排放的关系与其经济增长所依赖的产业结构有关，北京呈“N”形，河北呈倒“U”形；在第三产业演变过程中，仅河北与工业二氧化硫排放之间具有协整关系，并且抑制排放的效应显著。利用就业密度指数来研究第三产业和大气环境质量之间的关系，发现第三产业和大气环境之间存在一定的空间对立关系，即第三产业的提高对改善大气环境有积极作用。环渤海经济圈的产业结构与大气污染之间的关系研究则表明，产业结构高级化会促进大气污染减排，说明产业结构调整是实现减排的有效手段。

综上所述，从长期看，产业结构升级或优化对大气污染有抑制作用，可能短期看不到明显效果，但从战略角度，能够起到促进大气环境质量改善的作用。第一产业的调整对大气环境没有明显改善效应，由于第二产业即工业所产生的污染较大，因而第二产业的宏观调整和内部结构调整，将会是环境空气质量改善措施的一大着力点。提高第三产业的比重并不一定能够减排，但减排效应与区域所处的经济发展阶段及大气污染物排放特征有关，对于处于工业化初级、中级阶段的地区效果最好。

3.2 产业结构对经济增长的贡献分析

经济增长指一个国家或地区生产的物质产品和服务的持续增加，它意味着经济规模和生产能力的扩大，可以反映一个国家或地区经济实力的增长。传统经济增长理论很长时期内忽略了经济增长与产业结构的内在联系，认为经济增长是资本积累、劳动力增加和技术变化长期作用的结果。现代经济学家通过实证分析指出，经济结构状况及其变动对经济增长有着至关重要的影响。在利益驱动下，生产要素从低效率部门流向高效率部门会加速经济增长，即要素的流动形成不同产业部门的此消彼长，导致产业结构的转换，而产业结构的转换升级已成为现代经济增长的关键因素。

3.2.1　研究方法

为找出京津冀及周边四省（区）产业结构中存在的问题，并提出相应改进措施，进而促进经济增长方式的转变，推动经济持续健康发展，本研究以产业结构和经济增长的理论为基础，尝试对七省（区、市）产业结构与经济增长的关系进行实证分析。方法上主要以计量经济模型为基础，通过 ADF 检验、协整和误差修正模型对京津冀及周边区域共 7 个省（区、市）的产业结构和经济增长的关系进行实证分析。

（1）数据的选取与处理

根据七省（区、市）数据统计状况，对所选数据指标进行说明：①对各省（区、市）的分析所采取的时间段分别为：北京（1980—2014 年）、天津（1990—2014 年）、河北（1983—2014 年）、山西（1990—2014 年）、山东（1978—2014 年）、河南（1978—2014 年）、内蒙古（1990—2014 年）；②用国内生产总值（地区生产总值）反映各省（区、市）的经济发展情况，用三次产业的产值代表三次产业的发展情况，同时用三次产业的产值（X，Y，Z）反映历年产业结构情况的指标数据；③为了消除价格的影响，以初始年份为基期，令基期的价格指数为 100；④为了线性化本书的 4 个变量，消除时间序列的异方差现象，对各变量作自然对数变换，分别记为 lnGDP、ln$X$、ln$Y$、ln$Z$。

（2）产业结构与经济增长关系的检验及回归

由于本研究采用的是时间序列数据，要进行回归，首先要对时间序列的平稳性进行检验，而后进行协整检验。常用的判断时间序列平稳性的方法有趋势图法、相关系数法和 ADF 检验法，本书选用 ADF 检验法。协整的检验有 Engle-Granger 法（E-G 法或 AEG 法）、DW 检验法和 Johansen 协整法，其中 Johansen 协整法用于多变量的模型，因此这里我们选用 Johansen 协整法进行变量间的协整关系检验，即下文的 J 协整检验。

3.2.2　结果讨论

（1）北京

由表 3.2-1 得出结论：ln$X$、ln$Y$、ln$Z$ 时间序列变量在原水平时是非平稳的，而在一阶差分后就变为平稳序列，说明此变量为一阶单整序列。因为一阶差分后的 ΔlnGDP、Δln$X$、Δln$Y$、Δln$Z$ 代表的是经济增长的变化，所以说经济增长的时间序列中，除 ΔlnGDP，其他均是平稳的。

表 3.2-1 北京市 lnGDP、ln$X$、ln$Y$、ln$Z$ 四个变量的 ADF 检验结果

变量	检验类型（C，T，K）	ADF 统计量	临界值	结论
lnGDP	（C，T，6）	1.08	–2.96（5%）	不平稳
ΔlnGDP	（C，T，5）	–1.78	–2.96（5%）	不平稳
ln$X$	（C，T，0）	–2.70	–2.94（5%）	不平稳
Δln$X$	（C，T，1）	–4.00	–2.95（5%）	平稳
ln$Y$	（C，T，1）	0.32	–2.95（5%）	不平稳
Δln$Y$	（C，T，0）	–3.64	–2.95（5%）	平稳
ln$Z$	（C，T，1）	–0.14	–2.95（5%）	不平稳
Δln$Z$	（C，T，0）	–4.16	–2.95（5%）	平稳

注：C、T、K 分别表示单位根检验方程中的常数项、趋势项和滞后项；临界值栏括号内的百分比指的是显著水平；以下同。

表 3.2-2 北京市 lnGDP、ln$X$、ln$Y$、ln$Z$ 四个变量的 J 协整检验结果

协整关系数量假设	特征值	迹统计量	5%显著水平临界值	P 值
0*	0.536 5	64.341 5	47.856 1	0.000 7
至多 1 个*	0.440 0	36.661 0	29.797 1	0.006 9
至多 2 个*	0.294 0	15.785 8	15.494 7	0.045 2
至多 3 个*	0.086 4	3.253 4	3.841 5	0.071 3

注：迹检验表明在置信度 5%的水平下至少存在两个协整关系；
*表示在置信度 5%的水平下拒绝原假设（后文协整检验结果中符号同义）。

J 协整检验结果表明，lnGDP、ln$X$、ln$Y$、ln$Z$ 之间存在 4 个协整方程（表 3.2-2），也就是研究的变量之间存在长期均衡的关系。

协整检验的结果表明北京市产业结构与经济增长之间存在着一种长期均衡的关系，下面我们通过用 OLS 回归建立 lnGDP、ln$X$、ln$Y$、ln$Z$ 之间的回归方程如下：

$$\ln GDP = 0.172\,5 - 0.031\,9\ln X + 0.720\,1\ln Y + 0.421\,5\ln Z$$

T 值 （2.066 5） （–3.807 9）（28.532 1） （33.865 5）

P 值 （0.046 5） （0.000 6） （0.000 0） （0.000 0）

经过 E-G 两误差修正，可得到如下关系式：

$$D\ln GDP = 0.004+0.001\,3D\ln X+0.506\,8D\ln Y+0.496\,3D\ln Z-0.274\,0ECM_{t-1}$$ [①]

P 值 （0.429 0） （0.981 5） （0.000 0） （0.000 0） （0.020 8）

R^2=0.943 5 $D–W$=0.855 6[②]

截距项和变量 Dln$X$ 不显著，剔除后，重新修正建立短期回归：

① ECM_{t-1} 为误差修正项。

② $D–W$ 检验，即杜宾-瓦特森检验，计量经济、经济分析中常用的一种检验序列一阶自相关的方法，当 $D–W$ 值显著接近于 0 或 4 时，则存在自相关性，而接近于 2 时，则不存在（一阶）自相关性。

$D\ln GDP=0.507\,3D\ln Y+0.496\,3D\ln Z-0.269\,4ECM_{t-1}$

P 值　（0.000 0）　（0.000 0）　（0.018 3）

$R^2=0.942\,4$　$D\text{–}W=1.147\,2$

括号内数字代表了各参数所对应的 P 值，通过 R^2 和 P 值我们判断出模型的整体协整性较好，误差修正参数为负则代表了反向修正机制，也就是说当短期波动偏离长期均衡时，误差修正反向调整速度为 0.269 4，这说明北京市第二、第三产业对经济增长的短期波动不大。从长期来分析，各变量的系数代表了三次产业对经济增长的贡献程度，也就是说，第二、第三产业的产值每增加 1%，会使国内生产总值分别增加 50.73%、49.63%。可以看出第二产业对经济增长的贡献最大，第三产业次之，第一产业对经济增长的贡献无法从回归中量化体现。

（2）天津

lnGDP、ln$X$、ln$Y$、ln$Z$ 时间序列变量在原水平时是非平稳的，而在一阶差分后就变为平稳序列，说明此变量为一阶单整序列（表 3.2-3）。因为一阶差分后的 ΔlnGDP、 Δln$X$、Δln$Y$、 Δln$Z$ 代表的是经济增长的变化，所以说经济增长的时间序列是平稳的。

表 3.2-3　天津市 lnGDP、ln$X$、ln$Y$、ln$Z$ 四个变量的 ADF 检验结果

变量	检验类型（C，T，K）	ADF 统计量	临界值	结论
lnGDP	（C，T，1）	−0.08	−3.00（5%）	不平稳
ΔlnGDP	（C，T，0）	−3.45	−3.00（5%）	平稳
ln$X$	（C，T，0）	0.82	−2.99（5%）	不平稳
Δln$X$	（C，T，0）	−3.77	−3.00（5%）	平稳
ln$Y$	（C，T，1）	−0.40	−3.00（5%）	不平稳
Δln$Y$	（C，T，0）	−3.02	−3.00（5%）	平稳
ln$Z$	（C，T，0）	1.52	−2.99（5%）	不平稳
Δln$Z$	（C，T，0）	−4.56	−3.00（5%）	平稳

表 3.2-4　天津市 lnGDP、ln$X$、ln$Y$、ln$Z$ 四个变量的 J 协整检验结果

协整关系数量假设	特征值	迹统计量	5%显著水平临界值	P 值
0	0.906 382	85.091 89	47.856 13	0.000 0
至多 1 个	0.514 011	30.615 57	29.797 07	0.040 2
至多 2 个	0.416 423	14.019 47	15.494 71	0.082 4
至多 3 个*	0.068 505	1.632 178	3.841 466	0.201 4

注：迹检验表明在置信度 5%的水平下至少存在两个协整关系。

J 协整检验结果表明，lnGDP、ln$X$、ln$Y$、ln$Z$ 之间存在两个协整方程（表 3.2-4），也就是研究的变量之间不存在长期均衡的关系。

协整检验的结果表明天津市产业结构与经济增长之间存在着一种长期均衡的关系，下面我们通过用 OLS 回归建立 lnGDP、ln$X$、ln$Y$、ln$Z$ 之间的回归方程如下：

lnGDP=0.727 5+0.072 6 ln$X$+0.580 7 ln$Y$+0.376 2 ln$Z$

T 值　（13.680 5）（2.485 5）（35.850 6）（25.849 0）

P 值　（0.000 0）（0.021 4）（0.000 0）（0.000 0）

在进行 E-G 两步误差修正前，对上述方程进行残差序列检验，发现残差序列存在单位根，呈现不平稳状态。因此，无法进行误差修正。剔除误差修正项，可得到如下关系式：

DlnGDP=−0.004 5+0.057 4Dln$X$+0.538 7Dln$Y$+0.449 1Dln$Z$

P 值　（0.078 8）（0.000 1）（0.000 0）（0.000 0）

R^2=0.996 2　$D–W$=0.884 1

从长期来分析，各变量的系数代表了三次产业对经济增长的贡献程度，也就是说，第一、第二、第三产业的产值每增加 1%，会使国内生产总值分别增加 5.74%、53.87%、44.91%。可以看出第二产业对经济增长的贡献最大，第三产业次之，第一产业对经济增长的贡献已经很小。

同时通过格兰杰因果检验的结果来看，天津市产业结构和经济增长之间是双向因果关系，即经济增长引起产业结构的变动，经济增长促进了产业结构的合理化和高级化。同样产业结构演进也推动着经济增长。从实证分析的结论我们发现，天津市第三产业对经济增长的促进作用还需进一步提高，以成为经济发展的主导力量。

（3）河北

lnGDP、ln$X$、ln$Y$、ln$Z$ 时间序列变量在原水平时是非平稳的，而在一阶差分后就变为平稳序列，说明此变量为一阶单整序列。因为一阶差分后的 ΔlnGDP、Δln$X$、Δln$Y$、Δln$Z$ 代表的是经济增长的变化，所以说经济增长的时间序列是平稳的（表 3.2-5）。

表 3.2-5　河北省 lnGDP、ln$X$、ln$Y$、ln$Z$ 四个变量的 ADF 检验结果

变量	检验类型（C，T，K）	ADF 统计量	临界值	结论
lnGDP	（C，T，0）	−0.49	−2.96（5%）	不平稳
ΔlnGDP	（C，T，0）	−4.06	−2.96（5%）	平稳
ln$X$	（C，T，0）	0.70	−2.96（5%）	不平稳
Δln$X$	（C，T，1）	−3.95	−2.97（5%）	平稳
ln$Y$	（C，T，0）	−1.04	−2.96（5%）	不平稳
Δln$Y$	（C，T，0）	−4.13	−2.96（5%）	平稳
ln$Z$	（C，T，2）	−1.70	−2.97（5%）	不平稳
Δln$Z$	（C，T，1）	−5.77	−2.97（5%）	平稳

J 协整检验结果表明，lnGDP、ln$X$、ln$Y$、ln$Z$ 之间存在两个协整方程（表 3.2-6），也就是研究的变量之间不存在长期均衡的关系。

表 3.2-6 河北省 lnGDP、ln$X$、ln$Y$、ln$Z$ 四个变量的 J 协整检验结果

协整关系数量假设	特征值	迹统计量	5%显著水平临界值	P 值
0*	0.656 606	69.306 15	47.856 13	0.000 2
至多 1 个*	0.540 201	37.239 84	29.797 07	0.005 8
至多 2 个*	0.281 031	13.930 83	15.494 71	0.084 9
至多 3 个*	0.125 781	4.032 736	3.841 466	0.044 6

注：迹检验表明在置信度 5%的水平下至少存在两个协整关系。

在经过 ADF 检验和协整检验之后，建立回归关系为

lnGDP=0.873 1+0.301 8 ln$X$+0.480 5 ln$Y$+0.256 8 ln$Z$

T 值（29.909 6）（15.072 0）（20.898 8）（16.233 4）

P 值（0.000 0） （0.000 0） （0.000 0）（0.000 0）

采用 E-G 两步法进行误差修正，得到

DlnGDP=0.001 95+0.223 3Dln$X$+0.483 6Dln$Y$+0.276 3Dln$Z$−0.322 6E（−1）

P 值 （0.435 8） （0.000 0） （0.000 0） （0.000 0） （0.004 4）

R^2=0.988 0 D–W=0.778 0

通过 R^2 和 P 值我们判断出模型的整体协整性比较好，误差修正参数为负代表反向修正机制，也就是说当短期波动偏离长期均衡时，误差修正反向调整速度为 0.322 6，这说明河北省三次产业对经济增长的短期波动不大。从长期来看，各变量的系数代表了三次产业对经济增长的贡献程度，也就是说，第一、第二、第三产业的产值每增加 1%，会使国内生产总值分别增加 22.33%、48.36%和 27.63%。可以看出第二产业对经济增长的贡献最大，第三产业次之，第一产业最小。

（4）山西

lnGDP、ln$X$、ln$Y$、ln$Z$ 时间序列变量在原水平时是非平稳的，而在一阶差分后就变为平稳序列，说明此变量为一阶单整序列。因为一阶差分后的 ΔlnGDP、Δln$X$、Δln$Y$、Δln$Z$ 代表的是经济增长的变化，所以说经济增长的时间序列是平稳的（表 3.2-7）。

表 3.2-7 山西省 lnGDP、ln*X*、ln*Y*、ln*Z* 四个变量的 ADF 检验结果

变量	检验类型（C，T，K）	ADF 统计量	临界值	结论
lnGDP	（C，T，1）	–1.00	–3.00（5%）	不平稳
ΔlnGDP	（C，T，0）	–4.66	–3.00（5%）	平稳
ln*X*	（C，T，0）	–0.09	–3.00（5%）	不平稳
Δln*X*	（C，T，0）	–6.07	–3.00（5%）	平稳
ln*Y*	（C，T，1）	–0.98	–3.00（5%）	不平稳
Δln*Y*	（C，T，0）	–3.80	–3.00（5%）	平稳
ln*Z*	（C，T，0）	–1.16	–2.99（5%）	不平稳
Δln*Z*	（C，T，0）	–7.02	–3.00（5%）	平稳

表 3.2-8 山西省 lnGDP、ln*X*、ln*Y*、ln*Z* 四个变量的 J 协整检验结果

协整关系数量假设	特征值	迹统计量	5%显著水平临界值	*P* 值
0 *	0.685 813	52.328 54	47.856 13	0.017 9
至多 1 个*	0.408 362	25.699 87	29.797 07	0.137 9
至多 2 个*	0.332 684	13.628 09	15.494 71	0.093 7
至多 3 个*	0.171 413	4.324 768	3.841 466	0.037 6

注：迹检验表明在置信度 5%的水平下至少存在两个协整关系。

J 协整检验结果表明，lnGDP、ln*X*、ln*Y*、ln*Z* 之间存在两个协整方程（表 3.2-8），也就是研究的变量之间存在一个协整关系。

在经过 ADF 检验和协整检验之后，建立回归关系为

$\ln GDP= 0.937\,9 + 0.101\,8 \ln X + 0.548\,9 \ln Y + 0.350\,4 \ln Z$

T 值（56.386 7）（13.019 7）（54.296 8）（32.355 7）

P 值（0.000 0）（0.000 0）（0.000 0）（0.000 0）

采用 E-G 两步法进行误差修正，得到

$D\ln GDP=0.000\,3+0.093\,4D\ln X+0.529\,7D\ln Y+0.363\,9D\ln Z-0.942\,2ECM_{t-1}$

P 值（0.889 4）（0.000 0）（0.000 0）（0.000 0）（0.000 2）

$R^2=0.996\,3$　$D\text{–}W=1.551\,3$

通过 R^2 和 *P* 值我们判断出模型的整体协整性比较好，误差修正参数为负则代表了反向修正机制，也就是说当短期波动偏离长期均衡时，误差修正反向调整速度为 0.942 2，这说明山西省三次产业对经济增长的短期波动不大。从长期来看，各变量的系数代表了三次

产业对经济增长的贡献程度，也就是说，第一、第二、第三产业的产值每增加 1%，会使国内生产总值分别增加 9.34%、52.97%和 36.39%。可以看出第二产业对经济增长的贡献最大，第三产业次之，第一产业最小。

（5）山东

lnGDP、ln*X*、ln*Y*、ln*Z* 时间序列变量在原水平时是非平稳的，而在一阶差分后就变为平稳序列，说明此变量为一阶单整序列。因为一阶差分后的 ΔlnGDP、Δln*X*、Δln*Y*、Δln*Z* 代表的是经济增长的变化，所以说经济增长的时间序列是平稳的（表 3.2-9）。

表 3.2-9 山东省 lnGDP、ln*X*、ln*Y*、ln*Z* 四个变量的 ADF 检验结果

变量	检验类型（C，T，K）	ADF 统计量	临界值	结论
lnGDP	（C，T，1）	−0.35	−2.95（5%）	不平稳
ΔlnGDP	（C，T，0）	−3.97	−2.95（5%）	平稳
ln*X*	（C，T，2）	−0.96	−2.95（5%）	不平稳
Δln*X*	（C，T，1）	−3.82	−2.95（5%）	平稳
ln*Y*	（C，T，1）	−0.36	−2.95（5%）	不平稳
Δln*Y*	（C，T，0）	−3.73	−2.95（5%）	平稳
ln*Z*	（C，T，0）	−1.70	−2.95（5%）	不平稳
Δln*Z*	（C，T，0）	−4.35	−2.95（5%）	平稳

表 3.2-10 山东省 lnGDP、ln*X*、ln*Y*、ln*Z* 四个变量的 J 协整检验结果

协整关系数量假设	特征值	迹统计量	5%显著水平临界值	*P* 值
0	0.54	58.780 05	47.856 13	0.003 4
至多 1 个	0.50	31.242 18	29.797 07	0.033 9
至多 2 个	0.18	7.134 962	15.494 71	0.562 0
至多 3 个	0.00	0.001 366	3.841 466	0.969 3

注：迹检验表明在置信度 5%的水平下至少存在两个协整关系。

J 协整检验结果表明，lnGDP、ln*X*、ln*Y*、ln*Z* 之间存在两个协整方程（表 3.2-10），也就是研究的变量之间存在一种长期均衡的关系。

在经过 ADF 检验和协整检验之后，建立 OLS 回归关系为

$\ln GDP=0.412\,5+0.373\,1\ln X+0.624\,2\ln Y+0.112\,3\ln Z$

T 值 （3.819 2）（11.146 3）（34.853 3）（5.150 0）

P 值 （0.000 6）（0.000 0）（0.000 0）（0.000 0）

采用 E-G 两步法进行误差修正，得到

$D\ln GDP=0.009\,8+0.290\,6D(\ln X)+0.482\,4D(\ln Y)+0.194\,5D(\ln Z)-0.038\,6ECM_{t-1}$

P 值 （0.015 7） （0.000 0） （0.000 0） （0.000 0） （0.695 8）

$R^2=0.973\,5$　$D\text{–}W=1.130\,8$

通过误差修正发现，修正项目 *P* 值过大，修正效果不显著。因此，考虑直接对 4 个变量进行一阶差分，直接进行回归分析。经回归得到关系如下：

$D\ln GDP=0.009\,8+0.290\,6D\ln X+0.482\,4D\ln Y+0.194\,5D\ln Z$

P 值 （0.013 4） （0.000 0） （0.000 0） （0.000 0）

$R^2=0.973\,3$　$D\text{–}W=1.145\,0$

回归结果说明山东省三次产业对经济增长的短期波动不大。从长期来看，各变量的系数代表了三次产业对经济增长的贡献程度，也就是说，第一、第二、第三产业的产值每增加 1%，会使山东省生产总值分别增加 29.06%、48.24%和 19.45%。可以看出第二产业对经济增长的贡献最大，第一产业次之，第三产业最小。

（6）河南

lnGDP、ln*X*、ln*Y*、ln*Z* 时间序列变量在原水平时是非平稳的，而在一阶差分后就变为平稳序列，说明此变量为一阶单整序列。因为一阶差分后的 ΔlnGDP、 Δln*X*、 Δln*Y*、 Δln*Z* 代表的是经济增长的变化，所以说经济增长的时间序列是平稳的（表 3.2-11）。

表 3.2-11　河南省 lnGDP、ln*X*、ln*Y*、ln*Z* 四个变量的 ADF 检验结果

变量	检验类型（C，T，K）	ADF 统计量	临界值	结论
lnGDP	（C，T，1）	0.01	−2.95（5%）	不平稳
ΔlnGDP	（C，T，0）	−2.98	−2.95（5%）	平稳
ln*X*	（C，T，2）	−1.29	−2.95（5%）	不平稳
Δln*X*	（C，T，1）	−7.06	−2.95（5%）	平稳
ln*Y*	（C，T，1）	2.15	−2.95（5%）	不平稳
Δln*Y*	（C，T，0）	−3.32	−2.95（5%）	平稳
ln*Z*	（C，T，0）	−1.09	−2.95（5%）	不平稳
Δln*Z*	（C，T，0）	−7.31	−2.95（5%）	平稳

表 3.2-12　河南省 lnGDP、ln*X*、ln*Y*、ln*Z* 四个变量的 J 协整检验结果

协整关系数量假设	特征值	迹统计量	5%显著水平临界值	*P* 值
0 *	0.7	73.4	47.856 13	0.000 0
至多 1 个*	0.5	36.2	29.797 07	0.008 1
至多 2 个	0.3	11.3	15.494 71	0.196 3
至多 3 个	0.0	0.4	3.841 466	0.537 9

注：迹检验表明在置信度 5%的水平下至少存在两个协整关系。

J 协整检验结果表明，lnGDP、ln$X$、ln$Y$、ln$Z$ 之间存在两个协整方程（表 3.2-12），也就是研究的变量之间存在一种长期均衡的关系。

在经过 ADF 检验和协整检验之后，建立 OLS 回归关系为

lnGDP=0.816 4+0.348 0 ln$X$+0.535 6 ln$Y$+0.161 0 ln$Z$

T 值（7.238 8）（7.501 6）（23.230 4）（5.407 1）

P 值（0.000 0）（0.000 0）（0.000 0）（0.000 0）

采用 E-G 两步法进行误差修正，得到

DlnGDP=0.001 2+0.272 5Dln$X$+0.421 3Dln$Y$+0.300 1Dln$Z$–0.145 6ECM$_{t-1}$

P 值 （0.750 1） （0.000 0） （0.000 0） （0.000 0） （0.073 6）

R^2=0.972 4 D–W=1.555 8

通过误差修正发现，修正项目 P 值大于 0.05，修正效果不显著。因此，考虑直接对 4 个变量进行一阶差分，直接进行回归分析。经回归得到关系如下：

DlnGDP=0.001 6+0.270 6Dln$X$+0.422 6Dln$Y$+0.299 1Dln$Z$

P 值 （0.696 3） （0.000 0） （0.000 0） （0.000 0）

R^2=0.973 3 D–W=1.145 0

回归表明河南省三次产业对经济增长的短期波动不大。从长期来看，各变量的系数代表了三次产业对经济增长的贡献程度，也就是说，第一、第二、第三产业的产值每增加 1%，会使河南省生产总值分别增加 27.06%、42.26%和 29.91%。可以看出第二产业对经济增长的贡献最大，第三产业次之，第一产业最小。

（7）内蒙古

lnGDP、ln$X$、ln$Y$、ln$Z$ 时间序列变量在原水平时是非平稳的，在一阶差分后仅第一产业变为平稳序列，其他变量均为非一阶单整序列。所以说经济增长的时间序列不是同阶平稳的（表 3.2-13）。

表 3.2-13 内蒙古 lnGDP、ln$X$、ln$Y$、ln$Z$ 四个变量的 ADF 检验结果

变量	检验类型（C，T，K）	ADF 统计量	临界值	结论
lnGDP	（C，T，1）	–1.49	–3.00（5%）	不平稳
ΔlnGDP	（C，T，0）	–1.13	–3.00（5%）	不平稳
ln$X$	（C，T，0）	1.14	–3.00（5%）	不平稳
Δln$X$	（C，T，0）	–3.59	–3.00（5%）	平稳
ln$Y$	（C，T，1）	–1.22	–3.00（5%）	不平稳
Δln$Y$	（C，T，0）	–1.05	–3.00（5%）	不平稳
ln$Z$	（C，T，1）	–0.44	–3.00（5%）	不平稳
Δln$Z$	（C，T，0）	–1.95	–3.00（5%）	不平稳

表 3.2-14 内蒙古 lnGDP、lnX、lnY、lnZ 四个变量的 J 协整检验结果

协整关系数量假设	特征值	迹统计量	5%显著水平临界值	P 值
0 *	0.7	53.9	47.9	0.0
至多 1 个	0.5	29.5	29.8	0.1
至多 2 个	0.4	13.5	15.5	0.1
至多 3 个	0.0	1.0	3.8	0.3

注：迹检验表明在置信度 5%的水平下至少存在两个协整关系。

J 协整检验结果表明，lnGDP、ln*X*、ln*Y*、ln*Z* 之间不存在协整方程（表 3.2-14），也就是研究的变量之间不存在一种长期均衡的关系。

根据 ADF 检验和协整检验结果，对几个变量进行线性组合，构建变量之间的长期稳定的均衡关系。对几个变量进行 OLS 回归，得到方程：

$\ln GDP=0.924\,4+0.280\,3\ln X+0.534\,3\ln Y+0.221\,6\ln Z$

T 值（11.484 5）（8.253 3）（20.908 6）（9.009 3）

P 值（0.000 0）（0.000 0）（0.000 0）（0.000 0）

检验其残差序列，可得到如表 3.2-15 所示结果。

表 3.2-15 残差序列 ADF 检验

ADF 检验值		T 检验值	P 值
		–4.24	0.003 2
临界值检验	1%水平	–3.74	
	5%水平	–2.99	
	10%水平	–2.64	

由表 3.2-15 可知残差序列平稳，则回归方程的设定是合理的，说明回归方程的因变量和解释变量之间存在稳定的均衡关系。

经误差修正，得到

$D\ln GDP=-0.005\,1+0.269\,8D\ln X+0.461\,7D\ln Y+0.336\,4D\ln Z-0.417\,2ECM_{t-1}$

P 值 （00.204 2） （0.000 0） （0.000 0） （0.000 0） （0.004 3）

$R^2=0.993\,5$ $D–W=1.171\,2$

通过 R^2 和 *P* 值我们判断出模型的整体协整性比较好，误差修正参数为负则代表了反向修正机制，也就是说当短期波动偏离长期均衡时，误差修正反向调整速度为 0.417 2，这说明内蒙古自治区三次产业对经济增长的短期波动不大。从长期来看，各变量的系数代表

了三次产业对经济增长的贡献程度，也就是说，第一、第二、第三产业的产值每增加 1%，会使内蒙古自治区生产总值分别增加 26.98%、46.17%和 33.64%。可以看出第二产业对经济增长的贡献最大，第三产业次之，第一产业最小。

3.3 产业结构的趋同性分析

3.3.1 研究方法

区域产业结构趋同程度测度主要应用产业结构相似系数、产业结构差异度系数、产业分工指数、区位商、区位基尼系数和产业结构重合度指数等。

本书采用联合国工业发展组织（UNIDO）推荐使用的产业结构相似系数，该系数是从静态的角度来测度各地区之间的产业结构趋同程度，要获得区域间产业结构趋同或趋异的信息，必须比较该系数的动态变化趋势。对京津冀及周边四省（区）的产业结构相似程度进行测度，具体公式如下：

$$S_{ij}=\sum_{k=1}^{n}x_{ik}x_{jk}\Big/\sqrt{\sum_{k=1}^{n}x_{ik}^{2}\sum_{k=1}^{n}x_{jk}^{2}}$$

其中，S_{ij} 为产业结构相似系数；i、j 为两个进行比较的区域；n 为产业数；x_{ik} 为 i 地区第 k 个行业产值占该地区总产值的比重；x_{jk} 是 j 地区第 k 个行业产值占该地区总产值的比重。产业结构相似系数的取值范围为 $0<S_{ij}<1$，其数值越大表示两地产业结构越相似。

3.3.2 结果讨论

分别将京津冀、周边四省（区）作为不同的比较群，对京津冀及周边四省（区）三次产业结构相似系数进行计算，结果如表 3.3-1 和表 3.3-2 所示。

表 3.3-1 京津冀地区三次产业结构相似系数

年份	北京-天津	北京-河北	天津-河北
2000	0.927 6	0.850 3	0.971 8
2001	0.920 9	0.840 4	0.970 3
2002	0.911 1	0.835 8	0.973 4
2003	0.898 1	0.834 2	0.976 7
2004	0.884 8	0.822 7	0.976 2
2005	0.868 9	0.800 9	0.979 5

年份	北京-天津	北京-河北	天津-河北
2006	0.848 9	0.784 7	0.982 2
2007	0.836 6	0.768 5	0.980 1
2008	0.819 4	0.735 0	0.978 6
2009	0.842 9	0.764 3	0.978 3
2010	0.853 9	0.764 3	0.976 2
2011	0.846 6	0.747 4	0.975 8
2012	0.851 3	0.753 6	0.975 3
2013	0.858 8	0.759 2	0.974 6
2014	0.868 9	0.771 5	0.974 9
2015	0.884 0	0.801 8	0.978 5

数据来源：根据各省（市）2001—2016 年的统计年鉴相关数据计算得出。

表 3.3-2 周边四省（区）三次产业结构相似系数

年份	山西-山东	山西-内蒙古	山西-河南	山东-内蒙古	山东-河南	内蒙古-河南
2000	0.985 2	0.969 1	0.960 6	0.971 6	0.988 8	0.983 8
2001	0.985 7	0.972 3	0.959 6	0.976 1	0.989 8	0.982 6
2002	0.991 7	0.976 0	0.969 0	0.975 0	0.989 3	0.981 6
2003	0.990 9	0.976 4	0.983 3	0.968 3	0.994 0	0.984 5
2004	0.992 0	0.971 4	0.978 4	0.956 7	0.988 3	0.977 8
2005	0.994 0	0.981 6	0.977 6	0.977 3	0.991 9	0.981 7
2006	0.995 5	0.988 6	0.981 0	0.985 5	0.993 5	0.983 6
2007	0.996 5	0.990 8	0.984 7	0.991 6	0.995 8	0.986 8
2008	0.995 5	0.993 0	0.981 0	0.994 9	0.994 8	0.984 9
2009	0.996 6	0.998 8	0.982 0	0.997 6	0.994 2	0.986 7
2010	0.998 5	0.998 5	0.985 3	1.000 0	0.988 8	0.990 1
2011	0.994 8	0.998 3	0.991 5	0.997 6	0.987 2	0.995 1
2012	0.997 5	0.997 9	0.988 6	0.995 9	0.985 9	0.996 2
2013	0.998 9	0.995 8	0.983 0	0.994 9	0.982 4	0.995 7
2014	0.999 5	0.995 9	0.990 2	0.997 0	0.992 8	0.998 6
2015	0.988 7	0.977 7	0.979 4	0.996 1	0.992 3	0.995 0

数据来源：根据各省（区）2001—2016 年的统计年鉴相关数据计算得出。

由表 3.3-1 可知，京津冀地区各省（市）之间三次产业存在较明显的结构趋同问题。其中，天津与河北之间产业结构相似系数高达 0.97 以上，表明两地之间三次产业结构极为相似。其次是北京与天津，产业结构相似系数达到 0.8 以上，最后是北京与河北，产业结构相似系数在 0.7 以上。从总体变化趋势上看，北京与天津之间的产业趋同化程度呈缓解趋势，但效果不明显，2008 年之前，产业结构相似系数从 0.92 左右下降到 0.82 左右，之后上升，维持在 0.85 左右。北京与河北之间的产业趋同化经历了两次变化，2008 年之前，产业结构相似系数从 0.85 左右下降到 0.73 左右，之后呈波动上升至 2015 年的 0.801 8。天津与河北之间的产业趋同化程度没有减轻，反而有轻微的加剧，在 2005 年、2006 年经历了两次上升之后产业结构相似系数平稳在 0.97～0.98。

由表 3.3-2 可知，周边四省（区）之间的三次产业有严重的结构趋同问题。产业结构相似系数均高于 0.9，大部分超过 0.99 接近 1。所有省（区）的产业结构趋同化程度均呈总体上的加剧趋势。山西与河南之间的趋同化情况相比其他略轻，大部分年份的产业相似结构在 0.98 左右，近年上升至 0.99 左右，其他省（区）之间，均呈现较高的相似程度。这表明产业结构相似性程度具有明显的区位毗邻性，由于各省（区）之间资源禀赋、环境条件、政策制度等方面具有一定的相似性，且工业化进程相似，进而三次产业结构相似系数比较高，结构趋同比较严重。

3.4 产业结构的合理化分析

3.4.1 研究方法

产业结构合理化是指各产业投入和产出之间的耦合质量，它是各产业之间协调程度的反映，也是资源合理利用程度的反映。目前在研究产业结构的合理化时，常用的分析方法有影子价格分析法、需求判断法、国际国内比较法、结构效果法等。在经济的发展和科技的进步共同作用下，国家或地区内的三次产业间的比值始终是一个动态变化的过程。一般是选定一个动态的参考，与之对比来分析产业动态结构变化的规律，从而评价产业结构的合理性。

本研究借鉴标准差化的结构失衡度的计算方式，提出一个改进的结构偏离指数，记作结构偏离修正指数（IR，下文称产业结构合理化指数），并将该指数进行正向化处理，公式如下：

$$\mathrm{IR}=\frac{1}{\sum_{i=1}^{n}\sqrt{\left(\frac{Y_i}{Y}\right)^2\left(\frac{Y_i/Y}{L_i/L}-1\right)^2}}$$

其中，Y 和 L 分别表示产出和就业；i 表示第 i 产业部门；n 表示产业部门数。该指数在保留产业结构偏离度的理论基础和经济含义的同时，考虑了各产业在经济活动中的相对重要性并避免了绝对值计算不便的问题，是一个很好的产业结构合理化的度量指标，其值越大，表示产业结构越合理，反之，表示产业结构越不合理。

3.4.2 结果讨论

分别将京津冀地区、周边四省（区）作为不同的比较群，对京津冀及周边四省（区）之间三次产业产业结构合理化进行量化计算并作图，结果如图 3.4-1、图 3.4-2 所示。

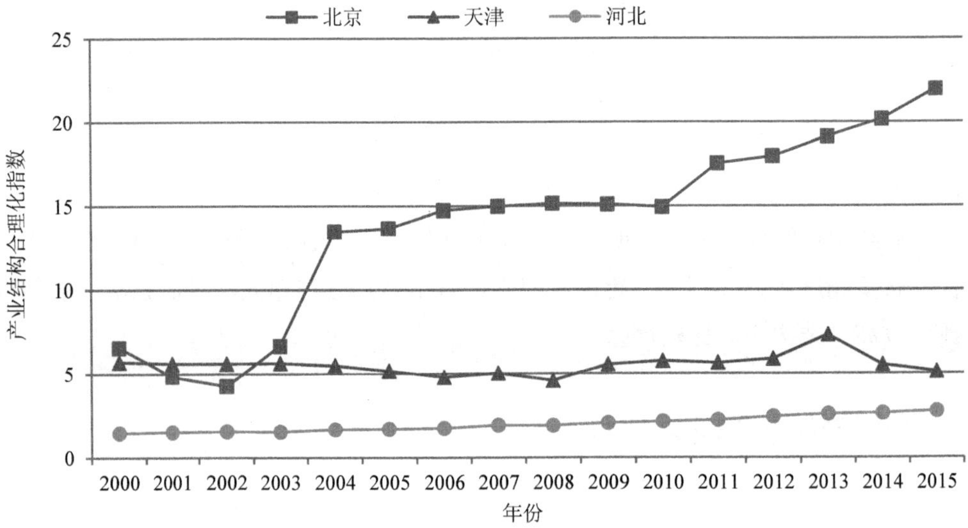

图 3.4-1 2000—2015 年京津冀地区产业结构合理化指数变化趋势

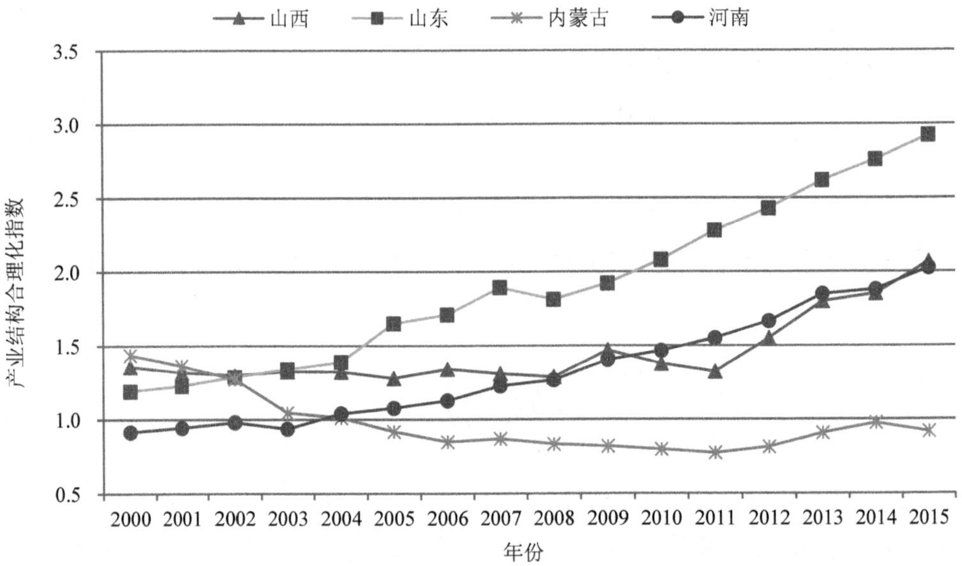

图 3.4-2 2000—2015 年周边四省（区）产业结构合理化指数变化趋势

由图 3.4-1 可知，京津冀地区内，北京市因为各方面的条件优势，产业合理化程度远高于天津、河北。自 2000 年以来，北京市的产业结构合理化指数总体呈先上升后平稳、然后又趋于上升的趋势，说明北京市产业结构合理化水平得到了提高。2005 年以前呈急剧上升趋势，2005—2010 年北京市产业结构合理化程度有小幅提升，在一定水平上趋于稳定，2011 年之后呈平缓上升趋势，这些均与北京市的产业规划与相关政策有密切关系。相比北京，天津市产业结构合理化程度变化趋势不是很明显，大致呈先略微下降后略微上升、然后又有所下降的态势；而河北省大致经历了产业结构合理化水平不断提升的过程，说明河北省随着经济的发展，其产业结构不断趋于合理化，但速度很缓慢。

由图 3.4-2 可知，自 2000 年以来，周边四省（区）中，除内蒙古自治区外，其他三省产业结构合理化指数大体呈上升趋势。其中，山东省产业结构合理化水平明显高于其他三省（区），且合理化进程最为迅速。河南省产业结构合理化水平经历了平稳提升的过程，山西省产业结构合理化水平在 2009 年以前趋于平稳，之后经历了短暂提升之后开始下降，2011 年之后快速上升，与河南省水平靠近。内蒙古自治区产业结构合理化水平在 2011 年以前一直呈下降趋势，之后开始有了平缓的上升。

比较京津冀地区与周边四省（区），除北京市产业结构合理化水平处于最高之外，天津市居于其次，河北省与周边四省（区）产业结构合理化水平最为接近。就“十二五”以来的情况看，七省（区、市）产业结构合理化水平高低排序为：北京＞天津＞山东＞河北＞河南＞山西＞内蒙古。

3.5 产业结构的高级化分析

3.5.1 研究方法

产业结构高级化的过程是复杂的。由低级的产业结构向更高级的产业结构发展，指的是产业结构伴随着生产力、科学技术、环境和需求的变化，根据产业结构演变规律由低层次向高层次发展的过程。产业结构高级化是指随着经济的发展，产业结构相应地发生规律性变化，由低层次向高层次发展演变的过程，主要表现为一国或地区的经济发展和产业结构重心由第一产业向第二产业和第三产业逐次转移，标志着一国或地区经济发展的水平高低、发展阶段和方向。本研究在综合考虑多位学者研究的优缺点的基础上，借鉴了郑少智等对产业结构高级化指标的度量方法。

首先，根据三大产业划分，分别将第一、第二、第三产业的增加值比重占地区生产总值的比重构成一个三维向量 $\boldsymbol{X}_0=(x_{10}, x_{20}, x_{30})$，然后分别计算 $\boldsymbol{X}_0$ 与各产业由低层次到高层次排列的向量 $\boldsymbol{X}_1=(1, 0, 0)$、$\boldsymbol{X}_2=(0, 1, 0)$、$\boldsymbol{X}_3=(0, 0, 1)$ 之间的夹角 α_1、α_2、α_3，

定义 $\theta_1=\pi-\alpha_2-\alpha_3$，$\theta_1$ 越大，表明转移水平越高。其次，运用第二产业和第三产业增加值占地区生产总值的比重构成一个二维向量 $\boldsymbol{Y}_0=(y_{10},\ y_{20})$，然后分别计算 $\boldsymbol{Y}_0$ 与各产业由低层次到高层次排列的向量 $\boldsymbol{Y}_1=(1,\ 0)$、$\boldsymbol{Y}_2=(0,\ 1)$ 之间的夹角 β_1、β_2，β_j（j=1，2）值的计算与 α_i（i=1，2，3）类似，定义 $\theta_2=\pi/2-\beta_2$，θ_2 越大，表明转移水平越高。α_i、β_j 的计算公式分别为

$$\alpha_i=\arccos\frac{\boldsymbol{X}_0\cdot\boldsymbol{X}_i}{\sqrt{|\boldsymbol{X}_0|^2}\cdot\sqrt{|\boldsymbol{X}_i|^2}}\quad(i=1,2,3)$$

$$\beta_j=\arccos\frac{\boldsymbol{Y}_0\cdot\boldsymbol{Y}_j}{\sqrt{|\boldsymbol{Y}_0|^2}\cdot\sqrt{|\boldsymbol{Y}_j|^2}}\quad(j=1,2)$$

最终构造的产业结构高级化指数为 $\mathrm{IH}=\theta_1+\theta_2$，IH 值越大，表明产业结构高级化水平越高。该指数综合反映了第二、第三产业相对于第一产业比重上升的高级化效应和第三产业相对于第二产业比重上升的高级化效应，很好地度量了产业高级化水平。

3.5.2 结果讨论

运用上述方法，对京津冀及周边四省（区）之间三次产业产业结构高级化进行量化计算并作图，结果如图 3.5-1、图 3.5-2 所示。

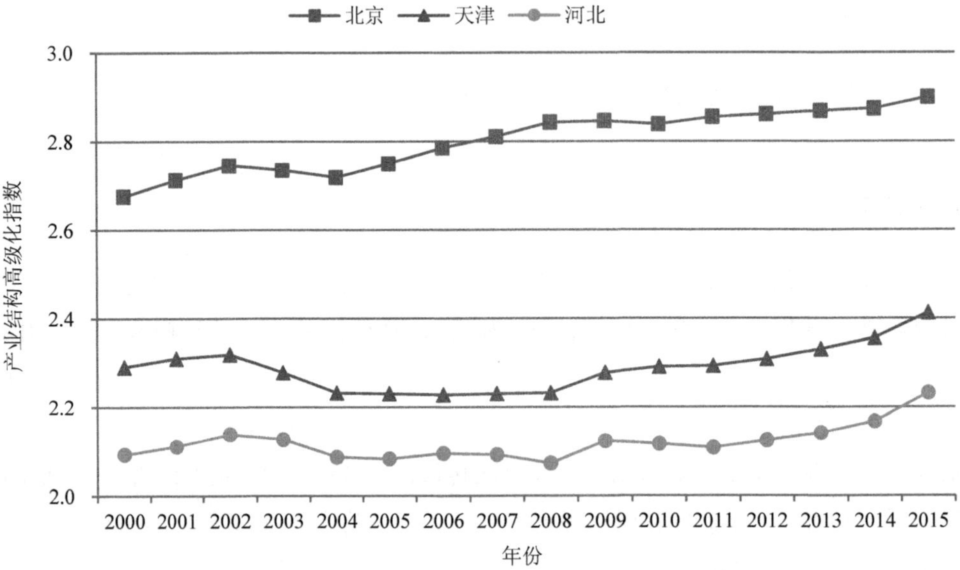

图 3.5-1 2000—2015 年京津冀地区产业结构高级化指数变化趋势

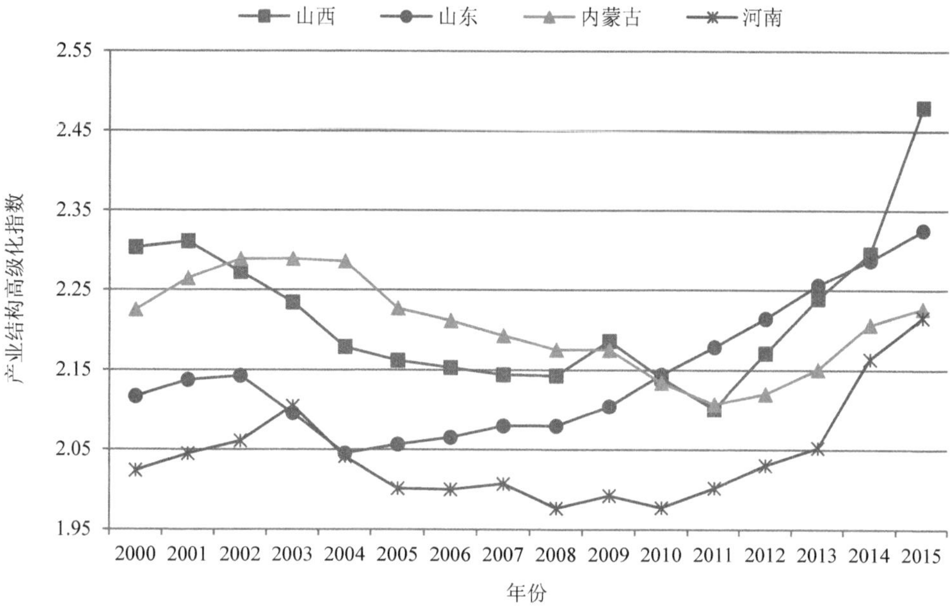

图 3.5-2 2000—2015 年周边四省（区）产业结构高级化指数变化趋势

由图 3.5-1 可知，京津冀地区各省（市）产业结构高级化水平大致总体呈上升趋势。自 2000 年以来，北京市基本呈现不断上升趋势，这充分表明北京市在 2000—2015 年较快实现了第一产业向第二、第三产业以及第二产业向第三产业的转移；天津市和河北省产业结构高级化水平比较接近，变化趋势相似，2000—2004 年呈下降趋势，2005—2008 年呈平稳趋势，2009 年以后呈上升趋势，天津市总体上产业结构高级化水平高于河北省。天津市与河北省在三次产业间的转移水平较低，充分印证了天津市作为北方工业中心，其第二产业的重要性。

由图 3.5-2 可知，周边四省（区）产业结构高级化指数变化趋势较为复杂，大致呈先下降后上升的趋势，各省（区）间出现拐点的时间不同。2000—2011 年，山西省、内蒙古自治区产业结构高级化指标总体均呈下降趋势，2011 年之后呈上升趋势。山东省产业结构高级化指数 2004 年以前呈下降趋势，之后呈上升趋势。河南省产业结构高级化指数 2003 年以前呈上升趋势，之后波动下降，2010 年以后开始上升。四省（区）中，山东省产业结构高级化进程最快，河南省最为缓慢。

比较京津冀地区及周边四省（区）产业结构高级化指数，北京处于最高水平，天津、河北与周边四省（区）水平相近。就“十二五”以来的情况看，七省（区、市）产业结构高级化水平排序为：北京＞天津＞山东＞山西＞内蒙古＞河北＞河南。

3.6 产业结构与能源消费预测

京津冀等七省（区、市）能源消费与经济发展存在密切关系，而近年来基于环境保护、生态文明建设及可持续发展需求，国家出台的能源及经济发展政策越发收紧，仅依靠由历史数据所构建的数量关系做出的预测，误差较大且通常与实际发展情况有悖。本研究在分析近两个五年计划期间的能源消费和经济发展变化规律的基础上，重点结合国家及各地的最新政策指向以及较为前沿的研究成果，对各地进行更具针对性的预测，以期为各地能源与经济的协同发展决策提供一定借鉴。

（1）北京

“十一五”期间，北京能源消费增长 18%，年均增长率为 4.1%。“十二五”期间，能源消费增长 7%，年均增长率为 1.7%，地区生产总值年均增长 7.5%。基于北京市地区三次产业结构，综合考虑北京市将推进能源消费总量控制、煤炭减量替代和碳排放权交易市场等节能减排政策，对北京市能源消费总量和经济发展趋势进行中长期预测（表 3.6-1、表 3.6-2）。能源消费年均增速在 2%左右，单位地区生产总值能耗逐年降低，相较于 2015 年，2020 年、2030 年能耗强度分别降低了 20%、47%。以 2015 年为基准，2020—2030 年生产总值年均增速在 6.0%～6.5%，第一、第二产业产值比重逐年递减，第三产业比重逐年提升到 85%左右。

表 3.6-1 2020—2030 年北京市能源消费总量预测结果

指 标	2015 年（基准年）	2020 年	2025 年	2030 年
能源消费总量/万 t	6 852.6	7 603.0	8 394.3	9 177.5
能源消费总量年均增速/%	—	2.1	2.0	1.8
单位地区生产总值能耗（以标煤计）/（t/万元）	0.30	0.24	0.20	0.16
煤炭消费占比/%	13.7	8.5	6.0	5.0

表 3.6-2 2020—2030 年北京市主要宏观经济指标预测结果

指 标	2015 年（基准年）	2020 年	2025 年	2030 年
地区生产总值/亿元	23 014.6	31 532.0	42 797.4	57 272.6
年均增速/%	—	6.5	6.3	6.0
第一产业比重/%	0.6	0.4	0.3	0.2
第二产业比重/%	19.7	17.1	14.2	11.3
第三产业比重/%	79.7	82.5	85.5	88.5

（2）天津

“十一五”“十二五”期间天津市地区生产总值年均增速分别在15%左右及12%左右，其中2015年增速为9.3%，“十二五”期间，能源消费年均增速达7.5%左右，其中2015年增速为1.4%。根据《天津市国民经济和社会发展第十三个五年规划纲要》《天津市节能“十三五”规划》等文件，对天津市能源消费和经济发展做出预测（表3.6-3、表3.6-4）。能源消费年均增速在3%左右，单位地区生产总值能耗逐年降低，相较于2015年，2020年、2030年能耗强度分别降低了22%、50%。以2015年为基准，2020—2030年生产总值年均增速为7.5%～8.5%，第一、第二产业产值比重逐年递减，第三产业比重逐年提升到60%左右。

表3.6-3　2020—2030年天津市能源消费总量预测结果

指 标	2015年（基准年）	2020年	2025年	2030年
能源消费总量/万t	8 260.1	9 810.4	11 373.0	12 867.5
能源消费总量年均增速/%	—	3.5	3.0	2.5
单位地区生产总值能耗（以标煤计）/（t/万元）	0.50	0.39	0.31	0.25
煤炭占比/%	—	45	40	35

表3.6-4　2020—2030年天津市主要宏观经济指标预测结果

指 标	2015年（基准年）	2020年	2025年	2030年
地区生产总值/亿元	16 538.2	24 867.8	36 538.9	52 456.3
年均增速/%	—	8.5	8.0	7.5
第一产业比重/%	1.3	1.2	1.1	1.0
第二产业比重/%	46.6	43.3	39.4	35.5
第三产业比重/%	52.2	55.5	59.5	63.5

（3）河北

从“十一五”起，河北省能源消费增速呈波动下降趋势，“十二五”期间年均能源消费增速为3%，其中2014年能源消费首次出现负增长，2015年能源消费增速为0.3%。从河北省历年经济产值来看，“十一五”“十二五”期间年均增速均在10%左右。从2014年起，增速开始下降，为6.5%。2015年增速为6.8%，三次产业结构占比分别为11.5%、48.3%和40.2%。《河北省节能“十三五”规划》提出，到2020年，全省能源消费总量控制在32 785万t标准煤以内，万元国内生产总值能耗下降17%；结合国家对国民经济发展的“新常态”要求，以及河北省关于未来的经济发展计划，包括“十三五”时期经济增速要求，以及经济建设主攻转型、战略性新兴产业布局“六大集群”、现代服务业重点突破“四大产业”等策略，对河北省的能源消费及经济发展进行了预测（表3.6-5、表3.6-6）。能源消费年均增速在2%左右，且增速逐年降低。单位地区生产总值能耗逐年降低，相较于2015年，2020年、2030年能耗强度分别降低了21%、51%。以2015年为基准，2020—2030年生产总值年均增速为6.5%～7.0%，年均增速降低。第一、第二产业产值比重逐年递减，第三产业比重逐年提升到50%左右。

表3.6-5　2020—2030年河北省能源消费量预测结果

指 标	2015年（基准年）	2020年	2025年	2030年
能源消费总量/万t	29 395.4	32 454.9	35 482.9	38 225.1
能源消费总量年均增速/%	—	2.0	1.8	1.5
单位地区生产总值能耗（以标煤计）/（t/万元）	0.99	0.78	0.61	0.48
煤炭占比/%	86.5	85.0	80	75

表3.6-6　2020—2030年河北省主要宏观经济指标预测结果

指 标	2015年（基准年）	2020年	2025年	2030年
地区生产总值/亿元	29 806.1	41 804.6	58 087.2	79 584.5
年均增速/%	—	7.0	6.8	6.5
第一产业比重/%	11.5	11.2	10.9	10.5
第二产业比重/%	48.3	43.3	38.3	33.3
第三产业比重/%	40.2	45.5	50.8	56.2

（4）山西

“十二五”期间，山西省能源消费增速呈大幅下降趋势，从2011年的9%下降到2014年的0.5%，2015年能源消费量首次下降2.4%。地区生产总值由2010年的9 188.8亿元提高到2015年的12 802.6亿元，年均增长7.9%。为贯彻《国务院办公厅关于印发〈能源发展战略行动计划（2014—2020年）〉的通知》，山西省提出“十三五”期间经济发展及能源消费的目标。鉴于此，结合山西省能源消费特征和经济增长情况，对其2020—2030年的能源消费与经济发展相关指标进行预测（表3.6-7、表3.6-8）。能源消费年均增速在4%左右，且增速逐年降低。单位地区生产总值能耗逐年降低，相较于2015年，2020年、2030年能耗强度分别降低了10%、30%。以2015年为基准，2020—2030年生产总值年均增速为6.0%～6.8%，年均增速降低。第一、第二产业产值比重逐年递减，第三产业比重逐年提升到60%左右。

表 3.6-7 2020—2030 年山西省能源消费量预测结果

指 标	2015 年（基准年）	2020 年	2025 年	2030 年
能源消费总量/万 t	19 383.5	24 155.3	29 388.6	34 904.5
能源消费总量年均增速/%	—	4.5	4.0	3.5
单位地区生产总值能耗（以标煤计）/（t/万元）	1.52	1.36	1.21	1.07
煤炭占比/%	—	73	68	64

表 3.6-8 2020—2030 年山西省主要宏观经济指标预测结果

指 标	2015 年（基准年）	2020 年	2025 年	2030 年
地区生产总值/亿元	12 766.5	17 738.9	24 303.9	32 524.1
年均增速/%	—	6.8	6.5	6.0
第一产业比重/%	6.1	6.5	6.0	5.8
第二产业比重/%	40.7	38.5	35.5	33.7
第三产业比重/%	53.2	55.0	58.5	60.5

（5）山东

分析山东省历年来能源消费与经济发展特征，可发现“十二五”期间山东省能源消费增速持续下降，年均增速在 5%左右，煤炭消费占比一直在 80%左右，下降比例不大。地区生产总值保持稳定增长，年均增长 9.4%。结合国家能源发展规划及《山东省能源中长期发展规划》《山东省国民经济和社会发展第十三个五年规划纲要》等政策文件，对山东省能源消费和经济发展相关指标进行中长期预测（表 3.6-9、表 3.6-10）。能源消费年均增速在 2%左右，单位地区生产总值能耗逐年降低，相较于 2015 年，2020 年、2030 年能耗强度分别降低了 21%、52%。以 2015 年为基准，2020—2030 年生产总值年均增速为 6.5%～7.5%，第一、第二产业产值比重逐年递减，第三产业比重逐年提升到 55%左右。

表 3.6-9 2020—2030 年山东省能源消费量预测结果

指 标	2015 年（基准年）	2020 年	2025 年	2030 年
能源消费总量/万 t	36 759.2	41 589.7	45 918.3	49 467.1
能源消费总量年均增速/%	—	2.5	2.0	1.5
单位地区生产总值能耗（以标煤计）/（t/万元）	0.58	0.46	0.36	0.28
煤炭占比/%	79.5	71.5	63.5	55.5

表 3.6-10 2020—2030 年山东省主要宏观经济指标预测结果

指 标	2015 年（基准年）	2020 年	2025 年	2030 年
地区生产总值/亿元	63 002.3	90 448.0	126 858.0	173 806.4
年均增速/%	—	7.5	7.0	6.5
第一产业比重/%	7.9	7.5	7.0	6.5
第二产业比重/%	46.8	42.8	39.5	36.5
第三产业比重/%	45.3	49.7	53.5	57.0

（6）河南

“十一五”“十二五”期间河南省能源消费增速均呈波动下降趋势，其中 2013 年出现能源消费负增长情况。近年来能源消费增速在 5%左右。“十一五”“十二五”期间河南省经济增速为 11%～15%、8%～12%，总体呈下降趋势，年均增速为 10%左右。结合《河南省能源中长期发展规划（2012—2030 年）》《河南省国民经济和社会发展第十三个五年规划纲要》《河南省人民政府关于加快推进产业结构战略性调整的指导意见》等文件及相关研究报告，特为河南省中长期能源消费设置阶梯下降情景，对经济发展设置中高速增长目标，预计平均比国家平均水平高出 1 个百分点左右。经预测，河南省能源消费年均增速在 2%左右，单位地区生产总值能耗逐年降低，相较于 2015 年，2020 年、2030 年能耗强度分别降低 30%、44%（表 3.6-11）。以 2015 年为基准，2020—2030 年生产总值年均增速为 7.5%～8.5%，第一、第二产业产值比重逐年递减，第三产业比重逐年提升到 55%左右（表 3.6-12）。

表 3.6-11 2020—2030 年河南省能源消费量预测结果

指 标	2015 年（基准年）	2020 年	2025 年	2030 年
能源消费总量/万 t	23 161.0	29 560.0	35 964.2	41 692.4
能源消费总量年均增速/%	—	5.0	4.0	3.0
单位地区生产总值能耗（以标煤计）/（t/万元）	0.66	0.55	0.46	0.37
煤炭占比/%	76.5	71.5	66.5	62.5

表 3.6-12 2020—2030 年河南省主要宏观经济指标预测结果

指 标	2015 年（基准年）	2020 年	2025 年	2030 年
地区生产总值/亿元	37 002.2	55 638.5	81 751.3	117 364.5
年均增速/%	—	8.5	8.0	7.5
第一产业比重/%	11.4	10.5	9.9	9.4
第二产业比重/%	48.4	42.0	36.6	33.1
第三产业比重/%	40.2	47.5	53.5	57.5

（7）内蒙古

“十一五”期间内蒙古能源消费增速持续下降，在“十一五”末期至“十二五”初期增速短暂提升之后，继续呈下降趋势，其中 2013 年能源消费量首次出现下降，比例达到 20%。煤炭消费占比则从 2006 年的 89%左右下降至 2015 年的 83%左右，科学调整煤炭产能、大力发展新能源、优化能源消费结构是未来发展的重要趋势。因此对能源消费相关指标设定阶梯减缓增长情景；通过梳理经济发展状况，“十一五”期间内蒙古经济增速均在 15%～20%，且逐年下降。“十二五”期间从 14%降至 7.7%，逐渐与国家经济新常态发展要求相贴近。结合《内蒙古自治区国民经济和社会发展第十三个五年规划纲要》等文件所提目标及要求，借鉴相关研究报告，特为内蒙古中长期经济发展设置中高速增长目标。经预测，内蒙古能源消费年均增速在 3%左右，单位地区生产总值能耗逐年降低，相较于 2015 年，2020 年、2030 年的能耗强度分别降低了 18%、45%（表 3.6-13）。以 2015 年为基准，2020—2030 年生产总值年均增速为 7.0%～7.8%，第一、第二产业产值比重逐年递减，第三产业比重逐年提升到 50%左右（表 3.6-14）。

表 3.6-13　2020—2030 年内蒙古能源消费量预测结果

指 标	2015 年（基准年）	2020 年	2025 年	2030 年
能源消费总量/万 t	18 927.1	22 479.4	26 313.8	30 504.9
能源消费总量年均增速/%	—	3.5	3.2	3.0
单位地区生产总值能耗（以标煤计）/（t/万元）	1.06	0.87	0.71	0.58
煤炭占比/%	81.7	76.5	72.5	69.5

表 3.6-14　2020—2030 年内蒙古主要宏观经济指标预测结果

指 标	2015 年（基准年）	2020 年	2025 年	2030 年
地区生产总值/亿元	17 831.5	25 958.6	37 267.0	52 268.9
年均增速/%	—	7.8	7.5	7.0
第一产业比重/%	9.1	8.9	8.8	8.7
第二产业比重/%	50.5	47.1	43.2	40.3
第三产业比重/%	40.5	44	48	51

3.7 小结

从以上分析结果来看，京津冀及周边地区产业结构较为不合理，高级化水平较低，主要表现在：

产业结构趋同化严重。京津冀地区之间以及周边四省（区）之间，在三次产业的宏观结构上均存在较严重的产业同构现象。除北京之外，其他省（区、市）均表现为第二产业占主要比重、第三产业次之的“二、三、一”型结构，主要由地缘相邻、资源要素禀赋催生。在此种情况下，随着经济转型，各省（区、市）发挥比较优势，产业结构则趋于一致，相邻省（区、市）间达到一定程度，容易产生局部市场内的供过于求的现象，从而会影响、制约区域经济整体的发展，给区域经济的发展带来不良影响。同时，第二产业与第三产业对经济增长的贡献率也存在趋同现象。

三产发展比例失调。第一产业发展落后。大部分省（区、市）第一、第三产业对经济增长的贡献率比较接近，其中北京市、天津市、山西省第一产业贡献率很小，不足 10%。第二产业比重居高不下，特别是重化工业，产业结构偏重，向第三产业的转移速度较慢。第三产业发展缓慢。若以第三产业对经济增长的贡献平均值 33%作为分界线，则仅有北京、天津、山西、内蒙古的第三产业对其自身的经济增长助力较大，山东省的第三产业发展力度还稍有欠缺。第一、第二产业向第三产业的转移速度均不高。这种工业比重居高不下的产业结构状况，会给大气环境质量的改善带来较大压力。

产业结构调整缓慢。纵观各省（区、市）历史产业结构的变化趋势，产业结构调整一直在推进，但速度较为缓慢，从第三产业的比例上升速度来看，除北京外，其他省（区、市）第三产业在 2000—2014 年的 15 年间，上升比例大多在 3%～5%，内蒙古、山西的第三产业上升比例仅为 0.2%和 0.7%，给区域的节能减排工作及经济增长方式的转变带来一定压力，相关产业政策的制定与实施等因素是主要原因。

若结合新常态经济发展要求及各省（区、市）规划要求，各省（区、市）能源消费与经济增长趋势大致可分为几个梯度。无论是从能源角度还是经济增长角度，总量上升、增速放缓的趋势是相同的，但由于各省（区、市）在未来的发展需求存在差异，使得其能源消费和经济发展增速上存在区域差异。

从能源消费上来看，若以国家“十三五”期间能源消费年均 3%的增速为界限，2%～3%的增速为中低速增长、3%～5%的为中高速增长、大于 5%的为高速增长，那么，北京、天津、河北、山东为中低速增长，山西、河南、内蒙古为中高速增长，煤炭消费占比上均呈下降趋势，根据各省能源禀赋，煤炭消费占比水平存在一定差异。单位地区生产总值能耗均呈下降趋势，各省（区、市）需要结合能源措施，实现单位节能降耗目标。

从经济增长上来看，若以 7%增速为分界线，将 6%～6.5%定为低速发展、6.5%～7%定为中低速发展、7%～7.5%定为中速发展、7.5%～8.5%定为中高速发展、大于 8.5%定为高速发展。那么对于未来的发展，北京则属于低速发展城市行列，河北、山西、山东属中低速发展，天津、河南、内蒙古属中高速发展行列。未来产业结构则均以第一、第二产业下降，第三产业上升的趋势变化。各省（区、市）还应加快自身的发展定位，以实现自身发展与京津冀地区协同发展目标相协调。

4 京津冀及周边地区产业与能源结构优化政策梳理

4.1 概述

我国产业与能源结构优化政策按照政府直接管制程度从高到低可以划分为命令控制性政策、经济激励性政策和劝说鼓励性政策三类。

命令控制性政策，是指国家行政部门根据相关法律、法规和标准等，对生产者的生产工艺或使用产品的管制，禁止或限制某些污染物的排放以及把某些活动限制在一定的时间或空间范围，最终影响排污者的行为。命令控制是最常见的解决环境问题的方法，在我国环境政策中的运用也最为广泛。命令控制手段是传统的环境管理手段，是在市场经济条件下环境失衡迫使政府进行干预的产物，适用范围最广。在环境保护领域，传统的命令强制管理方式，直到今天仍然是大多数国家不可或缺和处于主导地位的管理方式，为保护环境发挥了重大的、基础性的作用。

经济激励性政策，是指通过市场力量以经济刺激的方式来影响当事人环境行为的政策，其动力来自与当事人环境行为密切相关的经济利益。利用经济利益来驱动当事人环境行为的相关费用及效益，使环境成本内部化。因此，经济激励性政策的定义为：政府管理当局从影响成本—效益入手，影响经济当事人进行选择，以便最终有利于环境改善的一种政策手段。经济激励性政策也需要法律法规的支持，具有间接强制性。经济激励性政策包括税费政策、碳交易政策、补贴政策及其他经济政策。经济刺激手段的适用范围很广，大体分为污染控制和生态环境保护，以污染控制为主。污染控制主要涉及水污染控制和大气污染控制，生态环境保护主要涉及使用费、生态环境补偿等。

劝说鼓励性政策，是一种基于意识转变和道德规劝影响人们环境保护行为的环境政策手段。在运用此手段时，管理者首先依据一定的价值取向，倡导某种特定的行为准则或者规范，对被管理者提出某种希望，或者与其达成某种协议。广义的劝说鼓励性政策是指除命令控制和经济激励以外的所有环境政策手段，如环境信息公开、环境宣传教育、考核与表彰等。由于劝说鼓励性政策具有成本低和预防性等优点，因此，其适用范围非常广泛，对于大量发生的、较为分散的各类环境问题基本都适用。劝说鼓励性政策的经济效率和持续改进性非常好，只要对象范围够广泛，都适宜实行。但由于其强制性弱的特点，对于紧急的环境问题，如突发公害事件的解决不适于。

从政策应用的领域和服务对象来看，上述政策还可分为多种类型。如从能源与大气环境管理所涉及的技术领域，大体上可概括为以下四类：

①煤炭清洁高效开发利用、洁净煤技术的推广应用政策，如促进工业锅炉燃用优质煤、型煤，采用循环流化床、烟气脱硫和除尘技术等政策；

②能源替代政策，如推动煤改气、煤改电技术应用的政策；

③其他鼓励清洁能源发展与替代的政策，如可再生能源的专项规划、促进北方采暖地区使用清洁能源进行燃煤减量替代的政策；

④能效与节能政策，如推动热电联产、集中供热的政策等。

4.2 产业结构优化政策

4.2.1 国家层面政策

近年来，国家密集出台了多项与大气污染防治密切相关的产业结构优化政策，对区域大气污染防治产生了积极的推动作用，对国家层面的重要产业结构优化政策进行梳理，结果如表 4.2-1 和表 4.2-2 所示。

表 4.2-1 国家层面的重要产业结构优化政策名录

政策名称	发布单位	发布时间
大气污染防治		
大气污染防治行动计划	国务院	2013 年 9 月 10 日
京津冀及周边地区落实大气污染防治行动计划实施细则	环境保护部、国家发展改革委、工业和信息化部	2013 年 9 月 17 日
京津冀及周边地区重点行业大气污染限期治理方案	环境保护部	2014 年 7 月 25 日
京津冀及周边地区 2017 年大气污染防治工作方案	环境保护部、国家发展改革委、财政部、国家能源局等	2017 年 2 月 17 日
京津冀及周边地区 2017—2018 年秋冬季大气污染综合治理攻坚行动方案	环境保护部、国家发展改革委、工业和信息化部等	2017 年 8 月 18 日
北方地区冬季清洁取暖规划（2017—2021 年）	国家发展改革委、国家能源局、财政部等	2017 年 12 月 5 日
关于京津冀大气污染传输通道城市执行大气污染物特别排放限值的公告	环境保护部	2018 年 1 月 15 日

政策名称	发布单位	发布时间
综合性政策		
工业转型升级规划（2011—2015年）	国务院	2011年12月30日
关于化解产能严重过剩矛盾的指导意见	国务院	2013年10月6日
全国资源型城市可持续发展规划（2013—2020年）	国务院	2013年11月12日
全国工业能效指南（2014年版）	工业和信息化部	2014年12月5日
中国制造2025	国务院	2015年5月19日
京津冀及周边地区工业资源综合利用产业协同发展行动计划（2015—2017年）	工业和信息化部	2015年7月3日
京津冀协同发展规划纲要	国务院	2015年4月30日
“十三五”时期京津冀国民经济和社会发展规划	国家发展改革委	2016年2月16日
关于加快发展生产性服务业　促进产业结构调整升级的指导意见	国务院	2014年7月28日
京津冀产业转移指南	工业和信息化部、京津冀各政府	2016年6月7日
关于编制“十三五”秸秆综合利用实施方案的指导意见	国家发展改革委办公厅、农业部办公厅	2016年11月24日
“十三五”国家战略性新兴产业发展规划	国务院	2016年11月29日
关于加强分类引导培育资源型城市转型发展新动能的指导意见	国家发展改革委	2017年1月6日
关于深化“互联网+先进制造业”发展工业互联网的指导意见	国务院	2017年11月27日
加强京津冀产业转移承接重点平台建设的意见	北京市发展改革委、天津市发展改革委、河北省发展改革委	2017年12月20日
关于实施乡村振兴战略的意见	国务院	2018年1月2日
中国开发区审核公告目录（2018年版）	国家发展改革委、科技部、国土资源部、住房和城乡建设部、商务部、海关总署	2018年2月26日
重点行业产业政策		
关于加快发展生产性服务业　促进产业结构调整升级的指导意见	国务院	2014年7月28日
关于钢铁行业化解过剩产能实现脱困发展的意见	国务院	2016年2月4日

政策名称	发布单位	发布时间
关于煤炭行业化解过剩产能实现脱困发展的意见	国务院	2016 年 2 月 5 日
关于促进建材工业稳增长调结构增效益的指导意见	国务院办公厅	2016 年 5 月 18 日
关于营造良好市场环境促进有色金属工业调结构促转型增效益的指导意见	国务院办公厅	2016 年 6 月 16 日
关于石化产业调结构促转型增效益的指导意见	国务院办公厅	2016 年 8 月 3 日
钢铁工业调整升级规划（2016—2020 年）	工业和信息化部	2016 年 10 月 28 日
关于印发钢铁水泥玻璃行业产能置换实施办法的通知	工业和信息化部	2017 年 12 月 31 日
关于电解铝企业通过兼并重组等方式实施产能置换有关事项的通知	工业和信息化部	2018 年 1 月 19 日
绿色发展政策		
2014—2015 年节能减排低碳发展行动方案	国务院办公厅	2014 年 5 月 15 日
国家循环经济试点示范典型经验及推广指南	国家发展改革委、财政部	2016 年 5 月 4 日
工业绿色发展规划（2016—2020 年）	工业和信息化部	2016 年 6 月 30 日
绿色制造工程实施指南（2016—2020 年）	工业和信息化部、国家发展改革委、财政部、科技部	2016 年 9 月 14 日
循环发展引领行动	国家发展改革委等	2017 年 4 月 21 日
工业园区相关政策		
关于促进产业集群发展的若干意见	国家发展改革委	2007 年 11 月 13 日
关于促进产业集聚发展和工业合理布局工作的通知	工业和信息化部	2009 年 3 月 18 日
关于加强国家生态工业示范园区建设的指导意见	环境保护部、商务部、科技部	2011 年 12 月 5 日
关于推进园区循环化改造的意见	国家发展改革委、财政部	2012 年 3 月 21 日
支持国家电子信息产业基地和产业园发展政策	信息产业部	2006 年 8 月 18 日

表 4.2-2 大气污染防治领域的重要产业结构优化政策

政策名称	具体内容
大气污染防治行动计划	（1）调整优化产业结构，推动产业转型升级 严控“两高”行业新增产能。修订高耗能、高污染和资源性行业准入条件，明确资源能源节约和污染物排放等指标。有条件的地区要制定符合当地功能定位、严于国家要求的产业准入目录。严格控制“两高”行业新增产能，新、改、扩建项目要实行产能等量或减量置换。 加快淘汰落后产能。结合产业发展实际和环境质量状况，进一步提高环保、能耗、安全、质量等标准，分区域明确落后产能淘汰任务，倒逼产业转型升级。按照《部分工业行业淘汰落后生产工艺装备和产品指导目录（2010 年本）》《产业结构调整指导目录（2011 年本）（修正）》的要求，采取经济、技术、法律和必要的行政手段，提前一年完成钢铁、水泥、电解铝、平板玻璃等 21 个重点行业的“十二五”落后产能淘汰任务。对布局分散、装备水平低、环保设施差的小型工业企业进行全面排查，制定综合整改方案，实施分类治理。 压缩过剩产能。加大环保、能耗、安全执法处罚力度，建立以节能环保标准促进“两高”行业过剩产能退出的机制。制定财政、土地、金融等扶持政策，支持产能过剩“两高”行业企业退出、转型发展。发挥优强企业对行业发展的主导作用，通过跨地区、跨所有制企业兼并重组，推动过剩产能压缩。严禁核准产能严重过剩行业新增产能项目。 坚决停建产能严重过剩行业违规在建项目。认真清理产能严重过剩行业违规在建项目，对未批先建、边批边建、越权核准的违规项目，尚未开工建设的，不准开工；正在建设的，要停止建设。地方人民政府要加强组织领导和监督检查，坚决遏制产能严重过剩行业盲目扩张。 （2）加快企业技术改造，提高科技创新能力 全面推行清洁生产。对钢铁、水泥、化工、石化、有色金属冶炼等重点行业进行清洁生产审核，针对节能减排关键领域和薄弱环节，采用先进适用的技术、工艺和装备，实施清洁生产技术改造；到 2017 年，重点行业排污强度比 2012 年下降 30%以上。推进非有机溶剂型涂料和农药等产品创新，减少生产和使用过程中挥发性有机物排放。积极开发缓释肥料新品种，减少化肥施用过程中氨的排放。 大力发展循环经济。鼓励产业集聚发展，实施园区循环化改造，推进能源梯级利用、水资源循环利用、废物交换利用、土地节约集约利用，促进企业循环式生产、园区循环式发展、产业循环式组合，构建循环型工业体系。推动水泥、钢铁等工业窑炉、高炉实施废物协同处置。大力发展机电产品再制造，推进资源再生利用产业发展。到 2017 年，单位工业增加值能耗比 2012 年降低 20%左右，在 50%以上的各类国家级园区和 30%以上的各类省级园区实施循环化改造，主要有色金属品种以及钢铁的循环再生比重达到 40%左右。

政策名称	具体内容
大气污染防治行动计划	大力培育节能环保产业。着力把大气污染治理的政策要求有效转化为节能环保产业发展的市场需求，促进重大环保技术装备、产品的创新开发与产业化应用。扩大国内消费市场，积极支持新业态、新模式，培育一批具有国际竞争力的大型节能环保企业，大幅增加大气污染治理装备、产品、服务产业产值，有效推动节能环保、新能源等战略性新兴产业发展。鼓励外商投资节能环保产业。 （3）严格节能环保准入，优化产业空间布局 调整产业布局。按照主体功能区规划要求，合理确定重点产业发展布局、结构和规模，重大项目原则上布局在优化开发区和重点开发区。所有新、改、扩建项目，必须全部进行环境影响评价；未通过环境影响评价审批的，一律不准开工建设；违规建设的，要依法进行处罚。加强产业政策在产业转移过程中的引导与约束作用，严格限制在生态脆弱或环境敏感地区建设“两高”行业项目。加强对各类产业发展规划的环境影响评价。在东部、中部和西部地区实施差别化的产业政策，对京津冀、长三角、珠三角等区域提出更高的节能环保要求。强化环境监管，严禁落后产能转移。 强化节能环保指标约束。提高节能环保准入门槛，健全重点行业准入条件，公布符合准入条件的企业名单并实施动态管理。严格实施污染物排放总量控制，将二氧化硫、氮氧化物、烟（粉）尘和挥发性有机物排放是否符合总量控制要求作为建设项目环境影响评价审批的前置条件。新建火电、钢铁、石化、水泥、有色、化工等企业以及燃煤锅炉项目要执行大气污染物特别排放限值。各地区可根据环境质量改善的需要，扩大特别排放限值实施的范围。 优化空间格局。科学制定并严格实施城市规划，强化城市空间管制要求和绿地控制要求，规范各类产业园区和城市新城、新区设立和布局，禁止随意调整和修改城市规划，形成有利于大气污染物扩散的城市和区域空间格局。研究开展城市环境总体规划试点工作。结合化解过剩产能、节能减排和企业兼并重组，有序推进位于城市主城区的钢铁、石化、化工、有色金属冶炼、水泥、平板玻璃等重污染企业环保搬迁、改造
京津冀及周边地区落实大气污染防治行动计划实施细则	调整产业结构，优化区域经济布局 严格产业和环境准入。京津冀及周边地区不得审批钢铁、水泥、电解铝、平板玻璃、船舶等产能严重过剩行业新增产能项目。北京市、天津市、河北省、山东省不再审批炼焦、有色、电石、铁合金等新增产能项目，山西省、内蒙古自治区（临近京津冀的地区）不再审批炼焦、电石、铁合金等新增产能项目。北京市不再审批劳动密集型一般制造业新增产能项目，现有的逐步向外转移。北京、天津、石家庄、唐山、保定、廊坊、太原、济南、青岛、淄博、潍坊、日照 12 个城市建设火电、钢铁、石化、水泥、有色、化工六大行业以及燃煤锅炉项目，要严格执行大气污染物特别排放限值。

政策名称	具体内容
京津冀及周边地区落实大气污染防治行动计划实施细则	加快淘汰落后产能。京津冀及周边地区要提前一年完成国家下达的“十二五”落后产能淘汰任务，对未按期完成淘汰任务的地区，严格控制国家安排的投资项目，暂停对该地区重点行业建设项目办理核准、审批和备案手续。2015—2017年，结合产业发展实际和环境质量状况，进一步提高环保、能耗、安全、质量等标准，加大执法处罚力度，将经整改整顿仍不达标企业列入年度淘汰计划，继续加大落后产能淘汰力度。 优化空间格局。京津冀及周边地区要严格按照主体功能区规划要求，制定实施符合当地功能定位、更高节能环保要求的产业发展指导目录，优化区域产业布局。科学制定并严格实施城市规划，将资源环境条件、城市人口规模、人均城市道路面积、万人公共汽车保有量等纳入城市总体规划，严格城市控制性详细规划绿地率等审查，规范各类产业园区和城市新城、新区设立和布局，严禁随意调整和修改城市规划，形成有利于大气污染物扩散的城市和区域空间格局。河北、山西、山东等省要大力推进位于城市主城区的钢铁、石化、化工、有色、水泥、平板玻璃等重污染企业搬迁、改造
2014—2015年节能减排低碳发展行动方案	积极化解产能严重过剩矛盾。严格项目管理，各地区、各有关部门不得以任何名义、任何方式核准或备案产能严重过剩行业新增产能项目，依法依规全面清理违规在建和建成项目，加大淘汰落后产能力度。 加快发展低能耗低排放产业。加强对服务业和战略性新兴产业相关政策措施落实情况的督促检查，组织实施一批节能环保和资源循环利用重大技术装备产业化工程，在污染减排重点领域加快推行环境污染第三方治理
京津冀及周边地区重点行业大气污染限期治理方案	加快火电企业脱硫脱硝除尘改造；抓紧钢铁企业脱硫除尘设施建设；加大水泥企业脱硝除尘改造力度。 推进平板玻璃企业大气污染综合治理。加快实施玻璃企业“煤改气”“煤改电”工程，禁止掺烧高硫石油焦。玻璃企业相对集中的区域，鼓励建设统一的清洁煤制气中心，配套硫回收装置，实现集中式制气和供气。未改用天然气或集中式供气的，必须配套高效脱硫装置。玻璃熔窑应配套建设高效脱硝设施，综合脱硝效率不低于70%，安装高效除尘设备。加强无组织排放管理，原料破碎等环节实施密闭操作
京津冀及周边地区2017年大气污染防治工作方案	（1）产业结构调整要取得实质性进展 加大化解过剩产能力度。“2+26”城市要提前完成化解钢铁过剩产能任务，其中，廊坊市和保定市是重中之重。 完成违法“小散乱污”企业取缔工作。相关地方各级政府对不符合产业政策、当地产业布局规划，污染物排放不达标，以及土地、环保、工商、质监等手续不全的“小散乱污”企业，依法依规开展专项取缔行动，采取拆除生产设施、断水断电等措施，确保“小散乱污”企业整改到位。

政策名称	具体内容
京津冀及周边地区2017年大气污染防治工作方案	（2）加强工业大气污染综合治理 实施特别排放限值。“2+26”城市行政区域内所有钢铁、燃煤锅炉排放的二氧化硫、氮氧化物和颗粒物大气污染物执行特别排放限值。重点排污单位全面安装大气污染源自动监控设施，并与环保部门联网，实时监控污染物排放情况。依法查处超标排放行为。 全面推进排污许可管理。“2+26”城市要率先完成火电、钢铁、水泥等重点行业排污许可证发放工作，推进重点行业治污升级改造。各地结合污染排放特征和地方排放标准实施要求，在全国率先开展医药、农药、包装印刷、工业涂装等行业排污许可证核发工作。 实施挥发性有机物（VOCs）综合治理。各地根据本地污染特征，因地制宜开展重点行业VOCs综合整治。全面推进石油化工，医药、农药等化工类，汽车制造、机械设备制造、家具制造等工业涂装类，包装印刷等VOCs治理。大力推广使用低VOCs含量涂料、有机溶剂、胶黏剂、油墨等原辅材料，配套改进生产工艺；全面实施泄漏检测与修复（LDAR），建立完善管理制度；严格控制储存、装卸损失排放，优先采用压力罐、低温罐、高效密封浮顶罐，有机液体装卸采取全密闭、下部装载、液下装载等方式，并实施高效油气回收措施（不含柴油），配备具有油气回收接口的车船；强化无组织排放废气收集，采取密闭措施，安装高效集气装置；加强有组织废气治理，配套安装焚烧等高效治理设施；非正常工况排放的有机废气应送火炬系统处理
京津冀及周边地区2017—2018年秋冬季大气污染综合治理攻坚行动方案	加快推进“散乱污”企业及集群综合整治。对已经核实的量大面广“散乱污”企业，本着“先停后治”的原则，区别情况分类处置。涉大气污染物排放列入淘汰类的，一律于2017年9月底前依法依规关停取缔。 统筹开展“散乱污”企业集群综合整治。地方各级人民政府继续开展拉网式全面排查，实行动态更新和台账管理，2017年10月1日起，凡存在瞒报、漏报涉大气污染物排放“散乱污”企业集群的，纳入环保督察问责。 切实加强工业企业无组织排放管理。系统排查无组织排放情况。各地要组织开展工业企业无组织排放状况摸底排查工作，重点是钢铁、建材、有色、火电、焦化等行业和锅炉物料（含废渣）运输、装卸、储存、转移与输送以及生产工艺过程等无组织排放。 全面开展重点行业综合治理。扎实推进重点领域VOCs治理任务。从2017年7月1日起，严格执行石化行业排放标准要求。在2017年10月底前，各地基本完成整治工作，未完成治理改造的企业，依法实施停产整治。 加快推进实施排污许可管理。加快重点行业排污许可证核发。在2017年10月底前，各城市全部完成电力、钢铁、水泥企业排污许可证发放工作

行业准入管理是我国近年来产业政策工作的一项重要创新。“十一五”以来，针对一些行业在快速发展中出现的低水平重复建设、产能过剩等问题，我国先后出台了一系列与大气污染防治相关的行业准入政策，对推动产业结构调整发挥了积极作用，具体政策见表 4.2-3。

表 4.2-3 与大气污染防治相关的行业准入政策

政策名称	具体内容
关于当前经济形势下做好环境影响评价审批工作的通知	对有色金属冶炼及矿山开发、钢铁加工、电石、铁合金、焦炭、垃圾焚烧及发电、制浆、化工、造纸、电镀、印染、酿造、味精、柠檬酸、酶制剂、酵母等污染较重的建设项目，其环境影响评价文件应由省级或地市级环境保护行政主管部门负责审批，不得简化手续、下放审批权限
关于抑制部分行业产能过剩和重复建设引导产业健康发展的通知	严格产能过剩和重复建设产业的市场准入，提高钢铁、水泥、平板玻璃、传统煤化工等产业的能源消耗、环境保护、资源综合利用等方面的准入门槛。对多晶硅、风电设备等新兴产业要及时建立和完善准入标准，避免盲目和无序建设
产业结构调整指导目录（2011 年本）	对全行业从鼓励类、限制类、淘汰类进行了划分规定。在限制类条目设置上加强了对产能过剩和低水平重复建设产业的限制，从产品规格、参数和生产装置规模等方面分别对限制范围进行了比较明确的界定，提高了准入标准
国家相关产业准入条件	规定了焦化、电石、铁合金、印染、粘胶纤维、纯碱、水泥、日用玻璃等多个行业的准入条件

长期以来，我国落后产能大量存在，一个重要原因就是资源价格不能反映市场供求关系，企业实际成本低于社会成本。对此，要从根本上解决落后产能问题，充分发挥市场机制和经济手段的作用，健全淘汰落后产能的长效机制，促使落后产能自行退出市场，落实完善相关政策措施，引导、激励和保障落后产能退出市场。

此外，在关闭低效小企业方面，国家的政策取向是关闭严重浪费资源、污染环境、安全隐患突出以及布局不合理的小企业，全力推进产业结构优化升级。下一步，还将进一步加大工作力度，延伸关闭小企业的内涵，扩大补助资金的规模和支持范围。未来补助资金不仅要支持企业“关死”，而且要支持企业“重生”，将支持范围扩大到转产搬迁、异地改造升级、产业转移等有利于产业结构调整的各个方面，具体政策见表 4.2-4。

表 4.2-4 与大气污染防治相关的淘汰落后产能政策

政策名称	具体内容
国务院关于加强环境保护若干问题的决定	明令取缔关停十五种重污染小企业，以及国家经贸委限期淘汰和关闭的破坏资源、污染环境、产品质量低劣、技术装备落后、不符合安全生产条件的“新五小”企业
关于抑制部分行业产能过剩和重复建设引导产业健康发展的通知	提高环保准入门槛，严格建设项目环评管理，坚决抑制产能过剩和重复建设，加快产能过剩、重复建设行业中重污染企业的退出步伐。钢铁、水泥、平板玻璃、煤化工、多晶硅、风电设备等被列入产能过剩和重复建设限制行业
工业转型升级规划（2011—2015 年）	严格市场准入条件，防止新增落后产能，依法淘汰落后产能。对钢铁、焦炭、铁合金、有色金属、水泥、平板玻璃、造纸、制革、印染等主要行业淘汰落后产能的重点做出了规定

当前，战略性新兴产业的培育和发展已在世界范围内展开。在国际金融危机冲击和全球气候变化双重压力下，我国准确把握当前所处的创新和产业转移孕育期的特点，努力使战略性新兴产业尽快成为国民经济的先导产业和支柱产业。战略性新兴产业发展初期，面临着技术和市场双重不成熟的困境，技术成果开发和实现产业化之间存在巨大的“鸿沟”，而市场培育则是跨越“鸿沟”的重要桥梁。

在培育战略性新兴产业方面，国家的政策走向包括：一是加快实施产业创新发展工程。国家科技重大专项实施以来，在部分核心技术领域实现了重大突破，为战略性新兴产业的发展提供了有力支撑。二是加强政策引导和支持。重点加强产业政策同财税、投融资、政府采购等其他经济政策的协调配合，引导和促进各种要素向战略性新兴产业集中，防止盲目发展和重复建设。三是建立健全产业发展的体制和机制保障。重点推进体制机制创新，消除战略性新兴产业发展中存在的跨部门、跨行业和跨地区障碍，具体政策见表 4.2-5。

表 4.2-5　与大气污染防治相关的产业培育政策

政策名称	具体内容
十大重点产业调整和振兴规划	汽车、钢铁、船舶、纺织、装备制造、石化、轻工、电子信息、有色金属和物流产业的振兴规划
国务院关于加快培育和发展战略性新兴产业的决定	提出当前我国加快培育和发展的战略性新兴产业重点领域和方向，包括节能环保、新能源、新一代信息技术、生物、高端装备制造、新材料、新能源汽车等
工业转型升级规划（2011—2015 年）	积极培育发展智能制造、新能源汽车、海洋工程装备、轨道交通装备、民用航空航天等高端装备制造业；培育发展新材料产业，加快传统基础产业升级换代，构建资源再生和回收利用体系
“十二五”国家战略性新兴产业发展规划	加快培育和发展节能环保、新一代信息技术、生物、高端装备制造、新能源、新材料、新能源汽车等战略性新兴产业

4.2.2　省市层面政策

对京津冀及周边地区的北京、天津、河北、河南、山东、山西等省（市）与大气污染防治密切相关的产业结构优化政策进行梳理，见表 4.2-6。

表 4.2-6　京津冀及周边地区省市层面的产业结构优化政策名录

政策名称	发布单位	发布时间
北京市		
北京市新增产业的禁止和限制目录（2014 年版）	北京市人民政府办公厅	2014 年 7 月 21 日
关于进一步优化提升生产性服务业加快构建高精尖经济结构的意见	北京市政府	2016 年 7 月 13 日
北京市“十三五”时期现代产业发展和重点功能区建设规划	北京市人民政府办公厅	2017 年 1 月 24 日
北京市“十三五”时期大气污染防治规划	北京市环境保护局	2017 年 9 月 4 日
天津市		
天津经济技术开发区促进先进制造业发展的暂行规定	天津市经济技术开发区管委会	2016 年 8 月 23 日
天津市工业经济发展“十三五”规划	天津市发展改革委	2016 年 11 月 23 日
天津市节能“十三五”规划	天津市工业和信息化委	2017 年 2 月 28 日
天津市 2017 年大气污染防治工作方案	天津市人民政府	2017 年 4 月 13 日
山西省		
山西省低碳创新行动计划	山西省人民政府	2014 年 2 月 25 日
山西省应对气候变化规划（2013—2020 年）	山西省发展改革委	2014 年 6 月 9 日
山西省工业绿色低碳循环发展工程 2017 年行动计划	山西省经济和信息化委员会	2015 年 3 月 17 日
山西省焦化产业三年推进计划（2015—2017 年）	山西省经济和信息化委员会	2015 年 7 月 12 日
山西省钢铁产业三年推进计划（2015—2017 年）	山西省经济和信息化委员会	2015 年 7 月 12 日
山西省有色产业三年推进计划（2015—2017 年）	山西省经济和信息化委员会	2015 年 7 月 12 日
山西省电力产业三年推进计划（2015—2017 年）	山西省经济和信息化委员会	2015 年 7 月 12 日
山西省煤化工产业三年推进计划（2015—2017 年	山西省经济和信息化委员会	2015 年 7 月 12 日
山西省传统优势产业三年推进计划（2015—2017 年）	山西省经济和信息化委员会	2015 年 7 月 12 日
关于支持山西省进一步深化改革促进资源型经济转型发展的意见	山西省委、山西省人民政府	2016 年 4 月 24 日
山西省“十三五”战略性新兴产业发展规划	山西省人民政府	2016 年 8 月 4 日
山西省“十三五”冶金工业发展规划	山西省发展和改革委员会、山西省经济和信息化委员会	2016 年 11 月 8 日
山西省“十三五”工业和信息化发展规划	山西省人民政府	2016 年 12 月 13 日
山西省“十三五”新能源产业发展规划	山西省发展改革委	2017 年 5 月 25 日
山西省资源型城市转型发展“十三五”规划	山西省发展改革委	2017 年 6 月 29 日
山西省农作物秸秆综合利用实施方案	农业综合开发处	2017 年 8 月 18 日
山西省钢铁水泥平板玻璃电解铝行业产能置换实施细则	山西省经济和信息化委员会	2018 年 4 月 17 日

政策名称	发布单位	发布时间
河北省		
河北省国民经济和社会发展第十三个五年规划纲要	河北省人民政府	2016年4月19日
河北省工业转型升级“十三五”规划	河北省人民政府	2016年11月16日
河北省全国产业转型升级试验区规划（2016—2020年）	河北省人民政府	2016年12月30日
河北省建筑节能与绿色建筑发展“十三五”规划	河北省住房和城乡建设厅	2017年4月12日
河北省煤炭工业发展“十三五”规划	河北省发展和改革委员会	2017年4月14日
河北省节能“十三五”规划	河北省人民政府办公厅	2017年4月26日
山东省		
《中国制造2025》山东省行动纲要	山东省人民政府	2016年3月28日
山东省“十三五”战略性新兴产业发展规划	山东省人民政府	2017年3月9日
山东省产业技术创新“十三五”规划	山东省经济和信息化委员会	2017年1月6日
山东省《京津冀及周边地区2017年大气污染防治工作方案》实施细则	山东省环境保护厅	2017年5月25日
山东省2017年环境保护突出问题综合整治攻坚方案	山东省委、山东省人民政府	2017年7月28日
山东省低碳发展工作方案（2017—2020年）	山东省人民政府	2017年12月21日
河南省		
河南省煤炭行业化解过剩产能实现脱困发展总体方案	河南省人民政府	2016年8月29日
河南省“十三五”能源发展规划	河南省人民政府	2017年1月4日
河南省2017年持续打好打赢大气污染防治攻坚战行动方案	河南省人民政府	2017年1月6日
河南省“十三五”节能减排综合工作方案	河南省人民政府	2017年7月9日
河南省“十三五”煤炭消费总量控制工作方案	河南省人民政府	2017年7月16日
河南省“十三五”可再生能源发展规划	河南省发展改革委、河南省能源局	2017年8月30日
河南省推进能源业转型发展方案	河南省人民政府	2017年11月14日

4.3 能源结构优化政策

4.3.1 国家层面政策

国家层面的能源结构优化方面具有指导意义的若干重要政策，按照发布时间先后顺序罗列，如表4.3-1所示。

表 4.3-1 国家层面的重要能源结构优化政策名录

政策名称	发布单位	发布时间
大气污染防治		
大气污染防治行动计划	国务院	2013 年 9 月 10 日
京津冀及周边地区落实大气污染防治行动计划实施细则	环境保护部、国家发展改革委、工业和信息化部等	2013 年 9 月 17 日
能源行业加强大气污染防治工作方案	国家发展改革委、国家能源局、环境保护部	2014 年 3 月 24 日
京津冀协同发展生态环境保护规划	国家能源局、环境保护部	2015 年 12 月 30 日
京津冀及周边地区 2017 年大气污染防治工作方案	环境保护部、国家发展改革委、财政部、能源局等	2016 年 6 月 21 日
“十三五”生态环境保护规划	国务院	2016 年 11 月 24 日
京津冀及周边地区 2017—2018 年秋冬季大气污染综合治理攻坚行动方案	环境保护部、国家发展改革委、工业和信息化部等	2017 年 8 月 18 日
关于京津冀大气污染传输通道城市执行大气污染物特别排放限值的公告	环境保护部	2018 年 1 月 15 日
能源发展规划		
能源发展战略行动计划（2014—2020 年）	国务院	2014 年 6 月 7 日
关于推进“互联网+”智慧能源发展的指导意见	国家发展改革委、国家能源局、工业和信息化部	2016 年 2 月 24 日
电力发展“十三五”规划（2016—2020 年）	国家发展改革委、国家能源局	2016 年 11 月 7 日
可再生能源“十三五”规划	国家发展改革委	2016 年 12 月 10 日
煤炭工业发展“十三五”规划	国家发展改革委、国家能源局	2016 年 12 月 22 日
石油发展“十三五”规划	国家发展改革委	2016 年 12 月 24 日
天然气发展“十三五”规划	国家发展改革委	2016 年 12 月 24 日
能源发展“十三五”规划	国家发展改革委、国家能源局	2016 年 12 月 26 日
能源生产和消费革命战略（2016—2030）	国家发展改革委、国家能源局	2016 年 12 月 29 日
海洋可再生能源发展“十三五”规划	国家海洋局	2016 年 12 月 30 日
地热能开发利用“十三五”规划	国家发展改革委、国家能源局、国土资源部	2017 年 1 月 23 日
关于可再生能源发展“十三五”规划实施的指导意见	国家能源局	2017 年 7 月 19 日
煤炭消费		
京津冀地区散煤清洁化治理工作方案	国家发展改革委	此件未公开
关于严格控制重点区域燃煤发电项目规划建设有关要求的通知	国家发展改革委、环境保护部	2014 年 3 月 11 日
煤电节能减排升级与改造行动计划（2014—2020 年）	国家发展改革委、环境保护部、国家能源局	2014 年 9 月 12 日
燃煤锅炉节能环保综合提升工程实施方案	国家能源局、国家发展改革委、环境保护部等	2014 年 11 月 6 日
煤炭清洁高效利用行动计划（2015—2020 年）	国家能源局	2015 年 4 月 27 日
加强大气污染治理重点城市煤炭消费总量控制工作方案	国家发展改革委、环境保护部、国家能源局	2015 年 5 月 13 日
全面实施燃煤电厂超低排放和节能改造工作方案	环境保护部、国家发展改革委、国家能源局	2015 年 12 月 11 日

政策名称	发布单位	发布时间
关于促进我国煤电有序发展的通知	国家发展改革委、国家能源局	2016年3月17日
关于进一步做好煤电行业淘汰落后产能工作的通知	国家发展改革委、国家能源局	2016年4月18日
民用煤燃烧污染综合治理技术指南（试行）	环境保护部	2016年10月22日
关于请做好散煤综合治理确保群众温暖过冬工作的函	环境保护部	2017年12月4日
能源减量替代		
关于发展天然气分布式能源的指导意见	国家发展改革委、财政部、住房和城乡建设部、国家能源局	2011年10月9日
控制能源消费总量工作方案	国家发展改革委、国家能源局	2013年
关于在北京开展可再生能源清洁供热示范有关要求的通知	国家能源局	2015年3月25日
配电网建设改造行动计划（2015—2020年）	国家能源局	2015年7月31日
国家能源局关于做好“三北”地区可再生能源消纳工作的通知	国家能源局	2016年2月5日
关于“十三五”期间实施新一轮农村电网改造升级工程的意见	国务院办公厅	2016年2月16日
关于实施光伏发电扶贫工作的意见	国家发展改革委、国务院扶贫办、国家能源局等	2016年3月23日
关于推进电能替代的指导意见	国家发展改革委、国家能源局、财政部等	2016年5月16日
关于推进多能互补集成优化示范工程建设的实施意见	国家发展改革委、国家能源局	2016年7月4日
“十三五”节能减排综合工作方案	国务院	2016年12月20日
全国农村沼气发展“十三五”规划	国家发展改革委、农业部	2017年1月25日
建筑节能与绿色建筑发展“十三五”规划	住房和城乡建设部	2017年3月1日
国家重点节能低碳技术推广目录（2017年本低碳部分）	国家发展改革委	2017年3月17日
关于促进可再生能源供热的意见（征求意见稿）	国家能源局	2017年4月18日
关于推进供给侧结构性改革 防范化解煤电产能过剩风险的意见	国家发展改革委、工业和信息化部、财政部等	2017年7月26日
解决弃水弃风弃光问题实施方案	国家发展改革委、国家能源局	2017年11月8日
关于做好2017—2018年采暖季清洁供暖工作的通知	国家能源局	2017年12月4日
北方地区冬季清洁取暖规划（2017—2021年）	国家发展改革委、国家能源局、财政部等	2017年12月5日
关于促进生物质能供热发展的指导意见	国家发展改革委、国家能源局	2017年12月6日
关于开展秸秆气化清洁能源利用工程建设的指导意见	国家发展改革委、农业部办公厅、国家能源局综合司	2017年12月28日
关于加快浅层地热能开发利用促进北方采暖地区燃煤减量替代的通知	国家发展改革委、国土资源部、环境保护部	2017年12月29日
国家重点节能低碳技术推广目录（2017年本，节能部分）	国家发展改革委	2018年2月
关于提升电力系统调节能力的指导意见	国家发展改革委、国家能源局	2018年2月28日

以下将国家重要能源环境政策分别从煤炭清洁高效开发利用、电能替代、天然气替代、清洁能源替代、能效与节能 5 个方面进行分类，凝练相关条文，见表 4.3-2 至表 4.3-6。

表 4.3-2　煤炭清洁高效开发利用相关政策措施

重要措施分类	政策名称	具体内容
煤炭清洁高效开发利用	能源生产和消费革命战略（2016—2030）	促进煤炭绿色生产：严控煤炭新增产能；实施煤炭开发利用粉尘综合治理；统筹煤炭与煤层气开发；加强煤炭洗选加工，提高煤炭洗选比例。 实现煤炭集中使用：多种途径推动优质能源替代民用散煤，推广煤改气、煤改电工程；制定更严格的煤炭产品质量标准，逐步减少并全面禁止劣质散煤直接燃烧；大力推进工业锅炉、工业窑炉等治理改造，降低煤炭在终端分散利用比例，推动实现集中利用、集中治理。 大力推进煤炭清洁利用：在 2020 年前，所有现役电厂平均供电煤耗（以标煤计）低于 310 g/（kW·h），新建电厂平均供电煤耗（以标煤计）低于 300 g/（kW·h），到 2030 年，超低污染物排放煤电机组占全国 80%以上；结合棚户区改造等城镇化建设，发展热电联产；到 2020 年，全面实现燃煤锅炉污染物达标排放，大气污染重点防控区全部淘汰落后燃煤锅炉
	煤炭工业发展“十三五”规划	加快煤炭结构优化升级：严格控制新增产能，有序退出过剩产能，积极发展先进产能，推进煤矿企业兼并重组。 推进煤炭清洁生产：推行煤炭绿色开采，发展煤炭洗选加工，发展矿区循环经济，加强矿区生态环境治理。 促进煤炭清洁高效利用：按照“清洁、低碳、高效、集中”的原则，加强商品煤质量管理，推进重点耗煤行业节能减排，推进煤炭深加工产业示范，加强散煤综合治理
	民用煤燃烧污染综合治理技术指南	优质煤替换： ①民用煤质量要求：选用优质无烟煤、烟煤、型煤和其他煤制品（兰炭、民用焦炭等），禁止褐煤、洗中煤、煤泥等低质劣质煤及其制品进入市场。煤炭资源丰富、经济条件较好且污染严重的地区优先选用低硫、低挥发分的优质煤；暂不能供应优质煤的地区，应选用低硫的优质烟煤作为民用煤。 ②民用煤洁净加工技术：各地区加强配煤成型、型煤固硫、引火型煤等配套技术的研发。暂不具备清洁能源替代条件的地区应尽快使用优质煤换劣质民用散煤

表 4.3-3　电能替代相关政策措施

重要措施分类	政策名称	具体内容
电能替代	能源生产和消费革命战略（2016—2030）	推动城乡电气化发展： ①大幅提高城镇终端电气化水平。实施终端用能清洁电能替代，大力推进城镇以电代煤、以电代油。加快制造设备电气化改造。淘汰煤炭在建筑终端的直接燃烧，鼓励利用可再生电力实现建筑供热（冷）、炊事、热水，逐步普及太阳能发电与建筑一体化。 ②全面建设新农村新能源、新生活。完善农村配电网建设及电力接入设施、农业生产配套供电设施。转变农业发展方式，推进农业生产电气化。实施光伏（热）扶贫工程。发展太阳能、浅层地热能、生物质能等，推进用能形态转型

重要措施分类	政策名称	具体内容
电能替代	能源发展“十三五”规划	实施电能替代工程：推广电锅炉、电窑炉、电采暖等新型用能方式，以京津冀及周边地区为重点，加快推进农村采暖电能替代，在新能源富集地区利用低谷富余电实施储能供暖。到2020年电能在终端能源消费中的比重提高到27%以上
	关于推进电能替代的指导意见	居民采暖领域：在存在采暖刚性需求的北方地区和有采暖需求的长江沿线地区，重点对燃气（热力）管网覆盖范围以外的学校、商场、办公楼等热负荷不连续的公共建筑，推广碳晶、石墨烯发热器件、发热电缆、电热膜等分散电采暖。在燃气（热力）管网无法达到的老旧城区、城乡接合部或生态要求较高区域的居民住宅，推广蓄热式电锅炉、热泵、分散电采暖。在农村地区，以京津冀及周边地区为重点，推广以电代煤。 生产制造领域：在生产工艺需要热水（蒸汽）的各类行业，逐步推进蓄热式与直热式工业电锅炉应用。在服装纺织、木材加工、水产养殖与加工行业，试点蓄热式工业电锅炉替代集中供热管网覆盖范围以外的燃煤锅炉。在金属加工、铸造、陶瓷、岩棉、微晶玻璃行业，在有条件地区推广电窑炉。在采矿、食品加工过程中的物料运输环节，推广电驱动皮带传输。在黑龙江、吉林、山东、河南等农业大省，加快推进机井通电。 电力供应与消费领域：在可再生能源装机比重较大的电网，推广应用储能装置，提高系统调峰调频能力，更多消纳可再生能源。在城市大型商场、办公楼、酒店、机场航站楼等建筑推广应用热泵、电蓄冷空调、蓄热电锅炉等，促进电力负荷移峰填谷，提高社会用能效率
	北方地区冬季清洁取暖规划（2017—2021年）	电供暖：①积极推进各种类型电供暖。以“2+26”城市为重点，在热力管网覆盖不到的区域，推广碳晶、石墨烯发热器件、电热膜、蓄热电暖器等分散式电供暖，发展集中电锅炉供暖，鼓励利用低谷电力。推广使用空气源、水源、地源热泵供暖。②鼓励可再生能源发电规模较大地区实施电供暖。在河北等可再生能源资源丰富地区，利用存量机组发电能力，利用低谷时期的富余风电，推广电供暖，鼓励建设具备蓄热功能的电供暖设施。 电供暖发展路线及适用条件：①分散式电供暖：适合非连续性供暖的学校、部队、办公楼等场所，也适用于集中供热管网、燃气管网无法覆盖的老旧城区、城乡接合部、农村或生态要求较高区域的居民住宅。②电锅炉供暖：应配套蓄热设施，适合可再生能源消纳压力较大，弃风、弃光问题严重，电网调峰需求较大的地区，可用于单体建筑或小型区域供热。③空气源热泵：对冬季室外最低气温有一定要求（一般高于−5℃），适宜作为集中供热的补充，承担单体建筑或小型区域供热（冷），也可用于分户取暖。④水源热泵：适用于水量、水温、水质等条件适宜的区域。优先利用城镇污水资源，发展污水源热泵，对于海水或者湖水资源丰富地区根据水温等情况适当发展。对于有冷热需求的建筑可兼顾夏季制冷。适宜作为集中供热的补充，承担单体建筑或小型区域供热（冷）。⑤地源热泵：适宜于地质条件良好，冬季供暖与夏季制冷基本平衡，易于埋管的建筑或区域，承担单体建筑或小型区域供热（冷）
	民用煤燃烧污染综合治理技术指南	鼓励使用热泵技术，逐步减少使用直接电热式采暖技术。热泵技术包括低温空气源热风热泵、低温空气源热水热泵、地源热泵和水源热泵。寒冷地区优先采用低温空气源热风热泵技术。要求额定制热量小于等于5 kW的热风热泵在环境温度−20°C时，其制热性能系数不低于2.0、制热季节性能系数不低于3.0。经济条件较好的寒冷地区可结合节能新民居建设和既有居住建筑节能改造采用低温空气源热水热泵。应先加强配套电网改造，保证每户电力供应增量不少于8 kW

表 4.3-4 天然气替代相关政策措施

重要措施分类	政策名称	具体内容
天然气替代	能源生产和消费革命战略（2016—2030）	天然气推广利用行动。实施大气污染治理重点地区气化工程，加快重点地区燃煤设施和散煤燃烧天然气替代。提高城市燃气化率。有序发展天然气调峰电站，积极推进天然气冷热电三联供，大力发展天然气分布式能源，推动天然气和新能源融合发展
	能源发展“十三五”规划	天然气消费提升行动。以京津冀及周边地区、长三角、珠三角、东北地区为重点，推进重点城市“煤改气”工程，增加用气 450 亿 m^3，替代燃煤锅炉 18.9 万蒸吨。加快建设天然气分布式能源项目和天然气调峰电站。2020 年气电装机规模达到 1.1 亿 kW
	北方地区冬季清洁取暖规划（2017—2021 年）	天然气供暖：按照“宜管则管、宜罐则罐”原则，综合利用管道气、撬装液化天然气（LNG）、压缩天然气（CNG）、非常规天然气和煤层气等多种气源。以“2+26”城市为重点，推动天然气替代散烧煤供暖。在北方地区城市城区和县城，加快城镇天然气管网配套建设。发展天然气热电联产，对于环保不达标、改造难度大的既有燃煤热电联产机组，优先实施燃气热电联产替代升级（热电比不低于 60%）。在具有稳定冷热电需求的楼宇或建筑群，发展天然气分布式能源。加快现有燃煤锅炉天然气置换力度，推进新建取暖设施使用天然气。在城乡接合部，结合限煤区的规划设立，通过城区天然气管网延伸以及 LNG、CNG 点对点气化装置，安装燃气锅炉房、燃气壁挂炉等，推广天然气供暖。在农村地区推广燃气壁挂炉。在具备管道天然气、LNG、CNG 供气条件的地区率先实施天然气“村村通”工程。 天然气供暖发展路线及适用条件：①燃气热电联产机组：在气源充足、经济承受能力较强的条件下，可作为大中型城市集中供热的新建基础热源，应安装脱硝设施降低氮氧化物排放浓度。②热电冷三联供分布式机组：结合电负荷及冷、热负荷需求，适用于政府机关、医院、宾馆、综合商业及办公、机场、交通枢纽等公用建筑。③燃气锅炉（房）：适合作为集中供热的调峰热源，与热电联产机组联合运行，鼓励有条件的地区将环保难以达到超低排放的燃煤调峰锅炉改为燃气调峰锅炉。大热网覆盖不到、供热面积有限的区域，在气源充足、经济承受能力较强的条件下也可作为基础热源。应重点降低燃气锅炉氮氧化物排放浓度。④分户燃气壁挂炉：适合热网覆盖不到区域的分散供热，作为集中供热的有效补充，也适用于独栋别墅或城中村、城郊村等居民用户分散的区域
	民用煤燃烧污染综合治理技术指南	在燃气供应配套设施较为完备、燃气供应量充足的地区，采用燃气（主要是天然气）壁挂炉供暖，要求炉具热效率不低于 85%

表 4.3-5 清洁能源替代相关政策措施

重要措施分类	政策名称	具体内容
清洁能源替代	能源生产和消费革命战略（2016—2030）	实现增量需求主要依靠清洁能源： ①推动非化石能源跨越式发展。坚持分布式和集中式并举，以分布式利用为主，推动可再生能源高比例发展。发展风能、太阳能，实现与常规电力同等竞争。选择合理技术路线，开发生物质能，发展生物质供热、生物天然气、农村沼气，扩大城市垃圾发电规模。统筹水电开发经济、社会和环境效益。在具备条件的城市和区域，推广开发利用地热能。开展海洋能等其他可再生能源利用的示范推广。 ②推动分布式成为重要的能源利用方式。在有条件的建筑、产业园区和区域，利用分布式天然气与可再生能源，建设相对独立、自我平衡的个体能源系统。分布式能源实现就地生产与就地消费
	北方地区冬季清洁取暖规划（2017—2021年）	①地热供暖：推进水热型（中深层）地热供暖。按照“取热不取水”的原则，采用“采灌均衡、间接换热”或“井下换热”，以集中与分散相结合的方式推进中深层地热供暖，实现地热资源的可持续开发。在经济较发达、环境约束较高的京、津、冀、鲁、豫和生态环境脆弱的青藏高原及毗邻区，将地热能供暖纳入城镇基础设施建设范畴，集中规划，统一开发。大力开发浅层地热能供暖。 地热供暖发展路线及适用条件： • 中深层地热能：适于资源条件好、地质条件便于回灌的地区，代表地区为京、津、冀、晋、鲁、豫。 • 浅层地热能供暖：适用于分布式或分散供暖，可利用范围广，具有较大的市场和节能潜力。在京、津、冀、鲁、豫主要城市及中心城镇，优先发展再生水源（含污水、工业废水），积极发展地源（土壤源），适度发展地表水源（含河流、湖泊），鼓励采用供暖、制冷、热水联供技术。 ②生物质能清洁供暖 生物质能清洁供暖布局灵活，适应性强，适宜就近收集原料、就地加工转换、就近消费、分布式开发利用，可用于北方生物质资源丰富地区的县城及农村取暖，在用户侧直接替代煤炭。 • 发展县域农林生物质热电联产。在北方粮食主产区发展为县城供暖的农林生物质热电联产。鼓励对已投产的农林生物质纯凝发电项目进行供热改造。 • 在人口密集、具备条件的大中城市推进生活垃圾焚烧热电联产项目。 • 发展生物质锅炉供暖。鼓励利用农林剩余物或其加工形成的生物质成型燃料，在专用锅炉中清洁燃烧用于供暖。加快 20 蒸吨以上大型先进低排放生物质锅炉区域供暖项目建设。推动生物质锅炉在中小工业园区、工商业及公共设施中的应用。在热力管网、天然气管道无法覆盖的区域推进中小型生物质锅炉项目建设。在农村地区推进生物质成型燃料替代散烧煤。 • 推进生物沼气生物质能清洁供暖。发展以畜禽养殖废弃物、秸秆为原料发酵制取沼气，以及提纯形成生物天然气，用于清洁取暖和居民生活。积极推进符合入网标准的生物天然气并入城镇燃气管网。推动大中型沼气工程为周边居民供气，建设村级燃气供应站及小规模管网。发展各种技术路线的生物质气化及气电多联产，实施秸秆热解气化清洁能源利用工程。

重要措施分类	政策名称	具体内容
清洁能源替代	北方地区冬季清洁取暖规划（2017—2021年）	• 提高生物质热电联产新建项目环保水平，加快已投产项目环保改造步伐，实现超低排放。城市生物质锅炉排放浓度达到天然气锅炉排放标准。推进生物质成型燃料产品、加工机械、工程建设等标准化建设。加强对沼气及生物天然气全过程污染物排放监测。 生物质能清洁供暖发展路线及适用条件： • 生物质能区域供暖：采用生物质热电联产和大型生物质集中供热锅炉，为500万 m^2 以下的县城、大型工商业和公共设施等供暖。其中，生物质热电联产适合为县级区域供暖，大型生物质集中供热锅炉适合为产业园区提供供热供暖一体化服务。直燃型生物质集中供暖锅炉应使用生物质成型燃料，配置高效除尘设施。 • 生物质能分散式供暖：采用中小型生物质锅炉等，为居民社区、楼宇、学校等供暖。采用生物天然气及生物质气化技术建设村级生物燃气供应站及小型管网，为农村提供取暖燃气。 ③太阳能供暖 • 太阳能供暖。采取太阳能与常规能源融合、集中式与分布式结合的方式进行建筑供暖。鼓励中小城镇、民用及公共建筑上推广太阳能供暖系统。农业大棚、养殖场等用热需求大且与太阳能特性匹配的行业利用太阳能供热。 • 太阳能热水应用。以小城镇建设、棚户区改造等项目为依托推动太阳能热水规模化应用。支持农村和小城镇居民安装使用太阳能热水器，在农村推行太阳能公共浴室工程。在城市新改扩建的有稳定热水需求的公共和住宅建筑上，推动太阳能热水系统与建筑的统筹规划、设计和应用。 太阳能供暖发展路线及适用条件： • 太阳能供暖：适合与其他能源结合，实现热水、供暖复合系统的应用，是热网无法覆盖时的有效分散供暖方式。特别适用于办公楼、教学楼等只在白天使用的建筑。 • 太阳能热水：适合小城镇、城乡接合部和广大的农村地区。太阳能集中热水系统也可应用在中大型城市的学校、浴室、体育馆等公共设施和大型居住建筑
	民用煤燃烧污染综合治理技术指南	①太阳能：太阳能资源丰富且经济条件允许的地区宜采用太阳能热水供暖技术和主被动结合的供暖技术。经济欠发达地区应优先采用建筑本体节能技术和被动式太阳能利用技术。 ②生物质能：减少户用生物质直接燃烧，鼓励采用生物质转换技术将生物质转化为低排放的固体、气体燃料后加以使用。大型养殖场及周边地区可利用畜禽粪便和生物质建设规模化沼气集中供气采暖系统。生物质资源丰富和生物质成型燃料技术成熟的地区，可利用生物质成型燃料进行集中供暖
	关于加快浅层地热能开发利用促进北方采暖地区燃煤减量替代的通知	①对现有非清洁燃煤供暖适宜用浅层地热能替代的，应尽快完成替代；对集中供暖无法覆盖的城乡接合部等区域，在适宜发展浅层地热能供暖的情况下，积极发展浅层地热能供暖。 ②相关地区要根据供热资源禀赋，因地制宜选取浅层地热能开发利用方式。对地表水和污水（再生水）资源禀赋好的地区，积极发展地表水源热泵供暖；对集中度不高的供暖需求，在不破坏土壤热平衡的情况下，积极采用分布式土壤源热泵供暖；对水文、地质条件适宜地区，在100%回灌、不污染地下水的情况下，积极推广地下水源热泵技术供暖
	关于促进生物质能供热发展的指导意见	发展生物质热电联产：发展县域农林生物质热电联产；稳步发展城镇生活垃圾焚烧热电联产；加快常规生物质发电项目供热改造；推进小火电改生物质热电联产。 发展生物质锅炉供热：推进城镇生物质成型燃料锅炉民用供暖、工业供热；推进生物质燃气清洁供热；形成专业化市场化生物质锅炉供热商业模式；建立分布式生产消费体系

表 4.3-6 能效与节能相关政策措施

重要措施分类	政策名称	具体内容
能效与节能	能源生产和消费革命战略（2016—2030）	以系统节能为基础，以高效用能为方向：①工业节能技术。推进流程工业系统节能改造，推广工业循环利用、系统利用和梯级利用技术。应用原料优化、工业余热、余压、余气回收利用和电厂烟气余热回收利用技术。推行产品绿色节能设计，推广轻量化、低功耗、易回收技术工艺。②建筑节能技术。推广超低能耗建筑技术，发展新型保温材料、反射涂料、节能门窗和玻璃、绿色照明、智能家电等，发展近零能耗和既有建筑能效提升技术，推广可再生能源建筑规模化应用
	能源发展“十三五”规划	能源消费革命重点工程——节能行动：发展高效锅炉、内燃机、电机和变压器，推进高耗能通用设备改造，推广节能电器和绿色照明，提高重点用能设备能效。提高建筑节能标准，推进建筑节能改造，推广超低能耗建筑。实施工业园区节能改造工程，加强园区能源梯级利用
	“十三五”节能减排综合工作方案	①工业节能。重点耗能行业能源利用效率达到或接近世界先进水平。将可再生能源占比指标纳入工业园区考核体系。②建筑节能。开展超低能耗及近零能耗建筑试点，推广建筑屋顶分布式光伏发电。强化既有居住建筑节能改造，2020 年前基本完成北方采暖地区有改造价值城镇居住建筑的节能改造。利用太阳能、浅层地热能、空气热能、工业余热满足建筑用能需求。③农业农村节能。推广农用节能机械、设备和渔船，发展节能农业大棚。结合农村危房改造推进节能及绿色农房建设，推动城镇燃气管网向农村延伸和省柴节煤灶更新换代，采用生物质能、太阳能、空气热能、浅层地热能解决生活等用能需求。到 2020 年，全国农村地区基本实现稳定可靠的供电服务全覆盖，鼓励使用高效节能电器。④强化重点用能设备节能管理。到 2020 年燃煤工业锅炉实际运行效率提高 5 个百分点，新生产燃煤锅炉效率不低于 80%，燃气锅炉效率不低于 92%。推广高效换热器，提升热交换系统能效水平
	燃煤锅炉节能环保综合提升工程实施方案	国家部委首次针对除火电行业外的其他燃煤工业锅炉的环保提标改造措施。到 2018 年，推广高效锅炉 50 万 t 标准煤，淘汰落后燃煤锅炉 40 万 t 标准煤，完成节能改造 40 万 t 标准煤，提高燃煤工业锅炉运营效率 6 个百分点，计划节约 4 000 万 t 标准煤

重要措施分类	政策名称	具体内容
能效与节能	建筑节能与绿色建筑发展“十三五”规划	①提高建筑节能标准及执行质量：推动严寒及寒冷地区城镇新建居住建筑实施更高水平节能强制性标准，提高建筑门窗等关键部位节能性能要求，引导京津冀率先实施高于国家标准要求的地方标准。在具备条件的园区、街区推动超低能耗建筑集中连片建设。②推动绿色建筑发展量质齐升：实施建筑全领域绿色倍增、绿色建筑全过程质量提升以及建筑全产业链绿色供给行动。实现东部省级行政区城镇新建建筑全面执行绿色建筑标准，中部省会及重点城市、西部省会新建建筑强制执行绿色建筑标准。③提升既有建筑节能水平：严寒及寒冷地区省市应结合北方地区清洁取暖要求，推进既有居住建筑节能改造、供热管网智能调控改造。完善适合夏热冬冷和夏热冬暖地区既有居住建筑节能改造的技术路线。推动节约型学校、医院、科研院所建设，积极开展绿色校园、绿色医院评价及建设试点。开展学校、医院节能及绿色化改造试点。④推进可再生能源建筑应用：加大太阳能光热系统在城市中低层住宅及酒店、学校等公共建筑中的推广力度。利用太阳能、空气热能、地热能等解决建筑供暖需求。在末端用能负荷满足要求的情况下，因地制宜建设区域可再生能源站。鼓励在具备条件的建筑工程中应用太阳能光伏系统。做好“余热暖民”工程。推广高效空气源热泵技术及产品。在城市燃气未覆盖和污水厂周边地区，推广采用污水厂污泥制备沼气技术。⑤推进农村建筑节能：鼓励农村新改扩建居住建筑按《农村居住建筑节能设计标准》《绿色农房建设导则》进行设计建造。鼓励政府投资的农村公共建筑、各类示范村镇农房建设项目率先执行节能及绿色建设标准、导则。总结符合地域及气候特点、经济发展水平、保持传统文化特色的乡土绿色节能技术，开展试点示范。在有条件的农村地区推广轻型钢结构、现代木结构、现代夯土结构等新型房屋。结合农村危房改造稳步推进农房节能改造。引导农村建筑用能清洁化、无煤化进程。采用太阳能、生物质能、空气热能等解决农房采暖、炊事、生活热水等用能需求。在经济发达、大气污染防治任务较重的农村，结合“煤改电”推广可再生能源采暖
	关于推进供给侧结构性改革 防范化解煤电产能过剩风险的意见	①从严淘汰落后产能：淘汰不符合要求的30万kW以下煤电机组(含燃煤自备机组)。②清理整顿违规项目：对未核先建、违规核准、批建不符、开工手续不全等违规煤电项目一律停工停产。③严控新增产能规模：所有燃煤发电项目纳入国家的电力建设规划（含燃煤自备机组）；煤电项目规划建设风险预警等级为红色和橙色省份，不再新增煤电规划建设规模，确需新增的按“先关后建、等容量替代”原则淘汰；暂缓核准和开工建设自用煤电项目（含燃煤自备机组）。④加快机组改造提升：中部地区 2018 年年底前完成具备条件机组的改造工作。⑤规范自备电厂管理：京津冀禁止新建燃煤自备电厂

4.3.2 省市层面政策

对京津冀及周边地区的河南、山东、山西等省（市）与大气污染防治密切相关的能源结构优化政策进行梳理，形成名录见表 4.3-7。

表 4.3-7 京津冀及周边地区省市层面的能源结构优化政策名录

政策名称	发布单位	发布时间
京津冀地区		
京津冀能源协同发展规划（2016—2025 年）	此件未公开	不详
京津冀能源协同发展行动计划（2017—2020 年）	北京市发展改革委、天津市发展改革委、河北省发展改革委	2017 年 11 月
北京市		
关于北京市进一步促进地热能开发及热泵系统利用的实施意见	北京市发展改革委、北京市财政局、北京市国土资源局等	2013 年 12 月 18 日
北京市高污染燃料禁燃区划定方案（试行）	北京市人民政府	2014 年 7 月 16 日
北京市十三五“煤改电”实施计划	北京市发展改革委、北京市农委、北京市环保局	2016 年 1 月
关于加大煤改清洁能源政策支持力度的通知	北京市发展改革委	2016 年 4 月 18 日
关于进一步明确煤改地源热泵项目支持政策的通知	北京市发展改革委	2016 年 6 月 17 日
北京市“十三五”时期节能低碳和循环经济全民行动计划	北京市人民政府办公厅	2016 年 8 月 18 日
北京市“十三五”时期新能源和可再生能源发展规划	北京市发展改革委	2016 年 9 月 26 日
北京市“十三五”时期民用建筑节能发展规划	北京市住房和城乡建设委员会、北京市发展改革委	2016 年 10 月 31 日
北京市“十三五”时期环境保护和生态建设规划	北京市人民政府	2016 年 12 月 28 日
北京市“十三五”时期燃气发展建设规划	北京市城市管理委员会	2017 年 4 月
北京市“十三五”时期能源发展规划	北京市人民政府	2017 年 6 月 23 日
北京市 2016—2020 年加快推动民用散煤清洁能源替代工作方案	北京市发展改革委	京发改〔2016〕664 号
北京市“十三五”时期大气污染防治规划	北京市环境保护局	2017 年 9 月 4 日
北京市蓝天保卫战 2018 年行动计划	北京市人民政府	2018 年 3 月 15 日

政策名称	发布单位	发布时间
天津市		
天津市节能“十三五”规划	天津市工业和信息化委	2016年8月
天津市可再生能源发展“十三五”规划	天津市发展改革委	2016年12月15日
天津市供热发展“十三五”规划	天津市发展改革委	2017年2月4日
天津市节能“十三五”规划	天津市工业和信息化委	2017年2月28日
天津市“十三五”生态环境保护规划	天津市发展改革委	2017年5月5日
天津市 2017—2018 年秋冬季大气污染综合治理攻坚行动方案	天津市人民政府	2017年8月25日
天津市居民冬季清洁取暖工作方案	天津市人民政府	2017年11月21日
河北省		
关于推进全省城镇供热煤改电工作指导意见（征求意见稿）	河北省住房和城乡建设厅	2015年11月6日
河北省散煤污染整治专项行动方案	河北省大气污染防治工作领导小组办公室	2016年4月2日
河北省“十三五”期间新一轮农村电网改造升级工程实施意见	河北省人民政府办公厅	2016年5月25日
关于加快实施保定廊坊禁煤区电代煤和气代煤的指导意见	河北省人民政府	2016年9月23日
河北省可再生能源发展“十三五”规划	河北省发展改革委	2016年10月14日
河北省地热能开发利用“十三五”规划	河北省发展改革委、河北省国土资源厅等	2016年12月23日
河北省生态环境保护 “十三五”规划	河北省人民政府	2017年3月7日
关于强力推进大气污染综合治理的意见和 18 个专项实施方案	河北省人民政府	2017年4月1日
河北省建筑节能与绿色建筑发展“十三五”规划	河北省住房和城乡建设厅	2017年4月12日
河北省煤炭工业发展“十三五”规划	河北省发展改革委	2017年4月14日
河北省城镇供热“十三五”规划	河北省住房和城乡建设厅	2017年4月25日
河北省节能“十三五”规划	河北省人民政府办公厅	2017年4月26日
关于燃煤锅炉实施能效提升改造有关问题的通知	河北省发展改革委	2017年7月10日
河北省“十三五”能源发展规划	河北省人民政府	2017年9月13日
河北省 2017—2018 年秋冬季大气污染综合治理攻坚行动方案	河北省大气污染防治工作领导小组办公室	2017年9月14日
河北省天然气迎峰度冬应急预案（2017—2018年）	河北省发展改革委	2017年9月28日
河北省2018—2020年分散式接入风电发展规划	河北省发展改革委	2018年1月22日

政策名称	发布单位	发布时间
山西省		
山西省煤炭供给侧结构性改革实施意见	山西省委、山西省人民政府	2016年4月24日
关于推进城乡采暖“煤改电”试点工作实施方案的通知	山西省人民政府	2016年4月26日
关于推进煤炭绿色低碳消费的实施细则	山西省人民政府	2016年5月16日
山西省“十三五”环境保护规划	山西省人民政府	2016年12月
山西省“十三五”综合能源发展规划	山西省人民政府	2016年12月21日
山西省节约能源“十三五”规划	山西省经济和信息化委员会	2017年3月23日
山西省“十三五”煤炭工业发展规划	山西省发展改革委、山西省煤炭工业厅	2017年5月19日
山西省“十三五”新能源产业发展规划	山西省发展改革委	2017年5月25日
关于全面加快城市集中供热建设推进冬季清洁取暖的实施意见	山西省住房和城乡建设厅	2017年6月20日
山西省2017—2018年秋冬季大气污染综合治理攻坚行动方案	山西省人民政府	2017年9月28日
山西省建筑节能“十三五”规划	山西省住房和城乡建设厅	2017年11月14日
山西省防范化解煤电产能过剩风险工作方案	山西省人民政府办公厅	2017年11月27日
关于做好2018年煤电行业淘汰落后产能工作的通知	山西省经济和信息化委员会	2017年12月12日
山西省节能减排实施方案	山西省人民政府	2017年12月25日
关于做好山西省禁煤区划定和管理工作的通知	山西省人民政府	此件未公开，不详
关于全面加快城市集中供热建设推进冬季清洁取暖的实施意见	山西省住房和城乡建设厅	晋建城字〔2017〕140号
山西省“十三五”电力发展规划	此件未公开	此件未公开
山东省		
山东省2013—2020年大气污染防治规划	山东省人民政府	2013年7月17日
山东省煤炭消费减量替代工作方案	山东省发展改革委	2015年8月29日
山东省高效环保煤粉锅炉推广行动计划（2016—2018年）	山东省经济和信息化委员会、山东省发展改革委、山东省教育厅等	2016年2月24日
关于加快推进全省煤炭清洁高效利用工作的意见	山东省人民政府	2016年4月18日
全省散煤清洁化治理工作方案	山东省人民政府	2016年8月
山东省农村地区散煤清洁化治理行动方案	山东省人民政府	2016年8月
山东省能源中长期发展规划	山东省发展改革委	2016年12月13日
山东省生态环境保护“十三五”规划	山东省人民政府	2017年4月7日

政策名称	发布单位	发布时间
山东省新能源和可再生能源中长期发展规划2016—2030年）	山东省发展改革委	2017年5月2日
山东省电力发展“十三五”规划	山东省发展改革委	2017年5月3日
山东省落实《京津冀及周边地区2017—2018年秋冬季大气污染综合治理攻坚行动方案》实施细则	山东省人民政府	2017年9月26日
山东省7个传输通道城市清洁采暖气代煤电代煤工作实施方案	山东省住房和城乡建设厅	2017年9月30日
山东省低碳发展工作方案（2017—2020年）	山东省人民政府	2017年12月21日
河南省		
河南省蓝天工程行动计划	河南省人民政府	2014年3月23日
河南省2014—2020年煤电节能减排升级与改造行动计划	河南省发展改革委	2014年12月
关于做好产业集聚区能源结构调整方案编制工作的指导意见	河南省发展改革委	2015年12月18日
河南省电能替代工作实施方案（2016—2020年）	河南省发展改革委等	2016年8月18日
河南省煤炭行业化解过剩产能实现脱困发展总体方案	河南省人民政府	2016年8月29日
河南省天然气替代煤专项方案（2016—2020年）	河南省发展改革委	2016年9月7日
河南省“十三五”节能低碳发展规划	河南省发展改革委	2016年12月29日
河南省“十三五”能源发展规划	河南省人民政府	2017年1月4日
河南省“十三五”生态环境保护规划	河南省人民政府	2017年6月30日
河南省“十三五”节能减排综合工作方案	河南省人民政府	2017年7月9日
河南省“十三五”煤炭消费总量控制工作方案	河南省人民政府	2017年7月16日
河南省“十三五”城乡配电网发展规划	河南省发展改革委	2017年7月25日
河南省“十三五”可再生能源发展规划	河南省发展改革委、河南省能源局	2017年8月30日
河南省推进能源业转型发展方案	河南省人民政府	2017年11月14日
河南省2018年大气污染防治攻坚战实施方案	河南省人民政府	2018年2月6日
河南省煤电行业淘汰落后产能专项行动方案（2018—2020年）	不详	不详

5 区域产业结构优化的主要措施

评价产业结构优劣的经济效率标准有两个：一是理论标准；二是经验标准。理论标准又有两种：一是帕累托标准；二是社会福利最大化。经验标准是参照发达国家和地区的产业结构，来评价落后国家和地区的产业结构。经验标准只是理论标准的应用，理论标准是终极标准：凡是使得人民生活更加幸福快乐，使得社会福利更高的产业结构就是好的产业结构。因此，只要是在人民自由选择、充分互动、没有强迫，经过充分的试错和经验积累，经过充分的调整改进之后所形成的产业结构，就是好的产业结构。总之，只要是全体利益相关者自由博弈、自由选择的产业结构，肯定最为接近最优的产业结构。

当前转变经济发展模式，进一步加快供给侧结构性改革，推动经济高质量发展，应发挥生态环保对传统经济发展模式向高质量发展模式转变的推动和引领作用，打好污染防治攻坚战，促进传统产业优化升级，构建绿色产业链体系和绿色技术创新体系，走高质量发展道路。

5.1 发达国家的经验

5.1.1 发达国家的产业结构变迁

“二战”以来，发达国家产业结构经历了三次重大调整。分别发生在 20 世纪 50 年代、60—70 年代、90 年代。通过劳动密集型产业向技术密集型产业转移、第二产业向第三产业转移的过程，逐步实现产业结构知识化、高级化、信息化与并购化的调整。美国、日本与德国以及一些中东欧国家是这几轮产业结构变迁中最具代表性的国家。

（1）美国

美国是典型的市场经济国家，“二战”前政府很少干预经济活动，产业发展主要在市场的自发作用下进行。“二战”后，世界经济形势复杂多变，全球竞争日益加剧，美国政府逐步加大了经济干预力度，战后至 20 世纪 80 年代中期前，产业政策的重点放在传统工业产业上，20 世纪 80 年代中期后将产业政策的重点放到新兴工业产业上。“二战”结束后，美国的产业结构从劳动密集型发展到资本密集型再到知识密集型。主要趋势为第一、第二产业比重逐步降低，20 世纪 50 年代和 60 年代，美国的第二产业产值占比一直在 30%～35%

徘徊，第三产业比重不断增长。具体表现为：一是劳动力密集和低技术含量的制造业向外转移；二是制造业产品快速升级，不断推出新产品。服务业快速发展，所占比重高达80%以上。其中信息服务业取得巨大发展，增加了就业，提高了人民生活水平。20世纪70年代末，面对日本和欧洲的严峻挑战，美国政府通过放松管制、减税等为产业创新营造宽松环境。80年代着眼于推进美国产业的国际化发展。90年代美国产业政策着眼于产业创新，政府将以技术创新为核心的产业技术政策纳入国家政策体系，制定国家科技发展战略，加快军用经济向民用经济转移，为产业转型升级提供坚实的制度保障。21世纪以来，美国贯彻“保持优势战略”，确保其在研发、制造、贸易方面的世界领先地位。

对美国产业结构演进的数据分析表明，1947—2009年，美国的三次产业在地区生产总值中的地位和结构发生了较大变化。整体来看，第一产业在经济中所占比重逐年下降，从1947年的9.3%下降到1.1%，下降了8.2个百分点；第二产业比重从37.7%下降到21.5%，下降了16.2个百分点；相应地，第三产业比重从53.0%上升到77.4%，上升了24.4个百分点。制造业在第二产业中占据了主导地位，其次是建筑业、电力和采掘业。金融、保险、地产以及专业化的商业服务等服务业在美国第三产业中的地位得到上升。产业部门的创新是经济期增长的一个重要影响因素。显然，第二、第三产业部门中信息服务业、金融业的发展是美国经济长期增长的重要源泉。1947—2010年美国的低附加值第三产业产值占比仅上升2.18%，而高附加值第三产业产值占比则上升19.18%，并且在1985年超过第二产业的占比。美国的第一、第二产业产值总和的占比同期则下降21.38%。这说明真正支撑美国产业结构转型与去工业化的是高附加值第三产业。总体而言，美国战后的产业结构变迁可以概括为去工业化的过程。美国已经正式蜕变为一个依靠第三产业支撑的经济体。

（2）日本

日本是政府主导型市场经济体制国家，“二战”后，其产业转型升级最明显的特征是政府宏观主导。日本产业转型升级大致经历了4个时期。“二战”后经济恢复时期，最初采取了以轻工业、农业二者并重的轻型经济结构，以劳动密集型为主，后来通过重建产业结构、产业结构合理化调整等措施，逐渐摆脱了以第一产业为主的格局，逐渐向第二、第三产业方向迈进。至1955年，日本三大产业结构比例为19∶34∶47；经济高速发展时期，日本产业逐渐由1955年之前的以农业、轻工业为主转为以重化学工业为主。20世纪70年代到80年代中后期，日本经济进入稳定增长期。以技术密集型为主，主要是加配装置产业。90年代起，逐步发展成为以技术密集型产业和服务型产业为主导产业。90年代后期的产业政策开始发生转变：将“创新”作为核心的发展战略，将“日本制造”转变为“日本创造”，实现“产、学、研”有机结合，逐步实行新技术产业化，加大产业结构转型升级的力度，最终促成了日本产业结构升级。

多数学者的研究已经表明，日本产业结构变迁基本按照由第一产业向第二产业，并最终向第三产业发展的典型过程。从产值来看，日本 1955 年第一产业占地区生产总值的比重高达 20%左右，而到 2009 年，这一数字仅为 1.5%左右；第二产业的比重从 1955 年的 19.22%上升至 1970 年的最高点 45.94%，随后呈现下降态势，2009 年降为 27.47%；第三产业的比重则一路上扬，从 1955 年的 47.04%上升至 2009 年的 70.99%。概括来说，日本产业结构变迁与其他发达国家一样遵循第一产业下降、第三产业上升、第二产业先升后降的规律。

（3）德国

德国是“二战”后迅速发展成为世界经济强国利用时间最短的国家。这与其战后产业结构调整的实践与经验紧密相关。德国产业结构一直朝着农业比重不断下降、工业比重也有下降、服务业比重不断上升的方向发展变化。德国三次产业结构的比重变化主要经历了几个阶段：20 世纪 50—60 年代德国工业快速发展时期，德国第一产业比重不断下降，第二产业比重不断上升。到 1970 年，德国第二产业比重已经高达 57.6%。第二产业在国内生产总值中的比重已经大大超过了第一产业和第三产业的产值之和，达到最高值。20 世纪 70 年代后，德国经济快速发展，劳动密集型制造业大量向外转移，使得国内经济产业结构开始发生改变，第三产业比例不断上升，到 1980 年，德国三大产业比重分别为 2.2%、44.8%、53%，第三产业比重不仅超越了第二产业，而且超越了第一产业和第二产业比重之和。20 世纪 90 年代以后，德国开始了以发展新经济产业为核心的产业结构调整，对制造业的过快下降进行了干预，2001 年，德国三大产业结构比值为 0.98∶28.86∶70.16，而到了 2005 年，这一比例为 0.96∶30.4∶68.61，第二产业比重略有上升，第三产业比重略有下降。新一轮产业结构调整处于“再工业化”及“第三次工业革命”的关键时期，其调整将是改善目前经济局面及确定未来经济发展走向的重要一环。与以往三次产业结构调整相比，新一轮产业结构的调整不是对制造业的简单调整回归，而是向高新技术产业、高附加值及新兴产业转移，其中最重要的是新兴能源及生物技术行业。截至 2015 年，德国三大产业比重分别为 0.6%、30.4%和 69.0%，第一产业下降，服务业有所提升。此次产业结构调整可以被视作以绿色、智能和可持续为特征的新科技革命和产业革命。

德国的产业结构调整具有明显的“熊彼特式”创新升级趋势、过高的服务业会加大经济危机爆发的风险以及产业结构调整中服务业呈现就业“黏性”等特点。德国在欧盟中强大的核心地位也决定了德国产业结构的调整会直接或间接地影响欧盟的发展。

（4）综述

综合上述对国外相关发达国家的产业结构演进过程的梳理，可发现其产业变迁均呈现几个主要特点。首先，从工业化的发展基础上，均体现了从“工业化”向“去工业化”的发展路径，最终实现“三、二、一”的产业结构，对比 2015 年数据可发现，发达国家的第一产业基本在世界水平以下，小于 2%，第二产业在世界水平左右，约为 20%，第三产业比例高于世界水平，为70%～75%，最高接近80%（表5.1-1）；其次，实现产业调整的方法主要是通过高新技术产业改造传统产业以达到产业结构调整和升级的目的；最后，在产业结构调整过程中，政府发挥了积极的作用，对帮助产业结构顺应技术和市场发展方向、实现市场经济环境下的产业结构优化起到了重要的推手作用。第三产业具有资源消耗相对较低、环境污染较少、就业弹性较高等特点，是促进产业结构高度化的重要因素。我国的产业结构还需经历合理化和高级化的调整，而上述这些经验都值得我国在产业结构调整实践中借鉴和学习。

表5.1-1 2015年世界、中国及主要发达国家产业结构比例 单位：%

国家	第一产业	第二产业	第三产业
英国	0.7	20.2	79.1
德国	0.6	30.4	69.0
日本	1.1	28.9	70.0
美国	1.1	20.0	78.9
法国	1.7	19.5	78.8
世界	3.8	27.1	69.1
中国	9.0	40.5	50.5

5.1.2 典型城市群的产业结构特征

近年来，城市集群发展模式正在逐渐取代传统的单一城市发展模式，成为区域发展的新基本单元。相比单一城市，城市群则是城市发展的高级形态，更有利于区域资源的整合与优化配置，进而提高资源利用效率，不断降低社会经济发展成本，对周边的影响力与带动作用更大。

目前，美国大西洋沿岸、北美五大湖、日本太平洋沿岸、欧洲西北部以及英国中南部是发展较好的5个典型城市群，已经成为区域发展的中心。这些典型城市群的社会经济与产业结构既呈现出共性又有特性，在一定程度上反映了优秀城市群产业结构的普遍特点，其发展经验可以为京津冀区域产业结构优化提供很好的借鉴。

（1）城市群的核心城市集聚了发达的生产性服务业

单个城市社会经济发展到一定程度后，第一、第二产业比例下降，第三产业比例上升，制造业等生产企业在产业发展中的份额将逐步萎缩，但不足以吸引大规模的生产服务业集聚。但城市群中的核心城市则不同，城市群内的次级城市已经承接转移了第一、第二产业，核心城市仍能吸引生产性服务业的不断集聚，其原因就是以金融、保险、研发、商务等为代表的生产性服务业需要依赖城市群中大规模的生产企业而生存。

（2）优化传统特色产业和大力发展新兴产业有机结合

在五大城市群中，很多城市都是自工业革命开始依托当地的煤炭、铁矿等资源发展起来的重工业基地，如曼彻斯特、鲁尔区各大城市、五大湖各城市等，当生产资料更新换代之后，它们均及时地调整了产业结构，逐步完成了向新兴工业城市的转变。在产业革命的同时，各大城市群对符合产业体系发展的传统特色产业都进行了继承和优化，如巴黎的时装业，京都的传统陶瓷、纺织业，伯明翰的金银珠宝制造业等，这些特色产业很好地实现了群内各城市产业的差别性和多样性，同时也体现了城市发展对历史的尊重和继承。

（3）城市群总体产业结构呈现横向集聚分类、纵向链化分层的特征

五大城市群都拥有复杂的产业结构，围绕各核心城市的主导产业又在城市群内形成了若干不同的产业集群，相同的产业集群内不同层级的城市产业分工又有所不同。以最典型的日本太平洋沿岸城市群为例，以东京为中心的东京城市群主要的制造业为机械工业和化工业，管理、信息、金融等生产性服务业集聚在东京核心区，而制造业则主要分布在周边的神奈川区和千叶区域，多摩地区分布较多的研发机构和高等学府，主要工业区神奈川和千叶的产业重心也有不同，神奈川地区机械工业更突出，而千叶地区化工业比例更重；以京都、大阪、神户为中心的京阪神城市群的主要制造业为钢铁、造船和纺织，传统的纺织业在京都集聚并在其周围的各个小城镇形成了产业供应链，以名古屋为核心的中京城市群的核心产业是汽车业，群内丰田市及周边地区形成了很好的汽车产业链，而濑户和四日也发展差别产业而成了“陶都”和“炼油中心”。

（4）城市群各城市产业职能分工合理，有效提升了城市群整体经济实力

五大城市群内各个城市的主导产业是不尽相同的，各城市在群内的职能也各不相同。以美国大西洋沿岸城市群为例，纽约的主要支柱产业为金融、保险、广告等生产性服务业，港口用于集装箱运输，扮演着群内金融经济制高点的角色；费城是钢铁炼油造船中心，港口主要负担近海航运；大学城波士顿领军高新技术产业，研发实力强；华盛顿施行单一行政职能，支柱产业是以办公为主的印刷业等；巴尔的摩主导产业是有色金属冶炼，是群内另一个工业制造中心。这种明显合理的产业职能划分有的是靠粗放式的经济自由演化而成（如美国城市群），有的则是在明显的政府作用下人为形成的（如日本城市群），这样分工明细又兼顾合作的产业结构能够避免群内城市产业趋同而造成的无谓内部竞争和资源浪费，同时也有利于资源配置和城市群总体经济实力的提升。

（5）城市群经济以强大的交通运输业为根基

从五大典型城市群的产业发展来看，城市能够得以发展并最终形成城市群，良好的区位优势和发达便利的交通条件是必不可少的发展基础。世界五大城市群几乎占尽了各地区地理条件最优良、配套设施最先进的港口、交通枢纽和国际空港，如美国大西洋沿岸城市群（纽约港、费城港）、五大湖城市群（五大湖便利水运、多伦多港及空港）、日本太平洋

沿岸城市群（成田、羽田、关西空港，东京湾港口群，名古屋港）、欧洲西北部城市群（世界第一大港鹿特丹港）、英国中南部城市群（伦敦空港、利物浦港）等。如果没有如此立体和完善的交通体系，难以想象城市群这一庞大的资源和产品集散地内的要素该如何运转和流通。城市群的港口、空港和陆地运输的吞吐能力和规模设施也能在一定程度上从侧面反映其经济和制造实力。

5.1.3 值得借鉴的经验

产业结构优化是一个动态过程，尽管在各发展阶段和时点上优化的内容不同，但一般主要包括产业结构合理化和产业结构高级化两个方面的内容。产业结构合理化与产业结构高级化有着密切的联系。产业结构合理化为产业结构高级化提供了基础，而产业结构高级化则推动产业结构在更高层次上实现合理化。产业结构合理化的着眼点主要是经济发展的近期利益，而产业结构高级化则更多地关注结构的未来，着眼于经济发展的长远利益。

（1）选择好主导产业

主导产业是经济发展的驱动轮，在它的带动下整个经济才能发展。同时，主导产业也是形成合理和有效的产业结构的契机，产业结构必须以它为核心。主导产业要与本国的经济发展阶段、产业总体结构、技术发展水平和资源条件等国情相符。

（2）大力推进产业的技术进步，加快产业结构高级化进程

技术进步对于形成新的产业分工、刺激需求结构改善、降低资源与能源的消耗、提高社会劳动生产率以及推进产业结构的演进与高级化，都具有决定性的意义。就我国而言，推进产业的技术进步应注重以下几个方面：

①产业技术进步的重点应是鼓励和支持企业自身的技术创新活动，强化现有产业的技术改造，把技术进步的战略重点转移到现有工业技术的现代化方面来。对科技的开发应当重视，但只能有选择、有重点地进行。

②在加工工业中，把大力发展附加价值高、技术密集型工业放在重要位置。优先解决常规能源的开采和技术利用，钢铁和有色金属的冶炼技术，现代石油化工技术，机电产品的设计、工艺及加工技术，大规模集成电路技术，交通运输设备制造技术等。同时，要通过全面推广采用新技术、新工艺、新材料等来推动产业结构的现代化。

③注重发展微电子技术、生物工程技术、新材料技术、宇航技术等高科技产业。

④建立一种有利于技术进步鼓励内生增长的经济体制，使资源的配置更有利于技术进步和技术创新。

（3）深化经济体制改革，为产业结构优化奠定制度基础

就我国而言，产业结构合理化与高级化的进程，是与经济体制的深入改革以及市场经济的完善紧密相连的。经济管理体制存在弊端、市场经济不充分发展是产业结构不协调、

产业结构高级化进程缓慢的根本原因。因此，要通过经济体制改革进一步完善市场对产业发展的调节功能，协调经济改革与产业结构成长的体系，完善以市场竞争为基础的价格形成机制，发挥价格信号对产业结构调整的调节和警示作用。按照现代企业制度的要求对大型企业进行改造，使大中型企业具有转换产品结构和技术创新的能力、动力和压力。要通过产权制度、企业制度、市场体系等方面的改革，把企业推向市场，增强其应变与转换能力。

（4）制定和完善有利于产业结构优化的产业政策

发达国家的经验证明，在推进产业结构优化的过程中，市场的作用和政府的作用并不是矛盾的，而是相辅相成的。

5.2 优化调整存量产能

5.2.1 淘汰落后产能

依据国家发展改革委《产业结构调整指导目录》(2013 年修订本)、工业和信息化部《部分工业行业淘汰落后生产工艺装备和产品指导目录（2010 年本）》，制定并定期调整本地区落后生产工艺装备和产品指导目录。对属于淘汰类的落后产能生产线（工艺装备），列入本地年度任务计划。禁止和严格控制钢铁、水泥、火电、石化、焦化、电解铝等重点行业新增产能，有序退出过剩产能。对限期仍不淘汰的，按照国家和省级有关政策文件，采取惩罚性措施。

①对未按期完成国家下达的落后产能淘汰任务的地区，严格控制国家安排的投资项目，暂停对该地区重点行业建设项目办理核准、审批和备案手续。

②结合产业发展实际和环境质量状况，加严环保、能耗、安全、质量等标准，加大执法处罚力度，将经整改、整顿仍不达标企业列入年度淘汰计划，继续加大落后产能淘汰力度。

③坚决停建产能严重过剩行业违规在建项目。清理产能严重过剩行业违规在建项目，对未批先建、边批边建、越权核准的违规项目，尚未开工建设的，不准开工；正在建设的，要停止建设。要加强组织领导和监督检查，坚决遏制产能严重过剩行业盲目扩张。

5.2.2 产能置换

产能可以由先进技术置换落后技术，同样先进技术之间的产能也可以进行置换，两者的相同点是保持现有产能总量基本不变。先进技术企业之间的产能置换就是在现有企业之间进行相互参股或委托经营权，这样的产能置换做法，更有利于推动企业兼并重组。鼓励企业之间通过彼此交换股权、相互参股、委托经营的方式，是对产能置换政策的创新理解，这种产能置换的方式不受地区的限制，不受企业所有制的限制，从而使得区域市场格局发生变化，市场集中度得以提高。实现企业之间的产能置换势必提升行业的经济效益，化解了因行业产能过剩带来的负面影响，这才是最有效的跨地区产能置换。

2015 年 4 月 20 日，工业和信息化部印发《部分产能严重过剩行业产能置换实施办法》，适用的部分产能严重过剩行业为钢铁（炼钢、炼铁）、电解铝、水泥（熟料）、平板玻璃行业。

5.2.3 清洁生产

对于三次产业，清洁生产需要分别采取不同的措施：

（1）企业深入实施清洁生产审核

针对企业而言，推行清洁生产主要进行清洁生产审核，对企业正在进行或计划进行的工业生产进行预防污染分析和评估。从原材料和能源、工艺技术、设备、过程控制、管理、员工、产品、废物这 8 条途径，通过全过程定量评估，运用投入—产出经济学原理，找出不合理排污点位，确定削减排污方案，从而获得企业环境绩效的不断改进以及企业经济效益的不断提高。针对“2+26”城市的清洁生产方案也是如此。

首先，按照《中华人民共和国清洁生产促进法》《重点企业清洁生产审核评估、验收实施指南》《关于深入推进重点企业清洁生产的通知》《清洁生产审核暂行办法》等相关政策文件的要求，以及“2+26”城市清洁生产审核重点企业名单，对火电、钢铁、化工、水泥、石化、有色金属冶炼、印染等重点行业的强制性清洁生产审核情况进行全面摸底，按照国家陆续出台发布的行业清洁生产评价指标体系进行评价，对未实施的深入进行强制性清洁生产审核，针对节能减排关键领域和薄弱环节，要求采用先进适用的技术、工艺和装备，实施清洁生产技术改造，根据大气污染情况在可行条件下扩大清洁生产审核范围。

其次，除进行重点行业强制性清洁生产外，鼓励各地强制性清洁生产企业名单外的企业，积极开展自愿性清洁生产审核。以国家和各地颁布的清洁生产标准、清洁生产评价体系、单位产品消耗限额与排放标准为依据，开展企业对标，查找生产工艺、装备、管理制度等方面存在的差距，分析原因，提出有针对性的改造方案和措施，引导企业促进技术与管理升级。

（2）推行农业清洁生产

推行农业清洁生产，是指将污染预防的综合环境保护策略持续应用于农业生产过程、产品设计和服务中，通过生产和使用对环境温和的绿色农用品（如绿色肥料、绿色农药、绿色地膜等），改善农业生产技术，提供无污染、无公害农产品，实现农业废弃物减量化、资源化、无害化，促进生态平衡，保证人类健康，实现持续发展的新型农业生产。

5.2.4 重点行业升级改造

（1）确保工业企业达标排放

各地根据主要污染物总量减排要求，调查分析重点领域减排工程设施建设情况。根据火电、钢铁、水泥、焦化等重点行业限期治理要求，强力推进落实火电、钢铁、水泥、平板玻璃等重点行业限期治理方案要求，加快重点行业提标改造。加大涉气企业排查力度，强化对火电、钢铁、水泥、平板玻璃、陶瓷等重点排污企业的监管，督促企业达标排放。

（2）提升工艺装备产品水平

鼓励火电、钢铁、水泥、焦化等重点行业企业加大研发投入，开展先进工艺装备应用性研究，加快高端、优质、高附加值产品开发，实现装备升级、质量提升、产品上档。支持企业技术创新和技术改造，合理引导企业延伸产业链条，提升传统产业核心竞争力。

（3）实施智能制造和绿色制造

鼓励火电、钢铁、水泥、焦化等重点行业企业发展智能制造，加快推进信息化、数字化与制造技术融合发展，提升企业品种高效研发、稳定产品质量、柔性化生产组织、成本综合控制等能力。深入推进绿色制造，加快实施先进适用以及成熟可靠的节能环保工艺技术改造升级，提高废弃物综合治理和利用水平。

5.2.5 “小散乱污”企业治理

根据《京津冀及周边地区 2017 年大气污染防治工作方案》要求，“小散乱污”企业重点是京津冀“2+26”城市范围内的有色金属熔炼加工、橡胶生产、制革、化工、陶瓷烧制、铸造、丝网加工、轧钢、耐火材料、碳素生产、石灰窑、砖瓦窑、水泥粉磨站、废塑料加工，以及涉及涂料、油墨、胶黏剂、有机溶剂等使用的印刷、家具等小型制造加工企业。

①按照“属地管理、分级负责、无缝对接、全面覆盖”的原则，在全面排查“小散乱污”企业及集群的基础上，彻底摸清区域内违法违规“散乱污”企业，逐一登记备案，编制“散乱污”企业清单，并动态更新。

②对“小散乱污”企业分类施策。实行“先停后治”，采取“关停取缔、整合搬迁、整改提升”三种方式。对存在违法违规排污及生产经营行为的企业开展清理整顿。对不符合产业政策、当地产业布局规划，污染物排放不达标，以及土地、环保、工商、质监等手续不全的“小散乱污”企业，依法依规开展专项取缔行动，采取拆除生产设施、断水断电等措施，确保“散乱污”企业整改到位。对于列入整合搬迁至合规工业园区的，按照发展规模化、现代化产业的原则，开展环境影响评价。

京津冀及周边地区大气污染防治强化督察要求不能进行升级改造的企业一律要进行取缔关闭。以“散乱污”企业整治为例，对要关停的企业必须实现“两断三清”，即断水、断电、清原料、清设备、清场地。

5.3 执行产业环境准入

5.3.1 编制环境准入负面清单

实行市场准入负面清单制度，各类市场主体同等待遇，可以大大减少政府行政审批，减轻企业负担，释放市场活力，发挥市场在资源配置中的决定性作用。在综合考虑城市空间管制要求、环境质量现状和目标等因素的基础上，统筹生态保护红线、环境质量底线、资源利用上线的分区管控要求，明确空间布局、污染物排放、资源开发利用等禁止和限制的环境准入情形，建立环境准入负面清单，提出产业发展的环境准入条件。具体包括：

①根据区域资源禀赋和生态环境保护要求，选取单位面积（单位产值）的水耗、能耗、污染物排放量、环境风险等一项或多项指标，作为制定区域行业环境准入负面清单的否定性指标并确定其限值。如果拟发展的行业不满足上述指标的要求，应将其直接列入环境准入负面清单，禁止建设。

②建立包括环境影响、资源消耗强度、土地利用效率、经济社会贡献等指标在内的评价指标体系，对重点行业进行综合评价。对区域资源环境影响突出、经济社会贡献偏小的行业原则上应列入禁止准入类。限制准入类行业应进一步结合区域环境保护目标和要求、资源环境承载能力、产业现状等确定。

③根据环境保护政策规划、总量管控要求、清洁生产标准等，明确应限制或禁止的生产工艺或产品清单。通过列表的方式，提出规划范围内禁止准入及限制准入的行业清单、工艺清单、产品清单等环境负面清单，并说明清单制定的主要依据、标准和参考指标。

④当区域环境质量现状超标时，应在推动落实污染物减排方案的同时，根据环境质量改善目标，针对超标因子涉及的行业、工艺、产品等，提出更加严格的环境准入要求。

5.3.2 严格限制“两高”项目

调查分析石油、化工等“两高一资”行业发展现状及存在的问题，修订高耗能、高污染和资源性行业准入条件，明确资源能源节约和污染物排放等指标。有条件的地区要制定符合当地功能定位、严于国家要求的产业准入目录。严格控制“两高”行业新增产能，新、改、扩建项目要实行产能等量或减量置换。

城市建成区、市辖区禁止新（扩）建石化、化工、建材等行业中的高污染项目，对未通过环评、能评审查的投资项目，有关部门不得审批、核准、批准开工建设，不得发放生产许可证、安全生产许可证。金融机构不得提供任何形式的新增授信支持，有关单位不得供水、供电。

5.4 优化产业布局

5.4.1 划定生态保护红线

生态保护红线是指为维护国家或区域生态安全和可持续发展，根据生态系统完整性和连通性的保护需求划定的需实施特殊保护的区域。划定并严守生态保护红线，是留住绿水青山的战略举措。生态保护红线包括三条红线：

第一条是重要生态功能区的保护红线。指的是水源涵养区，具有保持水土、防风固沙、调蓄洪水等作用。城市发展需要安全健康的水源，这是一条经济社会的生态保护安全线，是国家生态安全的底线，能够从根本上解决经济发展过程中资源开发与生态保护之间的矛盾。

第二条是生态脆弱区或敏感区保护红线。即重大生态屏障红线，可以为城市、城市群提供生态屏障。建立这条红线，可以减轻外界对城市生态的影响和风险。

第三条是生物多样性保育区红线。这是我国生物多样性保护的红线，是为保护的物种提供最小生存面积。红线就是底线，如果再开发就会危及种群安全。

京津冀及周边地区生态保护红线包括水源涵养、生物多样性维护、水土保持、防风固沙、水土流失控制、土地沙化控制、海岸生态稳定 7 大类 37 个片区，构成了以燕山生态屏障、太行山生态屏障、坝上高原防风固沙带、沿海生态防护带为主体的“两屏两带”生态保护红线空间分布格局。其中与大气污染防治直接相关的是防风固沙和土地沙化控制片区。应加强产业政策在产业转移过程中的引导与约束作用，严格限制在生态脆弱或环境敏感地区建设“两高”行业项目；加强对各类产业发展规划的环境影响评价；同时需要进一步明确红线区，联合相邻城市进行联合防护，构筑缓冲区，保护红线区。区域层面上统一部署，严密监控重要位置和拐点附近产业类型的分布和建设。对生态保护红线实施严密监控和严格保护，确保生态功能不降低、面积不减少、性质不改变。

同时，加强规划统筹，优化产业布局，引导产业向重点园区和集聚区集中，形成集约化、特色化的产业发展格局。制定严格的行业、产业分类用地标准，提高土地利用水平。依托原有基础，改造和建设一批特色鲜明的专业化产业园区和集聚区，加强交通、供水、供电等配套基础设施建设，搭建产业集聚发展的重要载体和平台。以科技含量、环保水平、投资强度、吸纳就业能力为标准，积极培育和引进一批龙头骨干企业。完善产业链条，提升产业配套能力，促进关联产业协同发展，打造各具特色的产业集群。

5.4.2 主体功能分区引导产业布局优化

全国主体功能区规划，就是要根据不同区域的资源环境承载能力、现有开发密度和发展潜力，统筹谋划未来人口分布、经济布局、国土利用和城镇化格局，将国土空间划分为优化开发、重点开发、限制开发和禁止开发四类，确定主体功能定位。

京津冀及周边地区属于优化开发区，是国土开发密度已经较高、资源环境承载能力开始减弱的区域，大气污染类型为复合型污染严重区，应重点针对细颗粒物、可吸入颗粒物和臭氧等大气环境污染物进行控制。

依据地理特征、社会经济发展水平、大气污染程度、城市空间分布以及大气污染物在区域内的输送规律，将区域划分为重点控制区和一般控制区，实施差异化的控制要求，制定有针对性的污染防治策略。对重点控制区，实施更严格的环境准入条件，执行重点行业污染物特别排放限值，采取更有力的污染治理措施，包括但不限于分时段限产停产等。

5.5 培育新兴产业

在压减传统产业产能的同时，大力扶持新兴产业。实施新能源及应用示范、信息产业升级、生物产业创新发展、新材料特色产业链壮大、高端装备制造、节能环保技术产业化、新能源汽车示范和新兴海洋产业培育等。“2+26”目标城市应利用现有的优势和基础，挖掘巨大的市场潜力，促进重大环保技术装备、产品的创新开发与产业化应用。扩大国内消费市场，积极支持新业态、新模式，大幅增加大气污染治理装备、产品、服务产业产值，有效推动节能环保、新能源等战略性新兴产业发展。

优先发展现代服务业，完善鼓励服务业发展政策，构建与低碳产业体系相适应的服务业发展体系；积极参与区域经济分工，打造具有较强辐射力的区域性商贸物流中心、生态旅游文化中心、养老休闲度假中心、金融后台服务中心；完善和调整城市商业网点规划，建设市区、县城、农村多层次、多功能的商业服务格局。作为从制造业内部分离出来的新兴服务业——生产性服务业，其本身就是实体经济的一部分，以此为突破口，提升制造业的知识和技术含量，推动实体经济的优化升级，形成新兴服务产业和传统制造业相互依托、相互促进的投资格局。大力推进配套金融、科技研发、商务服务、现代物流的发展，尤其是要发展一些知识型、创新型的现代服务业。结合雄厚的高端制造业等实体经济基础，进一步发展服务、贸易、金融等现代服务业产业。充分发掘和培育不同产业与服务业之间的网络外部性和集聚效应，在它们的彼此增长之间建立正反馈的良性循环。

壮大资源循环利用产业。提升“城市矿产”开发利用水平，推动现有国家“城市矿产”

示范基地提质增效，引导园区（基地）外的规范废弃电器电子拆解企业、报废汽车拆解企业入园发展，促进集聚化、规模化发展。出台促进再生资源利用水平提质升级的指导意见，提高企业技术装备和高值利用水平。推进实施再生资源行业规范条件，引导再生资源产业规范发展。开展国家资源再生利用重大示范工程建设，培育骨干企业。推动重点品种再制造，推进汽车零部件、工程机械、大型工业装备、办公设备等的再制造，继续推进大型轮胎翻新，继续开展机电产品再制造试点，支持再制造企业技术升级改造。建立以售后维修体系为核心的旧件回收体系，规范发展专业化再制造旧件回收企业。推广应用再制造产品，利用互联网、APP 等信息现代化优势，广泛推介各类再制造产品质量及用途，给予公众充分的知情权和选择权，消除公众和企业使用再制造产品的疑虑，鼓励再制造产品，强化政府绿色采购制度，将再制造产品列入采购清单，示范带动绿色消费。鼓励专业化再制造服务公司提供整体解决方案和专项服务。

发展生态农业，减少畜禽养殖、化肥施用以及秸秆焚烧导致的大气污染，主要包括两个方面，一是调整氮肥结构，降低碳酸氢铵施用比例，扩大非铵态氮肥施用比例。大力推广缓控释肥料、水溶肥料等新型肥料的施用。改进施肥方式，提倡氮肥深施，提高机械施肥比例，推广水肥一体化技术。鼓励农村地区实施规模化畜禽养殖，开展密闭负压养殖试点，建设符合区域特点、养殖规模和防治要求的氨排放净化装置。推进畜禽粪便生物处理技术。开展“种养一体”试点，根据种植业规模和土壤环境容量确定养殖规模，实现养殖业废弃物就地处理利用，改良土壤结构，降低大气氨排放，促进农业生产和畜禽养殖废物利用良性循环。二是推进农业秸秆综合利用。首先是大力推进秸秆直接还田利用。推广小麦秸秆粉碎还田，小麦联合收割机加装秸秆粉碎装置。强化玉米秸秆深翻还田技术。推进水稻秸秆快速腐解技术。对秸秆还田的农机装备实施补贴。其次是大力推进秸秆能源化与饲料化利用，重点发展以秸秆为原料的秸秆成型燃料利用。在技术成熟条件下，因地制宜发展以秸秆为原料的农村沼气集中供气工程、秸秆气化等能源化、燃料化利用。推广青贮饲料、压块饲料等技术。发展秸秆基料化利用技术。强化政策引导激励。将秸秆综合利用纳入大气污染防治专项资金重点支持范围，引导建立秸秆综合利用“以奖代补”机制。

6 区域能源结构优化的主要措施

在保障能源安全的前提下，为解决传统能源生产利用方式带来的环境保护问题，有两种途径可供选择：一是加快去煤化进程，转而发展天然气、核能、风能、太阳能等，大幅提高清洁能源、可再生能源比重。而在以煤为主的我国，在未来相当长的时期内，煤炭都将是基础能源，去煤化几乎不可能实现，唯有结合行业及区域特征，大力控制煤炭消费量；二是立足国情，坚持煤炭主体能源地位不动摇，着力推进煤炭清洁高效利用。

应根据气候特点、资源禀赋、经济水平、消费习惯等诸多因素，根据区域自身特点、大气环境问题、产业结构、制约空气质量改善的瓶颈等方面，坚持宜煤则煤、宜气则气、宜电则电、宜新则新、多能互补的策略，科学施策，分步实施，稳步推进能源结构优化。

6.1 发达国家和地区的经验

6.1.1 发达国家和地区的主要做法

（1）新能源和清洁能源替代

1）欧盟

欧盟从 20 世纪 80 年代开始发展可再生能源，1997 年欧盟颁布了《可再生能源发展白皮书》，制定了 2010 年可再生能源要占欧盟总能源消耗的 12%；2050 年可再生能源在整个欧盟国家的能源构成中要达到 50%的宏伟目标。2001 年，欧盟颁布《欧洲议会和欧盟理事会关于在内部市场促进可再生能源发电的指令》，要求欧盟落实到 2010 年可再生能源在其电量消耗中的比例从 1997 年的 14%提高到 22.1%的目标，并要求每个成员国根据该指令提出为实现这一目标所拟采取的措施。随着对气候变化问题认识的加深，欧盟自 2005 年起开始重新评估可再生能源发展的重要性，在过去可再生能源快速增长的基础上，提出了加速能源替代步伐的新思路，发展可再生能源由补充能源向替代能源过渡。2006 年，欧盟在能源绿皮书中提出选定可再生能源长期路线图的建议，加大力度实现现有目标，选择 2010 年必须实现的目标和指标制定新的取暖和制冷标准、制订详细计划，逐渐降低欧盟石油进口依存度，积极推进清洁和可再生能源市场化进程。

欧盟强调应开发自己有竞争力的替代能源。发展可再生能源是欧盟优化能源消费结构的一个中心目标。可再生能源包括风能、水能、太阳能、生物质能和地热能等。可再生能源可以减少二氧化碳的排放量，增加能源供应的可持续性，改善能源供应的安全状况，减少欧盟对进口能源日益增长的依存度。从中长期来看，可再生能源在经济上的竞争力可能不亚于传统能源。各成员国应采取相应的金融措施，如政府补贴、减税、提供资金援助等，刺激可再生能源的开发利用。核能也是一种主要替代能源。目前，核能为欧盟提供的电力超过 1/3，核能不仅供应稳定，而且价格稳定，特别是不排放二氧化碳，核能的发展将从战略上提高欧盟能源供应的独立性。尽管欧盟国家对于是否应当发展核能莫衷一是，但从总体看，核能在欧盟能源结构中的比重是趋于上升的。但欧盟需要很好地解决核废料问题，确保核能的安全度，提高公众对核能的接受度。

2）美国

2007 年国际金融危机席卷全球，加之能源需求增长加快、石油价格波动频发、气候变化问题日益突出等因素的推动，发展新能源和可再生能源再次成为各国能源战略考量的重点。面对保持经济增长以及应对气候变化等挑战，美国政府重新思考其能源发展战略。其中，发展新能源成为美国政府促进经济复苏和增加能源供给的重要举措。2009 年 6 月，美国众议院通过了《2009 年美国清洁能源与安全法案》（ACESA），提出了以发展新能源为核心，进一步推动节能和提高能效的能源战略框架。该法案明确阐述了其立法的目标，即“创造数百万新的就业机会来推动美国的经济复苏，通过减少对国外石油的依存度来实现美国的能源独立，通过减少温室气体排放来减缓全球变暖，最后过渡到清洁的能源经济”。

ACESA 的主要内容分为四个部分：第一，清洁能源。包括可再生能源和节能发电标准、碳捕获与碳封存、清洁交通、发展智能电网等内容。法案要求电力供应商每年必须按照一定比例供给可再生能源电力，到 2020 年电力供应中 15%以上须来自可再生能源，5%以上来自节能。第二，能源效率。进一步提高了建筑能效标准、照明和电器能效标准、交通能效标准及公共部门的能效等。建筑标准要求新建的商用和民用建筑能效提高 30%。到 2020 年，电力零售商通过实施新的能效标准达到累计节能 15%的目标。第三，减缓全球变暖。建立温室气体排放限额和交易体系，逐步减少温室气体排放量。具体目标为：相对于 2005 年的排放水平，到 2020 年削减 17%，到 2050 年削减 83%。第四，向清洁能源经济转型。主要措施包括：确保工业部门实现真正的减排，对消费者实施援助，出口清洁技术等。

在复杂多变的国际环境下，美国通过能源立法顺利实现了能源战略转型，其能源政策和能源战略的重心主要经历了三个方面的转变：第一，前期的能源政策着力于石油进口渠道的多样化和确保运输通道的顺畅，后期则把重心放在了开发可再生能源和替代能源方面，从根本上降低对石化能源的过度依赖。第二，能源政策前期重视提高传统能源的能效，而后期主要通过推动技术进步实现全社会节能，同时也更加关注环境问题。第三，对待气候变化问题的态度存在时代特征，小布什政府消极应对，奥巴马政府积极承诺减排义务，大力发展清洁能源，后期成为应对气候变化的倡导者，而特朗普政府则对气候变化持怀疑态度并退出《巴黎协定》，大力支持传统化石能源，美国态度发生了巨大波动。

3）日本

1956—1973 年，日本鼓励海外石油开发、扩大石油进口，努力提高国内能源供应能力。通过实施一系列鼓励政策，到 1973 年，一次能源结构中石油的比重达到 77.4%，其中进口石油在一次能源中的比重高达 75%，煤炭的比重下降到 15.5%。这一时期，石油在一次能源结构的比重迅速提高，使日本实现了一次能源结构从以煤为主向以油为主的转变，但同时也使日本经济对进口石油的依赖程度大幅提高，一次能源对外依存度达到 88%左右，且进口石油主要来源于中东，加大了日本能源稳定供应的风险。

日本在关于新能源开发这一中长期课题上，于 1974 年制订了以 2000 年为目标的“阳光计划”，旨在经过数十年的努力，开发新型环保能源技术，从而部分解决日本能源的需求问题。

第二次石油危机时期（1973 年第 4 次中东战争和 1979 年的伊朗政变）的石油价格暴涨，严重打击了高度依赖石油的日本经济，日本能源政策开始由单纯依靠能源（主要是石油）进口提高能源供应能力转变为加强石油储备、鼓励能源多元化、积极推行节能并举，确保能源稳定供应。日本政府于 1980 年制定了《促进石油替代能源的开发和导入的相关法令》（即《石油替代能源法》），以此为基础，同年日本政府通过了《石油替代能源的供给目标》。另外，为了综合促进大型的石油替代能源的技术开发，同年还设立了新能源产业技术综合开发机构（NEDO）。通过出台“电力能源三法”、启动“阳光计划”、制定《石油替代能源法》等，大力推动核电的开发，加大太阳能、风能、地热能等新能源技术的开发和利用，鼓励天然气进口，积极推进能源供应多元化。

通过采取一系列措施，到 20 世纪 80 年代末期，石油在日本一次能源供应结构中的比重由 1973 年的 77.4%下降到 57%左右，下降了约 20 个百分点；天然气在一次能源结构中的比重由 1973 年的 1.5%提高到 10%左右，提高了约 8 个百分点；核电在一次能源结构中的比重由 1973 年的 0.6%提高到 9%左右，提高了约 8 个百分点，核电占全部发电量比重达到 1/3；太阳能、风能等新能源在一次能源结构中的比重由 1.0%提高到 1.3%，尽管上升幅度不大，但技术开发取得明显进展。

4）德国

德国一直重视可再生能源的发展，尤其是 2011 年日本福岛核事故后，德国政府重申了废除核电的决心。为完成能源转型、减少温室气体排放，德国政府决心去除核电，大力发展可再生能源，使其替代化石燃料成为最主要的能源供应。现在舆论质疑德国能源转型计划，德国可再生能源价格高昂，大力发展可再生能源似乎会对经济产生不利影响。但是从德国近年来的产品来看，竞争性依然强劲。相比较美国一直依赖经济性的能源来看，依靠可再生能源的德国的竞争力并没有减弱，德国将依靠可再生能源来增强国家竞争力。

（2）提高能效与节能

1）欧盟

欧盟很早就意识到在未来的“绿色经济”和“低碳时代”中，能源效率技术的创新和政策的制定将决定欧盟未来的经济地位和竞争实力，欧盟必须发挥“超国家”的制度优势，聚合欧洲力量，在环境保护制度和能源效率领域走在世界前列，为此欧盟提出了一系列能源效率及相关的政策措施。欧盟提高能源效率的政策主要有两种形式：一是出台指令，对成员国提出政策目标或措施要求，由成员国转为国内立法实施；二是在权力范围内，出台一系列有利于提高能效的相关政策，包括能效标识和标准制度、节能自愿协议、财税政策和技术研发政策等能效政策。

在欧盟委员会通过 2006 年“新能源绿皮书”之前，欧盟已经开始重视能源效率的提高。如 2005 年 6 月，欧盟委员会就发表了题为《能源效率——用较少的资源办更多的事》的绿皮书，试图通过提高能源效率，在不增加能源消耗和环境代价的前提下，应对能源的挑战。据欧盟的估计，采用高效低耗方式，可使目前欧盟国家能源消耗总量降低 20%，这相当于德国和芬兰的能源消耗总量，每年可以节约 600 亿欧元，平均每个家庭节约 200～1 000 欧元。2006 年欧盟“能源绿皮书”在这方面设定的目标是：到 2020 年实现节约能源 20%。主要措施包括提高建筑能效、利用金融手段和机制、鼓励投资、加强交通节能、在欧洲范围内启动“白色证书”系统、提供更多的能源性能信息、制定最低标准。

2）美国

《2005 年能源政策法案》标志着美国正式确立了面向 21 世纪的长期能源政策，这成为美国能源政策的一个重大转折点。该法案的核心是节约能源、加快能效技术研究、提高能源利用效率、扩大可再生能源的生产和使用，以期缓减长期供给紧张和能源价格上行的压力。该法案的基本目标仍是确保安全、稳定、清洁的能源供给。2007 年美国总统布什签署《能源独立和安全法案》，拉开了美国能源改革的序幕。不同于《2005 年能源政策法案》，该法案更加注重节能和可再生能源推广，对美国国内的节能技术研发和生产投入起到了重要推动作用。该法案共包括八个部分，节能减排是整个法案的核心内容之一，这一点从新出台的燃油标准和可再生燃料推广均可以得到体现。美国是世界上汽车保有量最多的国家，汽车节能是实现节能目标的关键环节。《能源独立和安全法案》出台的汽车能耗标准规定到 2020 年，美国汽车工业必须使汽车油耗比法案颁布时的水平降低 40%，这也是 1975 年以来美国国会首次通过立法提高汽车油耗标准。

美国希望《能源独立和安全法案》能有效提高国内能源效率并实现节能目标，并通过节能提效以及可再生能源的推广来保持美国的能源独立性，确保国家能源安全。在环境保护方面，该法案将减少温室气体排放置于更加突出的位置，提出了加快“碳捕捉”和“碳封存”技术研发，以及推广清洁环保新能源，有利于实现“向社会提供安全、可靠、清洁能源”的战略目标。

3）日本

在通过石油危机认识到能源节约的重要性的同时，日本政府开始从法律制度的完备等各个方面推进能源节约政策。在法律完备方面，于 1979 年制定了《关于能源使用合理化的法令》（即《节能法》），主要措施包括：①调整产业结构，限制或停止高能耗产业发展，鼓励高能耗产业向国外转移；②制定节能规划，规定节能指标；③对一些高能耗产品制定严格的能耗标准等。同时协助推进民间机构节能技术的研究开发。使日本在能源的高效实用方面达到了世界先进水平。

1973—1990 年，日本能源强度下降 81.3%，年均下降 8.9%。1990 年日本能源强度仅为美国的 44%，节能取得显著成效。

4）德国

东西德合并推动了东德落后重工业的淘汰和能源利用效率的升级。1989 年东西德合并是德国煤炭消费历史轨迹上的一个重要时间节点。东西德在合并时，西德花费大量人力物力淘汰东德的落后产能并提升其工业系统能源效率，落后产能被淘汰，德国总体能源效率提高了约 24%，工业用煤量也大幅下降。据估计，东西德合并后的 10 年间，德国煤炭消费量下降了 40.7%，工业部门耗煤的大幅减少是主要原因。德国当初的付出得到了回报，在保持经济增长的同时降低了对煤炭的依赖，实现了经济绿色高效发展。

（3）煤炭清洁利用

1）美国

美国能源部制订的“21 世纪梦想”能源计划显示，煤炭将是美国未来主要的能源。煤炭在保障能源安全尤其是电力安全方面仍占有重要地位。自 1986 年推出“洁净煤技术示范计划”之后，美国政府逐渐加大对煤炭资源清洁化利用的支持力度。2001 年以来，制订了“煤炭研究计划”（CRI）、“清洁煤发电计划”（CCPI）及清洁煤技术应用的未来发展路线图及实施步骤。2002 年，布什总统提出了一项为期 10 年、总投资 20 亿美元的洁净煤创新技术示范项目，开始了新一轮洁净煤发电计划。2003 年，美国能源部又提出了“未来电厂计划”，由政府部门与私营机构及国际组织共同投资 10 亿美元，在 5 年内完成设计、建造一座零排放的煤基发电厂。2005 年 8 月，布什签署了《2005 年能源政策法案》，按照要求，政府将继续支持煤炭清洁利用方面的技术研发，此后 10 年美国政府将拿出

100多亿美元加强能源基础设施建设，其中用于煤炭清洁燃烧技术研发的就达20亿美元。2006年，美国能源部编列7.599亿美元财政预算用来发展化石能源，其中的2.86亿美元用于“煤炭研究计划”、0.5亿美元用来发展洁净煤示范项目、0.18亿美元用于“未来电力计划”——建立世界上第一个煤基零排放氢能发电站。奥巴马政府也认识到煤炭在美国未来能源中所扮演的重要角色，力主依靠能源技术将煤炭作为清洁能源的选择之一，并计划使美国成为一个依靠清洁能源和国内能源的国家，努力保障能源安全与应对全球变暖。从政策走向来看，美国政府决策层认为只要控制好供应量，煤炭的开发利用就能够缓解国内能源安全压力；如果片面地将煤炭排除在能源计划之外，将会给国家能源安全带来难以估量的风险。

2）澳大利亚

对于煤炭资源大国澳大利亚来讲，其燃煤发电量占国内发电量的80%以上，煤炭的大量开发利用使澳大利亚成为全球人均污染最严重的国家之一。为此，澳大利亚政府在20世纪90年代开始注重发展能源技术，重视煤炭资源的清洁化利用与环境保护。2004年，政府公布的《保障澳大利亚能源之未来》的能源政策白皮书包含了能源安全、气候变化、环境与能源、技术革新以及发展清洁能源等重要内容。2006年，修订后的能源政策白皮书强调了多样化能源供给、加大前沿技术和清洁能源技术的投资等内容。2007年，澳大利亚加入《京都议定书》，促使该国进一步发展清洁能源，减少温室气体排放。吸引能源投资和大力发展清洁能源已成为澳大利亚当前能源政策的主旋律。目前，在清洁煤技术开发与应用方面，澳大利亚走在世界前列，相关技术取得重大进展：其一是开发地下煤炭气化技术（UCG），可以减少传统燃煤发电中一半的二氧化碳排放量；其二是开发适合于澳大利亚国情的整体气化联合循环（IGCC）发电技术，该技术可将燃煤发电效率提高到43%，而传统的煤粉燃烧发电效率约为37%。

3）日本

日本长期以来一直以石油为主要一次能源，但消费的石油全部依靠进口。为摆脱对石油的过分依赖，近年来日本开始较大幅度地增加煤炭的消费量，将以煤代油作为日本能源的基本政策之一。但日本的环保要求十分严格，增加煤炭消费量的关键是控制燃煤污染。因此，日本在1992年制定的第9次煤炭政策中规定，洁净煤技术是日本煤炭科研的重点。1995年在新能源产业技术综合开发机构内组建了一个“洁净煤技术中心”，专门负责开发煤炭利用技术。2006年5月，日本在出台的新国家能源概要中明确提出，要促进煤炭气化联合发电技术、煤炭强化燃料电池联合发电技术的开发和普及。

日本的煤炭清洁利用技术发展目标是保障煤炭的稳定供应，提高燃煤发电的比重，又不使排污超标。日本的洁净煤技术开发从内容上分为两部分：一是提高热效率、降低废气排放，如流化床燃烧、煤气化联合循环发电及煤气化燃料电池联合发电技术等；二是进行煤炭燃烧前后净化，包括燃前处理、燃烧过程中及燃后烟道气的脱硫脱氮、煤炭的有效利用等。

上述技术的发展使日本煤炭发电的效率从 1997 年的 38%提高到 54%，二氧化碳的排放率降低了 10%。由于煤炭清洁利用技术有了较大进展，并且煤炭相对于其他化石能源具有价格和储量等方面的优势，日本煤炭的消费比重在今后仍将呈上升趋势。

（4）实施碳排放权交易

美欧日等发达国家和地区自 20 世纪 70 年代以来相继提出了两类有利于实现能源消费总量控制的政策和承诺：一类是碳排放总量控制目标；另一类是节能量目标，如欧盟设定的能源消费总量上限（20%），以及意大利、法国等欧盟国家和美国部分州提出的能效配额目标。在碳总量控制目标下，它们形成了相应的交易市场即碳排放交易体系和节能量认证交易体系。

1）欧盟碳排放交易体系

欧盟碳排放权交易体系（EU ETS）于 2005 年 1 月 1 日正式启动生效，也是世界上首个国际性的排放交易体系。该体系主要有如下几个特征：

①该体系属于总量交易（cap-trade）。所谓总量交易是指在污染允许排放量范围内，各排放源之间以货币交换的形式互相调剂排放量。其具体实践方法是：排放体系成员国首先设置一个排放量的上限，然后向纳入排放交易体系的产业和企业分配一定数额的排放许可权欧洲排放单位。实际排放量少于排放许可量的企业可以将剩余排放权进行市场交易；反之，企业就必须额外购买排放权以避免受到政府的处罚。

②采用分权化治理模式。所谓分权化治理模式是指纳入排放体系的成员国具有相当程度的自主管理和决策权，这样做可以在总体实现减排目标的同时，考虑各成员国的实际情况，有效平衡成员国的相关利益，避免或者减少成员国之间的利益冲突。

欧洲基于市场的节能认证交易体系——白色认证体系于 2006 年颁布实施。白色认证体系与可再生资源中的绿色认证体系相呼应，其基本思路是政府为发电商、电力企业和天然气公司等能源供应商制定节能目标，而能源供应商需在规定时间内对能源用户实施能效政策以达到节能目标，当然如果某一能源供应商觉得有可能不能完成本公司目标，可以去市场购买其他供应商除完成本公司目标还剩余的节能量白色证书以完成目标；而那些到期未完成节能目标的能源供应商将受到处罚，这些处罚将超过购买同样数量白色证书所需花费（秦海岩、张华和李承曦，2010）。

2）美国碳排放交易体系

①RGGI。

区域温室气体计划（Regional Greenhouse Gas Initiative，RGGI）是以州为基础的区域性交易体系，也是美国首个以市场为基础的温室气体排放交易体系，覆盖康涅狄格州、特拉华州、缅因州、新罕布什尔州、马萨诸塞州、纽约州、新泽西州、马里兰州、罗得岛州和佛蒙特州（新泽西州于 RGGI 第一阶段结束后退出）。该体系只针对电力行业的二氧化碳排放，对于电力行业，纳入的是年排放量超过 25 000 t 二氧化碳当量（CO_2 e）的发电设施。

RGGI 的减排计划分为两个阶段，第一阶段是 2009—2014 年，目标为保持区域排放总额及各州排放总额不变；第二阶段是从 2015 年开始，各州年排放量每年递减 2.5%，到 2018 年将在原基础上减少 10%。RGGI 的运作模式可以分为两个层次：一级市场主要是二氧化碳配额的拍卖；二级市场主要是二氧化碳配额的交易，外加灵活履约的抵消机制。RGGI 分配二氧化碳的主要方式是以州为单位，通过每个季度的配额拍卖来实现。在配额的初始分配上，首先各成员州根据其在 RGGI 项目中的限排份额获取各自配额，然后再通过拍卖将配额分配给控排企业。对于电力行业，90%的配额都将通过季度拍卖分配。拍卖系统是以 RGGI 的网络为媒介，采用单轮竞价、统一价格、密封投标的拍卖方式，并由独立的监控机构监视整个程序。在 RGGI 体系中，虽然允许使用抵消信用，但是目前 RGGI 允许的 5 种减排项目类型并未包含新能源及可再生能源发电企业。

②加州碳交易机制。

加州碳交易机制覆盖了加州 85%的温室气体排放，所覆盖的气体除包括《京都议定书》所规定的 6 种温室气体外，还包括 NF_3 和其他氟化物。对于电力行业，纳入的是年排放量超过 25 000 t 二氧化碳当量（CO_2 e）的发电设施。

为了鼓励新能源电力的发展，加州设立了自愿可再生电力储备账户（Voluntary Renewable Electricity Reserve Account），每年分配一定比例的免费配额给可再生电力企业。2013—2014 年的比例为当年配额预算的 0.5%，2015—2020 年为当年配额预算的 0.25%。

对于电网企业，在加州碳交易机制中并未被纳入，但是其每年可分得一定数量的免费配额。配电企业所获得的所有免费排放配额都必须在市场上拍卖且拍卖所得必须全部用于补贴电力消费者。

6.1.2 值得借鉴的经验

（1）大力支持新型能源和可再生资源的开发利用

我国能源结构以煤为主，大力推动新能源和可再生资源的开发利用、调整能源结构、降低能源消费总量显得尤为重要。应合理开发新能源及可再生资源，逐步替代高污染的化石能源，使能源消费结构逐步优化。

（2）提升洁净煤生产工艺水平，促进煤炭资源的清洁利用

首先，继续增强对优质煤炭资源的勘探、开发利用力度，增加优质能源的比例；其次，提升洁净煤生产工艺水平，促进煤炭资源的清洁利用，加大洁净煤技术开发和研究的资金

投入。大力推动洁净煤生产工艺水平的升级工作，促进煤炭资源的清洁利用既是立足于我国基本国情，也是我国经济社会环境统筹发展的必经之路。应绿色开发煤炭，建设清洁煤电，开发煤炭清洁转化技术。

（3）优化产业结构，推动新型工业化发展

新型工业化，就是坚持以信息化带动工业化，以工业化促进信息化，就是科技含量高、经济效益好、资源消耗低、环境污染少、人力资源优势得到充分发挥的工业化。推动新型工业化的快速发展符合能源结构优化的要求。通过发展低能耗、低污染的产业和企业，带动清洁能源、可再生能源以及节能技术的发展。

应加快推进产业结构优化，大力发展能耗低、产值高的第三产业，形成以高技术产业为先导、基础产业和制造业为支撑、服务业全面发展的产业格局，走科技含量高、经济效益好、资源消耗低、环境污染少、人力资源优势得到充分发挥的工业化道路。

（4）促进节能技术装备的研发与应用，节约能源，提高能效

通过政策引导、经济激励等手段，扶持节能技术装备产业的发展，促进节能技术的发展，从而节约能源。注重能源开发与生态环境协调发展，建立高效能源、清洁能源的合理补偿机制，拓展新型的节能技术发展空间。

（5）加强能源管理，完善管理机制

进一步深化管理体制改革，统筹协调各方利益，完善发展规划和调控措施，尽快建立科学决策、管理规范、监督有力的体制。尤其要加快政府职能转变，加快政策和信息引导服务，加强能源资源开发管理的体制改革创新，进一步规范市场行为，建立符合市场经济规律的资源配置机制。加快转变能源发展方式，推进能源企业兼并重组，发展大型企业集团，淘汰落后产能，依托科技进步，提升行业整体水平。

（6）进一步深化能源市场化改革，完善能源价格管理制度

深化能源市场化改革，充分发挥市场配置资源的基础性作用，有利于能源的分配和利用，优化能源结构。首先需要完善能源市场价格改革，进一步放开能源市场价格管制。可以从坚持市场导向、坚持节约优先、统筹规划、完善能源法律制度、完善能源市场体系等方面进行。

（7）使用能源税、碳交易等经济手段引导能源消费倾向

能源税以及碳排放权交易等经济手段可以对企业的成本和收益产生影响，从而影响企业的能源消费决策，引导其能源消费倾向。

6.2　煤炭减量化与清洁化

6.2.1　控制煤炭消费量

（1）削减煤炭消费绝对量

煤炭总量控制是未来能源结构优化中不可或缺的手段，区域煤炭消费控制更是实现大气污染防治的根本方法。在煤炭利用技术尚未体现优势的前提下，削减煤炭消费绝对量，是各区域调整能源结构、防治大气污染的首要选择。

削减煤炭消费绝对量，涉及区域资源禀赋、自然条件及经济发展状况，因此在制订煤炭消费削减计划时需多方面综合考虑。确定煤炭削减目标及配套措施均是关键性环节。煤炭替代主要由淘汰非电行业落后产能、清洁取暖改造、燃煤锅炉集中整治、非化石能源开发利用、城乡居民散煤替代、节能改造项目、用能权有偿使用和交易、其他煤炭削减或替代措施等途径来实现。因此，在现状调查分析基础上，准确地确定削减目标是非常重要的。

（2）控制重点行业煤炭消费量

2016年，我国从行业层面正式开始煤炭减量工作，对以火电为主的行业进行了用煤规定。而针对京津冀及周边地区的城市，尤其是以工业为主的城市，重污染行业所带来的大气污染则使得重点行业的煤炭控制不可缺少。

控制行业煤炭消费量，需要考虑煤炭用量与强度分析，然后结合行业污染物排放状况，建立行业煤炭消费与大气环境质量之间的关系，再结合行业排污许可，明确行业煤炭消费量目标。具体措施包括以下几个方面：

优化产业结构，削减煤炭消费需求。在电力、钢铁、化工、建材等行业再淘汰一批能耗高于全国平均水平的低效产能，严格限制水泥、钢铁、化工、化纤、造纸、纺织等高能耗、高污染行业规模。

深化重点行业节能改造。实施煤电节能减排升级与改造行动计划，对现役燃煤发电机组进行节能增效和环保提标改造，供电煤耗达到全国同类机组先进水平，全部实现超低排放。开展重点行业能效对标活动，实施炼焦、化工、水泥等高耗煤行业节能改造。加强重点行业用能监管，采用目标考核制度，对未完成年度煤炭削减目标的单位进行审计，限期整改。

6.2.2　促进煤炭的清洁高效利用

（1）散煤治理管控

散煤治理的切入点包括散煤替代及煤炭集中利用，其中散煤替代技术主要有优质煤替代、电能替代、天然气替代、地源热泵替代、沼气及生物质替代、使用节能环保型燃煤采暖炉具等。

在推进民用散煤治理过程中，应坚持“清洁能源替代优先、清洁煤兜底”的基本思路，坚持以保障群众温暖过冬为第一原则，提高城镇集中供热率，具备条件的城中村、城郊和农村加快推进气代煤和电代煤。在不具备替代条件的农村和山区采用洁净煤和适配炉具作为过渡性方案，实现洁净型煤替代全覆盖。可以建立洁净型煤配送网点。每个洁净型煤配送网点，都需要掌握所负责区域的洁净型煤用户量与使用量，并及时反馈给洁净型煤生产企业。洁净型煤生产企业按照“厂家配送、运煤到户、封闭运行”的原则，将洁净型煤按时按量直接配送到用户家中，有效减少成本投资，避免二次污染。目前应当引起重视的问题是，在低补贴政策之下，在居民支付能力相对较弱的地区冬季可能面临“返煤”或“逆替代”的挑战。

散煤最终将被电能、天然气、太阳能和地热等清洁能源替代，过渡时期需要采用清洁煤替代措施，降低大气污染物排放量。通过对各项散煤替代技术进行综合评价研究，可发现对于实现民用散煤的清洁化，各技术的综合评价排序为：集中供暖＞优质无烟煤替代＞生物质成型燃料替代＞洁净型煤替代＞推广高效节能炉具＞民用洁净焦替代＞兰炭替代＞以气代煤＞以电代煤。

在我国当前的发展和技术水平下，集中供暖是实现我国民用散煤清洁化的最有效技术，优质无烟煤替代、生物质成型燃料替代、洁净型煤替代、推广高效节能炉具相辅相成构成的多元化民用洁净煤体系是实现民用散煤清洁化的现实选择。民用洁净焦炭、兰炭可作为储备技术而发展。以气代煤、以电代煤则是我国民用散煤清洁化的必然发展方向。

可采取的主要手段包括：①制订系统的散煤治理行动计划；②强化煤炭生产消费全过程管理，强化生产源头管控、经营过程监管及末端使用指导，阻断劣质煤流通使用；③提高煤炭洗选率，建设全密闭煤炭优质化加工和配送中心，通过选煤、配煤、型煤、低阶煤提质等先进的煤炭优质化加工技术，逐步形成分区域优质化、清洁化供应煤炭产品的布局；④推动煤炭集中利用，推广热电联产集中供热等用能形式；⑤加强建筑节能，降低房屋用能强度等。

（2）使用民用清洁燃烧炉具

传统老式炉具都是从扒灰口进风，燃烧不充分，造成排烟、灰尘较多，清洁燃烧炉具最明显的改进是增加了二次进风，通过给上炉口再配一次氧气，将燃烧过程产生的烟气二次燃烧，使燃烧更充分，减少污染排放。清洁燃烧炉具热效率高，通过科学设计，使燃烧更充分，减少热损失，提高热效率。例如，有的设计增加了储料仓，针对能适用生物质压块、型煤、优质低硫煤等燃料，储料仓能够自动将燃料滑落到炉膛内，炉膛内在持续给料时不会缺氧，不会有浓烟。通过推广高效清洁燃烧炉具，能够有效解决部分农村厨房烟熏味重和秸秆乱堆乱放等问题，使农户厨房、庭院变得干净，炊事取暖方便快捷。

（3）洁净煤应用

在节约煤炭消费量的同时，加强煤炭的清洁高效利用是大气污染防治的重要手段之一。一方面加强煤的清洁转化及使用；另一方面加强煤炭利用的清洁处置。①推广低硫低灰分优质煤的使用，以优质煤代替劣质煤；②发展配煤供应，提高配煤质量；③限制高硫高灰分煤炭的开采，扩大煤炭选送加工；④在目前不能使用清洁能源的用户中，推广使用型煤；⑤工业锅炉、窑炉逐步用洁净气体（或液体）燃料、型煤替代散烧原煤；⑥开发使用高效除尘器和低氮燃烧器，提高锅炉燃烧效率；⑦推广安装脱硫净化装置；⑧开发利用高效燃烧和烟气净化技术。

（4）优化电力用煤

电力用煤指的是用于燃煤发电的煤炭消耗。煤炭发电，具有利用效率高、污染易集中治理的突出优点，目前国内燃煤电厂大气污染物控制装置基本全覆盖，治理技术总体达到世界先进水平，尤其低氮燃烧等超低排放技术已经得到普遍应用。但相比于美国等发达国家，我国发电用煤占比明显偏低，且煤电产能过剩较为严重，不利于大气污染控制，京津冀及周边地区有同样问题。因此一方面应提高煤炭消费中用于发电的比例；另一方面应大力化解煤电产能，即加快煤电的去产能进程，以此促进煤炭的清洁高效利用。

可采取的措施主要包括：①淘汰煤炭落后产能的同时，加快释放优先产能；②降低发电企业电煤采购成本，强化电煤保供措施；③加强铁路运力调配，优先保障电煤运输，尤其是长期合同电煤的运输；推行煤电一体化开发；④严格控制新建纯凝燃煤机组；加快现有机组节能减排改造，因地制宜改造、关停淘汰煤耗高、污染重的小火电。

（5）缓解能源贫困问题

“能源贫困”是指一些人群不能公平获取并安全利用能源，特别是充足、可支付、高质量、环境友好的能源的状况。能源贫困是发展中国家贫困的标志之一，是世界能源体系面临的重大挑战之一，受到国际社会的高度关注。我国是世界上最大的发展中国家，人口众多，区域发展不平衡，与发达国家相比，我国的能源贫困问题更复杂、更有挑战性和多样性。

京津冀及周边地区作为大气污染防治及能源改革重点区域，其用能水平、用能结构及用能能力体现了其能源贫困状况。解决能源贫困问题，主要可从以下几个方面入手：

①推进阶梯能源价格，调节城乡价格差异。

②统筹区域间能源供给关系，保障能源供给充足。在大范围应用可再生能源技术的同时，统筹省、市间能源发展关系，统筹新能源技术和传统能源技术之间的关系。根据地区实际，对经济条件较好或自然条件优越的地区，推广太阳能、生物质能和地热能等清洁能

源。做到预先规划，如先建设电网等基础设施，再进行能源开发。

③加快新型城镇化建设，借助城镇化契机改善能源贫困状况。通过改善能源消费结构，提高居民收入，优化产业结构，缩小城乡差距，尤其加大对农村地区的能源基础建设投入，大力推广应用屋顶光伏、小风电、沼气综合利用等小型能源设施。

④防止以生态利益换取短期经济利益。京津冀及周边地区的生态环境脆弱地带，应当杜绝拿生态利益换取经济利益的行为，最大限度地发挥消除能源贫困政策的积极作用。

6.3 发展可再生能源

可再生能源包括水能、风能、太阳能、地热能、生物质能、海洋能等。其最大的特点是可以提供可持续性的能量，且相比化石能源，其利用过程产生的污染较小。但风能及太阳能在利用过程中具有时效性，不能保证稳定的供应，需要其他能源进行辅助调节（表 6.3-1）。

6.3-1 非水可再生能源主要利用技术形式及应用区域

品种	利用方式		主要应用区域
太阳能	光热利用	分散式太阳能热水系统	农村
太阳能	光热利用	集中式太阳能热水系统	城市
太阳能	光热利用	太阳能采暖	农村
太阳能	光热利用	太阳能热发电	（实验阶段）
太阳能	光伏利用	太阳能灯	农村
太阳能	光伏利用	分布式光伏发电系统	城区
太阳能	光伏利用	并网光伏电站	农村
生物质能	气化能源技术	户用沼气	农村
生物质能	气化能源技术	大中型沼气集中供气	农村
生物质能	气化能源技术	秸秆气化集中供气	农村
生物质能	生物质发电	垃圾填埋气发电	垃圾处理厂
生物质能	生物质发电	垃圾焚烧发电	垃圾处理厂
生物质能	生物质发电	畜禽粪便沼气发电	农村
生物质能	生物质燃料	固体成型燃料	农村
地热能	浅层地温能供热制冷		城市
地热能	中低温地热水地热供热		部分地区
风能	风力发电		具备资源条件的乡镇

6.3.1 水能

水能最直接的利用方式就是水力发电。水力发电的优点是成本低、可连续再生、无污染。缺点是分布受水文、气候、地貌等自然条件的限制大，容易受地形、气候等多方面的因素影响。华北地区的水能资源在理论蕴藏量、技术可开发量、经济可开发量方面占全国的比重均在 5%左右及以下。从资源禀赋上来看，京津冀及周边地区发展水电的先天优势不足。但河北、山西和邻近内蒙古的部分地区，可与山西和内蒙古等大型能源基地、大型新能源基地配合，发展抽水蓄能电站，建设一批距离负荷中心近、促进新能源消纳、受电端电源支撑的抽水蓄能电站。

6.3.2 风能

风能的利用主要有风能作动力和风力发电两种形式，其中又以风力发电为主。风能转换成电能之后，可以再被工业利用或用于取暖。但大型风电噪声很大，需要建在较为空旷的地区，且受到地理位置及地质条件的限制；风能的转换效率也较低。我国风能资源丰富地区主要为东北、华北、西北地区，“三北”地区风能资源量占全国 90%以上。海上风电资源主要分布在东南沿海，以及黄海、渤海等近海海域。一般风电场应尽可能选择在风能资源丰富、风向比较稳定、风能日变化和年变化较小、气候灾害较少的地区。除北京、天津外，河北、河南、山西、山东四省的陆上风能资源都较为丰富。另外，河北、山东的沿海城市及天津可以发展海上风电。风能在利用过程中最大的问题在于发电量不稳定。由于风速风向是随时变化的，风力发电的电量也随之变化，要保证用户用电的可靠性和稳定性，就需要火电进行调峰，甚至出现“弃风”。

6.3.3 太阳能

太阳能的利用方式较为多样，常见的利用方式包括光伏发电、太阳能聚热系统、被动式太阳房、太阳能热水系统、太阳能取暖和制冷等。但目前的利用方式的能源转换效率较低。我国太阳能资源分布广泛，京津冀及周边地区的太阳能辐射量处于中等水平到较为丰富的区间。其中：河北西北部、山西北部等地处于二类地区，即太阳能资源较丰富地区，年太阳能辐射总量 5 850～6 680 MJ/m^2；山东、河南、河北东南部、山西南部等地处于三类地区，即太阳能资源中等类型地区，年太阳能辐射总量为 5 000～5 850 MJ/m^2。但需注意的是，太阳能在一天各时段中的辐射量不同，且受到天气、地形等条件的限制，发电量也不稳定，需配合其他能源使用。

从太阳能利用方式来看，光伏发电占地面积较大，且具有一定的光反射，需要安装在较为空旷的地区；小型分布式光伏可安装在居民院内或屋顶，限制条件较少；太阳能热水器的应用较为广泛，适用于大部分地区的居民使用。具备光伏建设条件，且屋顶面积达一定规模的新建公共建筑、工业厂房，可安装分布式光伏发电系统。具备建设条件且有生活热水需求的新建建筑，可利用屋顶安装太阳能热水系统。

在资源丰富地区，太阳能适于与其他能源结合，实现热水、供暖复合系统的应用。在条件适宜的中小城镇、民用及公共建筑上可以推广太阳能供暖系统。在农业大棚、养殖场等用热需求大且与太阳能特性匹配的行业，可以充分利用太阳能供热。太阳能资源丰富或较丰富且经济条件允许的地区宜采用太阳能热水供暖技术和主被动结合的供暖技术。经济欠发达地区应优先采用建筑本体节能技术和被动式太阳能利用技术。

太阳能供暖：适合与其他能源结合，实现热水、供暖复合系统的应用，是热网无法覆盖时的有效分散供暖方式。特别适用于办公楼、教学楼等只在白天使用的建筑。

太阳能热水：适合小城镇、城乡接合部和广大农村地区。太阳能集中热水系统也可应用在中大型城市的学校、浴室、体育馆等公共设施和大型居住建筑。

6.3.4 地热能

地热的常见利用方式包括地热发电、中低温地热水直接利用、地源热泵、干热岩利用等。其中，中低温地热水直接利用、地源热泵是最为普遍的利用方式。从地热能分布来看，京津冀及周边地区除山西省外，其余几省（区、市）都有较为丰富的地热资源，但具体分布不均匀。水资源也是发展地热的一大限制条件，尤其是水热型地热供暖方式，需要抽取地下水进行循环，一方面会造成水资源的损失；另一方面也会对水资源造成一定的污染，所以水资源紧张及水环境保护要求严格的地区不适宜开发地热能。目前，浅层和水热型地热能供暖（制冷）技术已基本成熟。浅层地热能应用主要使用热泵技术，可应用范围包括北京、天津、河北、河南、山东等地区。中石化在河北雄县建成的供暖能力 450 万 m^2 的地热供暖“雄县模式”，可供借鉴和参考。

北方地区地热资源丰富，可因地制宜作为集中或分散供暖热源。在经济较发达、环境约束较高的京津冀鲁豫地区，可以推进水热型（中深层）地热供暖，将地热能供暖纳入城镇基础设施建设范畴，集中规划，统一开发。浅层地热供暖可以替代散煤供暖。

中深层地热能供暖：具有清洁、环保、利用系数高等特点，主要适于地热资源条件良好、地质条件便于回灌的地区，代表地区为京津冀、山西、山东、河南等。具备中深层地热资源的地区，要整体规划、集约化开发，尽可能按集中供暖方式建设。

浅层地热能供暖：适用于分布式或分散供暖，可利用范围广，具有较大的市场和节能潜力。在京津冀鲁豫的主要城市及中心城镇等地区，优先发展再生水源（含污水、工业废水等），积极发展地源（土壤源），适度发展地表水源（含河流、湖泊等），鼓励采用供暖、制冷、热水联供技术。

6.3.5 生物质能

生物质常见利用方式包括生物液体燃料、生物质燃气、生物质成型燃料、生物质发电等。生物质能资源广泛，主要有农作物秸秆及农产品加工剩余物、林木采伐及森林抚育剩余物、木材加工剩余物、畜禽养殖剩余物、城市生活垃圾等。其中，农作物秸秆及农产品加工剩余物主要分布在华北平原、长江中下游平原等粮食主产省（区），河北、河南、山东、山西四省的生物质能都很丰富，北京和天津的资源量较小。山东、北京等地区的垃圾清运量较大，具有较大的垃圾发电资源潜力（表 6.3-2）。

表 6.3-2 生物质能转化技术及其主要产品

原料	技术类型	能源产品	用途
农作物秸秆	直燃发电、供热	电力/热力	供电/供热
林业采伐及森林抚育剩余物	气化发电、供热	电力/热力	供电/供热
农产品加工剩余物	固体成型燃料	固体成型燃料	发电/供热/炊事
木材加工剩余物	水解	燃料乙醇	交通运输
畜禽粪便	沼气	沼气/电力	炊事/供电/运输
生活垃圾	直燃发电、供热	电力/热力	供电/供热
工业垃圾	沼气	沼气	发电/供热/炊事
油料/木质纤维	化学法	生物柴油	交通运输

对于天然气管网及热力管网难以到达的乡镇或山区，分散的农村用户更适宜发展生物质能。从农村秸秆综合利用的角度来看，可发展生物质成型燃料及生物质发电（供热），但生物质燃烧装置末端需配套相应的除尘设施。根据《全国农村沼气发展“十三五”规划》，河北、河南、山东为鼓励发展沼气的一类地区，山西为二类地区。这 4 个省都可以在农村推广沼气池，并与农业及畜牧业协同发展。另外，生物质可进行气化，制成生物天然气，再用于供热。生物天然气的利用效率更高，利用方式也更为灵活。

生物质能清洁供暖布局灵活，适应性强，适宜就近收集原料、就地加工转换、就近消费、分布式开发利用，可用于北方生物质资源丰富地区的县城及农村取暖，在用户侧直接替代煤炭。大型养殖场及周边地区可利用畜禽粪便和生物质建设规模化沼气集中供气采暖系统。生物质资源丰富和生物质成型燃料技术成熟的地区，可利用生物质成型燃料进行集中供暖。生物质锅炉有其特殊的适用性，受使用地区生物质成型燃料供应、环境和能源政策等影响，在建设改造时应综合考虑。生物质发电尽可能实行热电联产集中供暖，不具备建设生物质热电厂条件的地区，可推广生物质锅炉供暖或生物质成型燃料。

生物质能区域供暖：采用生物质热电联产和大型生物质集中供热锅炉，为 500 万 m^2 以下的县城、大型工商业和公共设施等供暖。其中，生物质热电联产适合为县级区域供暖，大型生物质集中供热锅炉适合为产业园区提供供热供暖一体化服务。直燃型生物质集中供暖锅炉应使用生物质成型燃料，配置高效除尘设施。

生物质能分散式供暖：采用中小型生物质锅炉等，为居民社区、楼宇、学校等供暖。采用生物天然气及生物质气化技术建设村级生物燃气供应站及小型管网，为农村提供取暖燃气。

生物沼气：以畜禽养殖废弃物、秸秆等为原料发酵制取沼气，以及提纯形成生物天然气，可以用于清洁取暖和居民生活。符合入网标准的生物天然气可并入城镇燃气管网。大中型沼气工程可以为周边居民供气。

6.3.6 可再生能源电力配额制度

可再生能源发电最大的难题是消纳问题，为推动能源生产和消费革命，提高可再生能源电力消纳，促进能源结构调整，国家能源局下发《可再生能源电力配额及考核办法（征求意见稿）》，根据国家可再生能源发展目标和能源发展规划，对各省级行政区域全社会用电量规定最低的可再生能源电力消费比重指标。“2+26”城市可在发展可再生能源发电和促进清洁电力消纳相关规划中参考表 6.3-3 所示的配额指标。

表 6.3-3 京津冀及周边省市可再生能源电力总量配额及非水电可再生能源电力配额指标

单位：%

省市	可再生能源电力总量配额		非水电可再生能源电力配额	
	2018 年配额指标	2020 年预期指标	2018 年配额指标	2020 年预期指标
北京	11	13.5	10.5	13
天津	11	13.5	10.5	13
河北	11	13.5	10.5	13
山西	14	16	13	15
山东	8.5	11	8	10.5
河南	14	18.5	8	13.5

6.4 城市能源系统优化

6.4.1 分布式能源

分布式能源是指在用户所在场地或附近建设安装、运行方式以用户端自发自用为主、多余电量上网，且以在配电网系统平衡调节为特征的发电设施或有电力输出的能量综合梯级利用多联供设施。分布式能源最大的特点就是接近用户端，无论是负荷、生产还是消费方式，都和原来的集中式不一样，配置能源的效率和方式更直接、更高效。分布式能源按供能方式分为直接供电、热电联产、热电冷三联供；按热机类型分为燃气轮机、内燃机、汽轮机等；按系统规模分为楼宇型、区域型、产业型和城市型等。

分布式能源具有能效利用合理、损耗小、污染少、运行灵活、系统经济性好等特点。目前也存在并网、供电质量、容量储备、燃料供应等问题。具有代表性的分布式能源主要有：①将冷/热电系统以小规模、小容量、模块化、分散式的方式直接安装在用户端，可独立地输出冷、热、电能的系统。能源包括太阳能、风能、燃料电池和燃气冷、热、电三联供等多种形式。②安装在用户端的能源系统，一次能源以气体燃料为主、可再生能源为辅。二次能源以分布在用户端的冷、热、电联产为主，其他能源供应系统为辅，将电力、热力、制冷与蓄能技术结合，以直接满足用户多种需求，实现能源梯级利用，并通过公用能源供应系统提供支持和补充，实现资源利用最大化。最为常见的形式为天然气分布式能源，即利用天然气为燃料，通过冷热电三联供等方式实现能源的梯级利用。

6.4.2 多能互补

多能互补是一种能源政策。按照不同资源条件和用能对象，采取多种能源互相补充，以缓解能源供需矛盾，合理保护自然资源，促进生态环境良性循环。多能互补分为分布式多能互补和集中式多能互补。分布式多能互补：面向终端用户热、电、冷、气等多种用能需求，因地制宜、统筹开发、互补利用传统能源和新能源，优化布局建设一体化集成供能基础设施，通过天然气热电冷三联供、分布式可再生能源和能源智能微网等方式，实现多能协同供应和能源综合梯级利用。集中式多能互补：利用大型综合能源基地风能、太阳能、水能、煤炭、天然气等资源组合优势，发展风光水火储多能互补系统。

“多能联动、多热复合、多源合一”是近年来较受推崇的能源利用形式。它可以有效利用各种能源的长处，优势互补，实现能源利用效率的最大化，从而达到事半功倍的效果。在我国农村地区可鼓励使用多种设备相融合的低温空气源、地源热泵、太阳能加辅助能源等系统进行供电和取暖。

国家能源局鼓励多能互补项目的应用和发展，2016 年安排了首批多能互补集成优化示范工程，共 23 个项目，其中，终端一体化集成供能系统 17 个、风光水火储多能互补系统 6 个。从新能源指标、上网电价、并网的便利性等方面给予一定的政策扶持。这批示范工程项目不仅包括风光水火储多能互补系统，也包含终端一体化集成供能系统，可以为目标城市的多能互补整体解决方案提供参考。

6.4.3 能源合理布局

根据国家发展战略，结合全国主体功能区规划和大气污染防治要求，充分考虑产业转移与升级、资源环境约束和能源流转成本，全面系统优化能源开发布局。结合京津冀及周边地区资源禀赋、地理位置及地形条件等特征，可采取科学选址、城乡有别、优化煤炭消费分配、划定高污染燃料禁燃区等能源布局措施。

（1）科学选址

充分考虑京津冀协同发展战略的约束，在满足国土空间开发利用战略格局及主体功能区发展定位的前提下，依据“点轴理论”，通过点与点之间跳跃式配置资源要素，进而通过轴带的功能，缓解区域能源布局的不均衡性，优化能源发展空间布局，提高能源资源配置效率。以环境容量为基础，严格落实“三线一单”管理要求，坚持“点上开发、面上保护”原则，优化布局能源基地及能源通道建设，尽量减少大规模长距离输送加工转化、尽可能依托现有城市作为后勤保障和资源加工基地，避免形成新的资源型城市或孤立的居民点。

以建设现代能源体系为目标，参考北京市“多源、多向、多点”的设施布局策略，按照“保总量、保高峰、保储备”的原则完善管网建设。结合国家能源“十三五”规划中的“五基两带”构想，根据自身能源资源和消费等因素分布现状与趋势，遵循能源工业布局应靠近原燃料地和消费地的原则，结合环境资源承载力，实现能源优化布局。比如能源工业布局在下风向，如有两种盛行风，且方向相反，则布局在两种盛行风垂直方向的郊外；加强垃圾发电选址约束条件分析及环境影响评价，严防布局对生态环境造成不利影响。

（2）城乡有别

结合“十三五”时期城乡基本公共服务均等化发展要求，以实现京津冀一体化发展背景下的城乡发展一体化和新型城镇化的总体要求为前提，有效应对城乡差异，统筹规划，合理布局，突出重点，有序开发，分期推进，实现城乡能源的互联互通。遵循城乡有别的原则，有序布局能源基础设施，坚持集中与分散供能相结合，因地制宜建设城乡供能设施，推进城乡用能方式转变，提高城乡用能水平和效率。结合京津冀及周边地区城乡能源发展特征，按照“先城区、再农村，先平原、再山区”的步骤，分阶段解决城乡能源设施的布局问题，逐步推进实现能源合理布局。

针对城乡差别化的措施包括：①加快城区清洁能源替代，科学发展热电联产，鼓励有条件的地区发展热电冷联供，发展风能、太阳能、生物质能、地热能供暖。②推动农村基础设施提挡升级，加快新一轮农村电网改造升级，力争实现农村动力电全覆盖，加强天然气管网建设，提高农村能源供给能力；推进绿色能源县、乡、村建设，加快农村用能方式变革，推进农村可再生能源开发利用，结合农户需求，逐步形成不同类型、不同特点的农村能源建设新格局，最大限度发挥各地能源资源优势；进一步推进北方地区农村散煤替代，有条件的地区有序推进“煤改电”“煤改气”和新能源利用。③推进平原地区清洁能源发展，加快“煤改电”“煤改气”等管网管道建设；结合区域资源禀赋条件，通过天然气替代、空气源热泵替代、生物质能源替代等多种方式改造山区能源系统，促进城乡能源协同发展。

（3）优化煤炭消费分配

以城市燃煤控制目标为基础，在保障全市能源供应安全前提下，科学制定全市煤炭消费总量控制目标和具体举措，合理确定各区县控制目标，建立健全目标管理责任制和评价考核体系，层层分解、落实责任、严格考核。各区县可将控制目标和任务分解至各乡镇（街道）、重点行业和重点企业，明确煤炭控制主体，强化煤炭控制措施。

根据煤炭消费总量地区分布现状、环境容量和大气污染状况，在保障用电行业煤炭消费项目的前提下，对非电行业新增煤炭消费项目实行地区差别政策。一般来说，非电行业新增煤炭消费项目实行地区差别政策，空气优良天数达标实行等量替代，空气优良天数未达标实行减量替代。

（4）划定高污染燃料禁燃区

科学划定高污染燃料禁燃区，逐步扩大城市高污染燃料禁燃区范围，逐步由城市建成区扩展到近郊市区。基于各区域用能结构特点及大气污染来源，着重强化煤炭禁燃区划定及管理。结合城市煤炭控制目标及散煤治理行动，创新煤炭管控机制，对重点区域采取划定禁煤区措施，建设无煤化片区，以优先突破个别单元为重要着力点，通过行政命令控制的方式，助力实现城市的总体煤炭控制目标。划定禁煤区需依托详细的禁煤计划，并采取相关配套保障措施，如保定、廊坊、淄博等城市在区域划分、项目准入、补贴政策等方面均做了一定说明，根据禁煤行动特点，主要可采取的方式及配套做法包括：

①根据区域能源消费现状及大气环境质量达标情况，结合经济发展需求及环保要求，由城市向郊区逐渐划定禁煤区，按要求禁止新建、扩建、改建燃用煤炭项目，拆除替换已有燃煤设施等，回购煤炭库存。

②统筹安排由城乡区域分级负责禁煤区管理，按照职能落实禁煤计划，查处禁煤区违规运输、经营、使用燃煤行为。

③基于禁煤区经济发展水平及居民收入等状况，各级政府及相关部门划分职责，为禁煤区居民提供取暖、房屋修缮、设施拆改等补贴。

6.5 锅炉改造工程

锅炉是指生产的蒸汽或热水主要用于工业生产或民用的锅炉。它使用面广、需求量大，包括工业用蒸汽锅炉、采暖用热水锅炉、民用生活锅炉、工业企业自备发电锅炉、城市热电联供锅炉、特种用途和余热锅炉等。

6.5.1 锅炉能效提升

（1）淘汰高耗能及小型燃煤锅炉

1）淘汰高耗能锅炉

严格按照工业和信息化部《高耗能落后机电设备（产品）淘汰目录》淘汰落后锅炉炉型。通过热电联产、集中供热以及清洁能源、可再生能源的利用，拆除现有热效率低、除尘效率低的小锅炉。支持小型燃煤锅炉“煤改气”“煤改电”，鼓励浅层地热能、电热蓄能、太阳能和天然气等清洁能源的应用，优化能源消费结构。对不具备集中供热联网条件的大型商场、酒店、医院和写字楼，必须采用电、天然气等清洁能源取代燃煤供能。

2）淘汰小型燃煤锅炉

锅炉的热效率和污染物的生成量与锅炉容量密切相关。小型燃煤锅炉运行效率低、污染物排放量大，是影响工业锅炉能效和环保特性的主要炉型之一；锅炉容量越小，其热效率越低，生成的烟尘量也越多；同时，锅炉的自动化、机械化、仪表化也差，煤炭燃烧不完全，锅炉工作也不稳定。因此，小型燃煤锅炉需淘汰。

3）逐步淘汰老旧能耗高的燃煤锅炉

工业锅炉使用寿命一般在 10～15 年，老旧锅炉的设计热效率本来就低，多数会达不到现有标准的要求。对达到使用寿命的老旧锅炉，10 t/h 以下的首先淘汰，10 t/h 以上的能效测试结果不符合标准的进行淘汰或改造。

（2）更新高效锅炉

1）高效环保煤粉锅炉

煤粉工业锅炉系统的发展主要集中在单台容量 75 t/h（集中供热）以下、高参数（热电联产）和超低排放等方面。未来单台容量 20～40 t/h 的煤粉工业锅炉系统将成为市场热点，工业煤粉锅炉的最佳容量范围应是 10～65 t/h，工业煤粉锅炉适宜于优质煤。

2）流化床锅炉

65 t/h 及以上适宜采用循环流化床锅炉。流化床锅炉适于劣质煤的燃烧。更大容量的锅炉建议采用电站锅炉使用的成熟的煤粉锅炉燃烧方式。

3）水煤浆工业锅炉

当前，水煤浆锅炉主要分布在对排放要求较高且经济基础较好的地区，在当前油价上涨、环保要求高的情况下，水煤浆锅炉是一种既符合环保要求又经济的产品。

（3）节能改造

1）强化燃烧

强化燃烧措施可使燃料充分燃烧，降低固体不完全燃烧热损失和气体不完全燃烧热损失，提高锅炉效率。目前强化燃烧的方法有很多，包括：采用预热空气；合理布置二次风；

富氧燃烧技术；烟气再循环技术；半沸腾燃烧技术等。

2）余热回收

所谓余热，通常是指电厂和各种工业生产过程中释放出来的可被利用的热能。按照来源不同，余热可分为电厂余热、烟气余热、冷却介质余热、化学反应热、高温产品和炉渣余热，以及废气、废水和废料余热等。

过高的排烟温度造成排烟热损失大量增加，严重影响了锅炉的运行效率。在尾部增加受热面，进行余热回收，则可大幅提高锅炉的运行效率。供暖区域内，存在生产连续稳定并排放余热的工业企业，回收余热，满足一定区域内的取暖需求。余热供暖企业应合理确定供暖规模，不影响用户取暖安全和污染治理、错峰生产、重污染应对等环保措施。目前锅炉余热回收的方法主要有：对燃煤锅炉增设省煤器或空气预热器，提高锅炉给水温度或入炉空气温度；对燃油锅炉增设节油器或给水加热器；对燃气锅炉增设冷凝式或半凝式换热器；冷凝水闭式回收；自动排污热能回收装置。

6.5.2 锅炉燃料替代

锅炉燃料替代涵盖两个方面，即通过洁净煤技术实现工业锅炉清洁用煤和燃煤锅炉的油气电化改造。如提高燃天然气、煤层气、页岩气、管道煤气、液化石油气锅炉和燃油锅炉的比重，特别对分散式小型锅炉，建议采用燃油气锅炉和电加热锅炉。

（1）工业锅炉清洁用煤

改善燃煤工业锅炉用煤管理，实现工业锅炉清洁用煤，发展煤炭洗选加工、分类供应，对煤炭的热值、挥发分、灰分、硫含量等指标进行科学分选，对适于不同炉型的煤炭粒度进行分类供应；利用型煤及洁净煤技术，实现工业锅炉清洁用煤，如洗选后的洁净煤、工业固硫型煤、水煤浆、煤气等。

（2）燃煤锅炉燃料改造

1）燃气锅炉

燃气锅炉启停速度快，启停炉过程耗能少，运行自动化程度高，锅炉排放烟尘少，是替代燃煤锅炉的有效措施。随着人工费的提高，冷凝式燃气锅炉产品开发推广应用，使燃气锅炉的效率提高，自动化程度高的燃气锅炉节能效果凸显。但由于燃气价格较高，开户费等配套设施的初期建设投入较大，用户投入产出与煤炭相比有较大价格差别，燃气锅炉的推广使用存在一定的难度，政府应加大支持力度。

2）电加热锅炉

在热力管网覆盖不到的区域，科学发展集中电锅炉供暖。电加热具有锅炉启停速度快，启停炉过程耗能少，运行自动化程度高，不产生锅炉烟尘的优点，利用好峰谷电价电加热锅炉的优势会更加明显。今后将出现智能化的电热管式、电极式、电感式产品等多极化市场格局。学校、医院、宾馆、商场、写字楼及工厂等适合发展电锅炉，但只有在电力过剩的地区方可采用。

3）可再生能源锅炉

通过利用太阳能热力技术，并结合对常规燃煤、燃油、燃气、电、沼气和其他传统能源以及新能源锅炉进行节能减排改造来达到节能降耗减排目的。生物质成型燃料锅炉发电、供热这个模式已经成为我国目前落实“大气十条”、发展分布式可再生能源、替代燃煤锅炉等污染比较严重的供热方式的重要模式之一。生物质供热是具有较强竞争力的工业清洁供热方式，能显著提高能源利用效率，与天然气、轻油供热相比具有明显的成本优势，宜成为工业清洁能源供热方式的优先选择。

4）余热锅炉

利用各种废气、废料、废液中的显热或可燃物质作为热源，从而达到节能提效的目的。余热利用领域的发展主要有 3 个方向：余热利用领域逐渐扩大，新的余热锅炉产品不断出现；余热锅炉向高温、高压和高余热回收利用率方向发展；余热利用向中温、低温方向发展。

（3）中小供热锅炉替代

区域锅炉房的大型供热锅炉的热效率可达 80%～90%，热电联产综合热效率可达 85%。应优先利用现有热电厂供热能力，扩建、改建现有热电厂、规划新建热电厂发展热电联产。

6.5.3 锅炉低氮排放改造

锅炉低氮排放改造技术主要包括低氮燃烧技术和烟气脱硝技术。

（1）低氮燃烧技术

主要包括全预混表面燃烧、分级燃烧和烟气再循环等。全预混表面燃烧技术适用于 10 t/h（含）以下燃气工业锅炉；燃料分级燃烧、空气分级燃烧、烟气内循环、部分预混和燃尽风等多种技术，适用于 10 t/h（含）以上燃气工业锅炉。

（2）烟气脱硝技术

主要包括选择性非催化还原法（SNCR）和选择性催化还原法（SCR）等，适用于燃气锅炉烟气脱硝，要求 SCR 反应器布置在烟气温度 280～450℃区间，选用特制催化剂可布置在 220～450℃。

6.6 清洁采暖与“双替代”

清洁采暖的主要途径包括：使用清洁煤、天然气、生物质能等清洁燃料，实现传统燃煤的替代；通过拆除企业自建小锅炉、减少居民散煤取暖等，实施园区、区域热电联产，实现集中供热，从而减少燃煤锅炉的排放。

6.6.1　集中清洁供热

集中供热是相对于分散小联片锅炉房供热而言的，分为锅炉房集中供热系统（区域集中供热系统）和热电联产集中供热系统，热源主要为清洁燃煤等。清洁燃煤集中供热在多数北方城市城区、县城和城乡接合部应作为基础性热源使用，并根据当地的具体条件慎重选择集中供热的方式。热电联产集中供热方式中，大型抽凝式热电联产机组适合作为大中型城市集中供热基础热源，同时做好热电机组灵活性改造工作，提升电网调峰能力；背压式热电联产机组适合作为城镇集中供热基础热源。大型燃煤锅炉（房）集中供热方式适合作为集中供热的调峰热源，与热电联产机组联合运行，同时在大热网覆盖不到、供热面积有限的区域（如小型县城、中心镇、工矿区等），大型燃煤锅炉（房）也可作为基础热源。

6.6.2　农村清洁取暖

（1）主要清洁取暖技术

农村地区目前应用的主要清洁能源采暖技术为电采暖、热泵采暖、太阳能采暖、燃气采暖、清洁煤采暖五类。根据京津冀及大气污染传输通道城市农村地区的应用情况以及产品技术的成熟程度，以北京市应用情况为代表，现有主流的、可以用于农村使用的清洁能源技术形式约 14 种，见表 6.6-1。

表 6.6-1　农村主要清洁取暖技术

序号	采暖方案			
	热源（优先使用）	辅助热源（备用）	末端	
1	低温空气源热泵	—	地板采暖	低温热水末端
2	土壤源热泵	—	地板采暖	
3	太阳能热水采暖	清洁煤锅炉	地板采暖	
4	太阳能热水采暖	燃气壁挂炉	地板采暖	
5	太阳能热水采暖	低温空气源热泵	地板采暖	
6	太阳能热水采暖	土壤源热泵	地板采暖	
7	燃气壁挂炉	—	散热器/地板采暖	高温/低温热水末端
8	清洁煤采暖炉	—	散热器/地板采暖	
9	电热水锅炉	—	散热器/地板采暖	
10	蓄热式电锅炉	—	散热器/地板采暖	
11	碳晶板	—	—	
12	电热膜	—	—	
13	发热电缆	—	—	
14	蓄能电采暖器	—	—	

（2）清洁取暖技术经济性与适用性比较

根据相关农村地区清洁能源供暖技术应用案例的监测数据的分析结果，综合初投资、运行成本及运行节能量与减排量等指标因素，对典型农宅不同类型取暖技术的经济性与适用性进行比较，得出综合评价结论：在具备适用条件和配套措施的农村地区，清洁能源采暖技术中适宜优先推广太阳能复合能源采暖系统（辅助热源宜选用低温空气源热泵、土壤源热泵及燃气）、低温空气源热泵、土壤源热泵等新能源与可再生能源清洁采暖技术。

太阳能复合能源采暖系统（如太阳能与低温空气源热泵、土壤源热泵、燃气等技术）。不仅可以解决住宅的采暖，同时可以满足生活热水的供应，且运行费用低，节能减排效益明显；但系统初投资较高，设计安装相对较复杂，适用于经济收入水平较高的地区或新农村新民居建设过程中推广应用。在辅助能源的选择上，低温空气源热泵适用范围较广，土壤源热泵由于在山区打井难、费用增大等问题，一般适用于平原地区应用；燃气辅助对于天然气供应便利的农村地区是良好的采暖解决方案。

低温土壤源热泵。户内投资约 3.5 万元，单位面积年运行费用 15 元，初投资相对适中，运行费用不高，且安装较为便利，因此该方案也是解决生活用能的经济方案，适合在有电力供应条件的地区推广应用。低温空气源热泵适用于环境温度不低于–15℃的地区，土壤源热泵造价与运行费用受地质条件影响较大，适宜于打井条件便利的平原等地区应用。

空气源热泵。户内投资约 3 万元，单位面积年运行费用 19 元，户内末端为风机盘管或地板采暖。近几年空气源热泵技术进步明显，据厂家测试–10℃时（北京市采暖室外计算温度–9.7℃）能效比为 2.3，适宜北京气候使用。与土壤源热泵相比，空气源热泵不需要布孔场地和设备机房，施工周期短，是当前煤改电的一种方式。

电直热供暖技术（电热膜、低温电缆、碳晶板、直热电锅炉）。是当前农村煤改电的主要方式。户内投资为 0.9 万～1.4 万元，但运行费用高，单位面积年采暖费用约 50 元。建筑能耗低、电力供应充足、经济条件较好、户内人员较少的农户，可采用电直热采暖。碳晶板采暖即插即热，开断灵活，温控方便，不需敷设管线，不需土建施工，改造对生活的影响很小；采用土暖气供暖的用户，可直接用直热式电锅炉替换燃煤小锅炉，施工快，影响小；发热电缆或电热膜，需将电缆或电热膜敷设在墙壁或地面内，改造对用户影响比前两种较大。个别采用电直热采暖的用户，存在因费用高而改回燃煤采暖的可能。

蓄能电采暖器。采暖户内投资不足万元，单位面积年运行费用 42 元，低于电直热供暖技术。该设备可直插直用，不需要户内改造，不需要专门设备房间和管线安装，改造对农户影响很小，运行费用较低，在农村有一定市场。

蓄热式电锅炉。户内投资约 2.5 万元，单位面积年运行费用 39 元。该技术电力消耗与电直热技术相等，但由于充分利用了峰谷电价，运行费用比直热技术低。因其对电力具有削峰填谷作用，电力公司鼓励用户采用该技术。蓄热式电锅炉可直接利用户内散热器采暖末端，改造对农户生活影响较小。

燃气壁挂炉。户内投资约 1.6 万元，单位面积年运行费用 33 元，户内末端为暖气片或地板。可利用户内现有暖气片与管路，减小户内投资和改造影响。该方式投资较低，费用适中，可提供生活热水并解决炊事用能问题，农民接受度高。在燃气管网 1 500 m 范围之内，或具有压缩天然气、液化天然气的村庄宜优先采用燃气采暖。

此外，根据北京市农村地区清洁取暖相关政策导向，在北京市农村地区：对平原地区村庄要引导住户使用能效比（COP）较高的空气源热泵、地源热泵设备和高能效低排放燃气取暖设备，并鼓励使用太阳能加辅助加热设备，推广使用变频式空气源热泵，鼓励空气源热泵采用环保冷媒；在海拔较高、冬季气温较低的村庄，可有条件地使用“电加热水蓄能式取暖设备”，在地质条件适宜地区鼓励使用统一供暖的集中式地源热泵，鼓励开展各种集中式电采暖、电加热与水蓄能配套利用等各种供暖新技术，禁止推广使用“直热式”电取暖设备，限制使用蓄能式电暖器，如住户主动要求使用或其他特殊情况需要选用蓄能式电暖器的，由住户签订书面承诺，不得反悔或要求变更设备选型。

综合来看，在农村地区实现清洁能源替代，必须是在经济发展水平和资源许可的条件下逐步进行的，以上提到的农村地区清洁取暖的技术和措施在尚不具备适用条件、配套政策等尚不到位的地区不宜大范围推广实施，要因地制宜、多能互补，尤其是对于偏远山区等暂时不能通过清洁供暖替代散烧煤供暖的，重点利用“洁净型煤+环保炉具”“生物质成型燃料+专用炉具”等方式替代散烧煤，是在现实条件下治理雾霾经济有效的方法之一，也就是要使用优质煤炭、洁净型煤、生物质成型燃料，搭配节能环保型炉灶，并掌握正确使用方法，充分发挥优质热源与优质炉具的节能环保性能。

6.6.3 煤改电与煤改气

“煤改电”是指在电网基础设施条件允许的北方地区，以清洁高效的电采暖设备替代散烧煤取暖的工程措施。在有采暖刚性需求的地区，重点对居民采暖领域热力管网覆盖范围以外的学校、商场、办公楼等热负荷不连续的公共建筑实施煤改电工程。条件允许时，在生产制造领域和电力供应与消费领域也可有序推进煤改电工程。目前“煤改电”工程实施存在的主要问题有：①电网基础薄弱，尤其是农村或城乡接合部的配电容量过小、电网结构不合理、线径过小，变压器过负荷情况较为严重等；②电费问题，煤改电之后用户成本增加较多，如果电费补贴政策不能持续，部分用户用不起电暖器。

（1）煤改电工程

可供煤改电工程采用的电采暖技术多样，主流技术成熟度高。各种电采暖技术均有大量的应用案例，除电蓄热锅炉的高密度蓄热材料等少量关键技术外，大部分电采暖设备制造、施工和运营没有技术壁垒。电供暖可供选择的技术方案如下：

①电暖器。电暖器一般设置在用户房间内，属于分散式电供暖，主要形式有电热微晶玻璃辐射取暖器、电热石英管取暖器、电热油汀、PTC 陶瓷电取暖器、对流式取暖器（暖风机）等普通电暖器和具有蓄热功能的相变蓄热电暖器等。

②蓄热式电锅炉。按照蓄热方式可分为水蓄热式和固体蓄热式。按照电加热方式可分为电阻式、电极式、电磁式等。电锅炉采暖属于集中式电供暖，其产生的热媒（热水或蒸汽）由集中供热管道输送到每个房间，多用于一幢楼宇或建筑密集的居民、商业小区供热。

③电热膜。电热膜是一种通电后能发热的半透明聚酯薄膜，由可导电的特制油墨、金属载流条经印刷、热压在两层绝缘聚酯薄膜间制成，并配以独立的温控装置，其工作时表面温度为 40～60℃，属于分散式电供暖。电热膜采暖时大部分热量以辐射方式送入房间。

④相变电热地板。相变电热地板（全称为相变蓄热电热地板），利用定形相变材料把电热膜或电缆所消耗的夜间廉价电转变为热能储存起来，供白天采暖。

煤改电工程适用条件如下：

①热力管网覆盖不到的区域。根据气温、水源、土壤等条件特性，结合电网架构能力，推广使用空气源、水源、地源热泵供暖，充分利用低温热源热量，提升电能取暖效率。

②可再生能源发电规模较大地区。在河北等可再生能源资源丰富地区，可充分利用存量机组发电能力，利用低谷时期的富余风电，推广电供暖。鼓励建设具备蓄热功能的电供暖设施，促进风电和光伏发电等可再生能源电力消纳。

（2）煤改气工程

对于冬季北方供暖地区，煤改气工程包括燃气热电联产、天然气分布式能源、燃气锅炉、分户式壁挂炉等。本书“煤改气”工程主要是指利用分户式天然气壁挂炉替代散烧煤炉取暖的改造工程。在老旧城区、城乡接合部、产业集聚区、重点乡镇等居民住宅区，适度推进燃气壁挂炉取暖；在热力和燃气管网覆盖范围以外的机关企事业单位、学校、商服等公共领域，按照因地制宜的原则有序推进天然气分布式能源、天然气集中采暖、燃气壁挂炉等多种天然气利用方式替代炊事和采暖用散煤。

目前，地方政府在推进煤改气的过程中，对天然气调峰压力大、天然气保供难度大、民用天然气购销价格倒挂等问题估计不足，要在进一步研究和解决以上问题的基础上，按计划合理有序地实施煤改气工程。

目前“2+26”城市的城乡接合部以及城中村等地区，煤改气工程主要推广燃气壁挂炉替代分散式的燃煤取暖炉具。燃气壁挂炉以燃气为热源，水体介质经过加热器加热和循环水泵循环，将热水送至散热器或地暖盘管后，经回水管回流壁挂炉，完成循环，为室内供热。分户式燃气壁挂炉单台可为面积为 300 m^2 左右的单元住宅或别墅提供采暖热源和生活用热水。燃气壁挂炉的能效远高于燃烧散煤。普通的燃气壁挂炉热效率在 90%左右，先进的冷凝式燃气壁挂炉产品热效率可以达到 95%以上。分户式燃气壁挂炉与集中式供暖相比，管道热损失小，热力、外网及楼内管道的热损失至少可以减少 15%，另外，分户式壁挂炉用户可以根据自己的实际情况确定室内温度、采暖时间和采暖区间，可以为用户节约运行费用 30%左右。

煤改气工程适用条件如下：

在落实气源的前提下，供用气双方要签订“煤改气”供气协议并严格履行协议，各级地方政府要根据供气协议制订“煤改气”实施方案和年度计划。按照“宜管则管、宜罐则罐”的原则，综合利用管道气、撬装液化天然气（LNG）、压缩天然气（CNG）、非常规天然气和煤层气等多种气源，强化安全保障措施，有序推进天然气供暖。根据当地的实际情况：①在具有稳定冷热电需求的楼宇或建筑群，推荐发展天然气分布式能源；②在城乡接合部，结合限煤区规划，通过城区天然气管网延伸以及 LNG、CNG 点对点气化装置，推广分户式天然气供暖；③在农村地区，根据农民消费承受能力，推广燃气壁挂炉。

（3）煤改电与煤改气的适用条件对比

煤改气与煤改电的适用条件对比见表 6.6-2。

表 6.6-2　煤改电与煤改气适用条件对比

项　目		适用条件
煤改电工程	①基础设施	电网基础设施配套较好，电网容量大，变压器负荷可以保障电力供应的地区
	②适用地区	可再生能源消纳压力较大，弃风、弃光问题严重，电网调峰需求较大的地区；非连续性供暖的学校、部队、办公楼等场所；集中供热管网、燃气管网无法覆盖的老旧城区、城乡接合部、农村等地区
	③难度水平	电网改造所需投资大、施工期长、地方政府很难协调完成
煤改气工程	①基础设施	在气源充足、经济承受能力较强的条件下，可作为大中型城市集中供热的新建基础热源
	②适用地区	适合热网覆盖不到的区域进行分散供热，也适用于独栋别墅或城中村、城郊村等居民用户分散的区域
	③难度水平	燃气管网铺设相对容易，施工期短、投资可承受，但气源保供压力大

6.7　热泵技术应用

热泵是利用外界环境（如空气、水、土壤等）中的能量或工业余热、废热作为热源，完成一定热力学作用后，向生产工艺过程供热或满足商用、民用领域用热需求的设备。

6.7.1 概述

根据驱动热泵的能源种类不同，热泵主要分为电力驱动热泵、热力驱动热泵两种。人们一般说的热泵通常是狭义概念上的，即以消耗电能为主的；近年来随着节能环保理念深入人心，可回收利用余热、废热的吸收式热泵（主要消耗热能）也逐渐开始广泛应用起来。

电力驱动热泵主要由压缩机、热交换器、保温水箱、水泵、储液罐、过滤器、电子膨胀阀和电子自动控制器等组成。制热时，室外热源的载质通过流经蒸发器的工质进行热交换，温度降低后的热载体排出系统，同时，蒸发器内部的工质吸热汽化被吸入压缩机，压缩机将这种低压工质气体压缩成高温、高压气体送入冷凝器，强制循环的水或空气也通过冷凝器，被工质加热后送去供用户使用，而工质被冷却成液体，该液体经膨胀阀节流降温后再次流入蒸发器，如此循环工作，外界中的热能被不断“泵”送到室内，使保温水箱里的水温逐渐升高，最后达到55℃左右，正好适合人们洗浴、采暖等；或直接将室内空气加热至设定温度，通常为18～22℃，满足采暖需求，这就是热泵的基本工作原理。

电力驱动热泵主要有空气源（或称空气能）热泵、地源热泵（包括土壤源、水源）等形式，其中低温空气源（热风/热水）热泵技术在目前农村地区采暖领域应用最为成熟可靠，北京密云司马台新村的热泵采暖案例较有示范意义。地源热泵在节约能源和保护环境方面同样具有优势，理论上某些地方甚至优于空气源热泵，这一形式以上海世博轴的“江水源+土壤源”热泵系统联合运行的应用最为成功。

6.7.2 空气源热泵

空气源热泵是利用空气作为热源，向室内空间提供采暖与生活热水或热风的设备。它比单纯用电加热器制热更省电、快速、安全，且室外热能潜力较大。空气源热泵同时具有制冷功能，夏季可作为空调满足人们的用冷需求，某些产品甚至配备有新风换气功能，实现一机多用。

空气源热泵能效比平均可达到3.0以上，而燃气锅炉机组的能效比最多达到0.8，一般情况在0.75以下。也就是说，空气源热泵消耗1个单位的能量，可产生3.0～4.0个单位的热量；而燃气锅炉消耗1个单位的能量，仅产生0.75～0.8个单位的热量。相比较而言，空气源热泵能够以最小的能源获得最大的经济效益，比燃气锅炉效率高。空气源热泵以电为能源，可自动根据设定温度控制启停，无须专人看管，维护简单。在不考虑人工及其他费用的情况下，空气源热泵运行费用仅比燃煤锅炉略高；若考虑人工及其他费用，则空气源热泵最节省。因此，从成本费用及环境效益方面看，空气源热泵均具优势。

空气源热泵采暖要体现出自身的优势和潜力，具体实施过程中需要兼顾以下几项基本原则：

①空气源热泵电网增容的合理匹配。原有的电网线路可承载的用电负荷远达不到热泵要求，需要进行扩容改造。然而，这种改造升级后的电网一年仅在 4 个月的采暖季使用，其他 60%的时间段均在闲置，这对资源造成了无形的浪费。热泵采暖方案应进行专业化设计、科学合理规划，避免出现“大马拉小车”现象。

②输热、用热过程综合全面考虑。对于空气源热泵作为集中供暖的热源，由于空气源热泵的特点，为减少输送热损失和管网造价，不宜较长距离输送热媒。选用末端设备时应考虑房间功能、生活习惯和运行方式，从舒适性和经济性选择适合住户需求的地板辐射供暖、风机盘管供暖、散热器供暖形式。

③空气能作为可再生能源进行供暖，可在农村地区发挥其特有优势。农村居民居住较分散，空气源热泵系统作为热源能够灵活地适用农居特点，具有可行性，若与柴灶和土炕结合，还可形成适合农村特色的供暖和生活体系。建议在新农村建设中提高建筑节能水平，进行外墙、门窗等的保温改造。

6.7.3 地源热泵

地源热泵是以岩土体、地下水或地表水为低温热源，由地热能交换系统、热泵机组、建筑物内末端系统组成的供热空调系统。目前，通过取回灌地下水的水热型和利用浅层地热能的热泵型技术已基本成熟。近年来热泵应用范围逐渐扩展至全国，年增长供暖面积 1 800 万～2 300 万 m^2，年增长率超过 30%。其中 80%集中在华北和东北南部，包括北京、天津、河北、辽宁、河南、山东等地区。“2+26”城市中，不少地区也具备适宜开展浅层地热能利用的先天条件，“雄县模式”正成为京津冀及周边地区推广应用地热采暖的一个成功示范，北京延庆铁炉村地源热泵采暖作为其在京郊山村地区成功推广的首例具有重要意义。

地源热泵系统不仅能供暖、供冷而且可以提供生活热水，具有多重功能，主机使用寿命一般在 20 年左右。若采用地下水式地源热泵系统，冷热源部分的初投资在 150～300 元/m^2；采用土壤源地源热泵系统，系统初投资冷热源部分在 200～400 元/m^2，与采用国产冷水机组+锅炉供暖系统的初投资大致相同或略高。但采用地源热泵系统制冷时，其运行费用比传统中央空调降低 15%～30%。地源热泵系统的维护成本非常低，无须专人看管，节省了占地空间和人力资源。运行费用低，系统正常运行冬季费用低于 20 元/m^2，夏季低于 15 元/m^2。

地源热泵采暖要体现出自身的优势和潜力，具体实施过程中同样还需要考虑以下原则：

①地源热泵作为应用浅层地热的有效手段，其应用前应首先依法开展环境影响评价，全面评估地热能开发对当地原有生物系统以及环境风险方面的影响。地热能开发利用带来的生态问题主要是造成原有生物系统脆弱性以及突发环境风险的可能性增加。评价地下水取水井和地埋管系统方案的环境影响过程中，需充分考虑当地资源禀赋和生态环境承载力的关系，科学规划开发布局，进行地源热泵系统应用分区管理，因地制宜，划定适宜发展区、限制发展区和禁止发展区，同时控制开发规模，防止因过度注重经济效益而忽略对环境的保护。

②严格控制地源热泵换热系统建设施工期对环境的影响。地热开发应严格控制地下水使用规模，避免对地下水环境产生不利影响；建设期应减少其进入大气环境中的施工扬尘和废弃物；工作人员产生的生活垃圾，集中收集后送至当地的垃圾填埋场进行处置。

③加强地源热泵系统运营期间的环境影响监测。地源热泵系统运营阶段涉及设备与场地维护、地下水回灌等对周边生态的正负面作用，需全面监测其变化。通常，一定周期以后其带来的风险可能性程度将不断递增，管理措施和监测手段成为有效避免风险发生的重要保障。由于地热能采集系统自身存在独特性，其影响周边生态安全的程度和潜在风险预测更复杂，如地热失衡对土壤结构的改变以及地下换热器长期运行可能对局部微环境造成的热累积、热污染、热害影响等。

④因地制宜选取热泵开发利用清洁能源的方式。相关地区要根据供热资源禀赋，因地制宜选取浅层地热能开发利用方式，对地表水和污水（再生水）资源禀赋好的地区，积极发展地表水源热泵供暖；对水文、地质条件适宜地区，在确保回灌、不污染地下水的情况下，积极推广地下水源热泵技术供暖。不具备应用地源热泵条件的地方，优先发展空气源热泵。

6.7.4 余热利用吸收式热泵

余热利用是通过采用余热锅炉产生蒸汽，从而推动汽轮机输出机械功和发电，或者直接用来供暖及供给生产、生活热水。

中高温烟气消耗浪费了工业用能设备的很大一部分能量，从各种冶金炉、锅炉、窑炉等排出的高温烟气往往可带走炉子供热量的20%左右。降低排烟热损失、回收烟气余热可进一步提高工业炉的热效率，同时也是一项重要的供暖措施和节能途径。针对燃气电厂、钢铁厂、水泥厂等的蒸汽-燃气联合循环烟气余热回收系统可以将烟气的温度降低到 20℃左右，其工业生产过程不但完成燃气和蒸汽发电要求，还进一步满足了供热需求，实现了高品位能源的梯级利用。另外，热电循环过程中使用的外界冷却水和内部热力循环完成后的乏汽冷凝后通常都会产生大量的余热，回收利用这部分余热能够在供热抽汽负荷不变的条件下再进一步增大热电联产的供热负荷，不仅大大提高了热电联产一次能源的利用率，而且在不增加热源、不影响发电的条件下增加热网供热负荷、增大供热面积、减小热电联产冷却水损耗，具有节能、节水、节资等优势。

余热利用吸收式热泵是大型热泵系统的一种，主要适用于有大量工业余热和废热的场合，如电厂、水泥厂、钢铁厂和炼油厂等。应用吸收式热泵进行余热供暖是替代当前散煤直接燃烧采暖、有效减少热资源浪费的趋势之一。吸收式热泵从结构上说具有单效系统和双效系统，其中双效系统的性能系数较高。随着技术的不断进步，三效型机组也已开发成功。

采用余热供暖首先应在不影响原有生产工艺和设备运行的前提下进行，从而真正实现余热资源的回收再利用。山西太原市古交电厂回收利用电厂余热进行供暖在节能效益、环境效益和经济效益等方面均取得了成功，具有典型的示范意义，项目每年减少排放一氧化碳 218 万 t、二氧化硫 6.8 万 t、氮氧化物 3.3 万 t、粉尘 2.9 万 t。

6.7.5 比较分析

热泵应用也需要因地制宜，根据当地的气候、气象情况和资源禀赋，设计选用效益最好的系统方案。具备热泵供暖建设条件的新建公共建筑、工业厂房和居民住宅楼，如无采用工业余热、废热的作为供暖热源条件，应当安装热泵供暖系统，并与建筑主体同步规划设计、同步施工安装、同步验收交用。同时，按照《工商用制冷设备的环境标志产品技术要求》《商业或工业用和类似用途热泵热水器》和《家用和类似用途热泵热水器》进行应用。

空气源热泵若应用不当，在外界环境气温低于设计工况的气候地区或遇到空气湿度较高的天气时，常出现制热量供给不足或室外机结霜严重、系统频繁除霜的情况，甚至导致无法开机。地源热泵如果设计或施工不当，从地下开采上来的水经换热器后难以再全部回灌到含水层内的话，将造成地下水资源浪费。回灌的水若受到污染，也会造成地下水层的破坏。另外，地下水位较低，不仅成井的费用增加，同时运行过程中水泵的耗电量也增大，系统的整体效率必将降低。具体而言，热泵的应用适宜性表述如表 6.7-1 所示。

表 6.7-1 热泵型式比较与选用参考

热泵型式	适用条件
空气源热泵	①室内冷热负荷不是太大，适合分散式、单体式建筑采暖，使用调节方便灵活，且成本相对较低； ②可作为集中供热的补充，承担小型区域供热； ③冬季室外气温一般高于−5℃（最低气温达到−20℃时，需低温空气源热泵）
地下水地源热泵	①建筑项目附近地下水资源丰富，并便于实施供回水工程； ②地方政策允许利用地下水； ③地下水温合适，水质适宜，供水稳定，回灌顺畅

热泵型式	适用条件
地表水地源热泵	①建筑项目附近有丰富的地表水，如江水、河水、湖水、海水等，优先利用城镇污水资源，发展污水源热泵； ②水量充足、水温合适，水质经简单处理达到使用要求； ③对于有冷热需求的建筑可兼顾其夏季制冷，适宜作为集中供热的补充，承担单体建筑或小型区域供热（冷）
土壤源热泵系统	①建筑物附近缺乏水资源或因各种因素限制，无法利用水资源； ②地质条件好，土壤的季节冷热交换基本平衡，可承担单体建筑或小型区域供热(冷)； ③项目附近有足够场地铺设“地埋管”，例如，办公楼前后场地、别墅花园、学校运动场等
烟气余热吸收式热泵	①回收烟气热量的同时，回收烟气中的水蒸气及其冷凝热，可满足禁止烟囱冒“白烟”现象的要求，而且节能节水； ②目标企业排放的烟气需性质稳定、符合环保要求，企业内部或附近存在有用热生产工艺或有集中供暖需求的居民小区； ③余热温度较高、热量富余的情况下，也可以考虑向距离较远的居民小区供暖
乏汽余热吸收式热泵	①热电联供情况下，可满足调节峰谷电力负荷的需求，而采用热、暖、电三联供模式又进一步提高热电系统的效率和灵活性； ②作为厂内办公楼宇和员工宿舍的用热热源，提供生活热水和采暖热水；富余情况下，也可向附近企业或居民小区供应； ③厂区远离市政基础设施网络或接网成本较大，满足自行建设厂内生产、生活设施的需求
多源热泵系统	①热泵仅依靠单一热源工作时易偏离最佳运行工况，造成机组效率降低，而多热源联合运行兼顾各热泵方式均高效工作； ②热源对象变化波动的时间、季节相互错开，具有差异性，满足热源端所处环境和生态需休养、维护等条件要求； ③系统复杂，适合能接受系统初投资大、成本回收周期长的用户
热泵复合系统	①热泵运行条件较差，机组稳定性、可靠性不可完全保证，需要其他供热方式作为补充； ②附近存在其他稳定的供热条件，如太阳能、余废热资源等

6.8 能源管理

能源管理就是综合运用经济、技术、法律、行政等手段，促进社会经济与能源发展相协调。从本质上来看，清洁取暖的内在动力是政策引导下取暖领域的供给侧结构性改革。政府运用财政、价格政策作为“药引子”，建立良性市场环境，保障基本民生需求，落实重点环保任务；企业发挥各自专业优势，发现市场优化配置资源带来的红利，提高清洁供暖质量；用户建立绿色节约的现代化用能习惯，真正实现“企业为主、政府推动、居民可承受”。能源管理的途径主要包括采取节能措施、建立能源管理体制机制、制定能效管理措施、编制能源发展规划或方案等。

6.8.1 节能措施

节能就是尽可能地减少能源消耗量，生产出与原来同样数量、同样质量的产品；或者是以原来同样数量的能源消耗量，生产出比原来数量更多或数量相等、质量更好的产品。主要从工业、建筑、交通和生活消费等层面提出相关节能措施。

（1）工业节能措施

工业节能措施主要包括使用高效节能发电机、变频器、节能锅炉等节能技术和产品，加大热电联产、余热余压利用、超低排放等节能技术改造工程建设等，淘汰低效高耗能设备和产品等。

1）高效节能技术和产品

鼓励推广的高效节能技术和产品包括节能锅炉窑炉、节能电机系统和工业智能化用能监测设备等。具体参考《工商用直冷设备的环境标志产品技术要求》《国家重点节能低碳技术推广目录》《节能机电设备推荐目录》等。

锅炉窑炉技术和产品包括高效煤粉工业锅炉、节能高效循环流化床锅炉，以及采用优化炉膛结构、蓄热式高温空气预热、太阳能工业热利用系统、辐射传热等技术的节能环保锅炉。

节能电机系统包括达到国家 1 级、2 级能效标准的电动机、变压器、高压变频器、无功补偿设备、风机、水泵、空压机系统等。

2）节能技术改造工程

节能技术改造工程，主要包括余热余压利用工程、能量系统优化工程、电机系统节能工程、燃煤锅炉升级改造工程等。其中余热余压利用工程和燃煤锅炉升级改造工程在第 7 章有详细介绍。

能量系统优化工程，主要包括加强电力、钢铁、有色金属、合成氨、炼油、乙烯等行业企业能量梯级利用和能源系统整体优化改造，开展发电机组通流改造、冷却塔循环水系统优化、冷凝水回收利用等，优化蒸汽、热水等载能介质的管网配置，实施输配电设备节能改造，深入挖掘系统节能潜力，大幅度提升系统能源效率。

电机系统节能工程，主要包括开展高压变频调速、永磁调速、内反馈调速、柔性传动等节能改造，支持基于互联网的电机系统能效监测、故障诊断、优化控制平台建设。通过软启动装置、无功补偿装置、计算机自动控制系统等，合理配置能量，实现系统经济运行。

3）低效高耗能设备和产品

根据我国定期发布的《高耗能落后机电设备淘汰目录》，淘汰落后电机、落后锅炉。

4）工业节能管理措施

工业节能管理的主要措施包括实施工业能效赶超行动，加强高能耗行业能耗管控，在重点耗能行业全面推行能效对标，推进工业企业能源管控中心建设等。

（2）建筑节能措施

建筑节能是指在保证建筑舒适性和功能性的基础上，采用节能型的技术、工艺、设备、材料和产品，提高能源效率，实现节约能源。建筑节能的主要措施包括新建建筑能效提升工程、可再生能源建筑应用、既有建筑改造工程、农村建筑节能改造及节能新民居建设和建筑节能监管等。

1）新建建筑能效提升工程

新建建筑的能效提升工程主要包括推进绿色建筑行动；推行住宅建筑执行绿色建筑标准，开展星级绿色建筑以及绿色生态城区、绿色建筑集中示范区、绿色建筑产业示范园区等综合示范建设；推动绿色生态小区、城区建设。

2）可再生能源建筑应用

太阳能光热建筑应用。结合太阳能资源禀赋情况，在学校、医院、幼儿园、养老院以及其他有公共热水需求的场所和条件适宜的居住建筑中，推广太阳能热水系统。

太阳能光伏建筑应用。在建筑屋面和条件适宜的建筑外墙，建设太阳能光伏设施，鼓励小区级、街区级统筹布置。鼓励专业建设和运营公司，投资和运行太阳能光伏建筑系统，提高运行管理，建立共赢模式，确保装置长期有效运行。

浅层地热能建筑应用。因地制宜推广使用各类热泵系统，满足建筑采暖制冷及生活热水需求。提高浅层地能设计和运营水平，充分考虑应用资源条件和浅层地能应用的冬夏平衡，合理匹配机组。鼓励以能源托管或合同能源管理等方式管理运营能源站，提高运行效率。

空气热能建筑应用。在条件适宜地区积极推广空气热能建筑应用。建立空气源热泵系统评价机制，引导空气源热泵企业加强研发，解决设备产品噪声、结霜除霜、低温运行低效等问题。

3）既有建筑节能改造工程

主要包括开展以围护结构、供热系统等节能改造为重点，多层老旧住宅加装电梯等适老化改造，给水、排水、电力和燃气等基础设施和建筑使用功能提升改造，绿化、甬路、停车设施等环境综合整治等为补充的节能宜居综合改造试点。具体改造技术详见《既有居住建筑节能改造技术规划》。

4）农村建筑节能改造及节能新民居建设

农村地区居住建筑应根据当地村庄和住房改造规划、地理位置、自然资源条件等，因地制宜地采用技术经济合理的节能技术，具体参考《农村既有单层住宅建筑综合改造技术规程》（DB 11/T 1199—2015）；鼓励农村采用被动式太阳能采暖，被动式技术集成设计应符合现行行业标准《被动式太阳能建筑技术规范》（JGJ/T 267—2012）的有关规定。

（3）交通及生活消费节能措施

交通节能的措施主要包括设置大型运输车辆的检测点，加大轨道交通运输，加大使用柴油后处理改造升级技术等。

生活消费节能措施主要包括推广使用达到国家 1 级、2 级能效标准的节能家用电器、办公和商用设备，以及半导体照明等高效照明产品，推广应用通过节能产品认证的产品。推动 LED 在农业、医疗、通信、道路、公共机构等领域的应用。

6.8.2 能效管理措施

能效就是能源利用的效率或绩效。一般指标有单位产值能耗、单位产品能耗或单位能耗产值（或产出）等。能效管理就是通过技术、管理等手段，减少能耗，提高能源利用效率，从而提高能源的绩效。包括：建立严格执行能效标准的监管体系（用能产品和设备能效标准，单位产品能耗限制标准等）；执行重点耗能行业能效对标管理政策；加强实施能效标志制度；完善能耗远程监测系统建设；加强完善和执行能源审计和碳排放核查制度等；参考《天津产业能效指南》，加强深化和执行《全国工业能效指南》；建立全企业能源台账制度；建立能耗数据统计和分析制度；建立工业企业能耗信息公开制度；开展全民节能教育、宣传和培训等措施。

6.8.3 能源环境经济政策

能源环境经济政策是指按照市场经济规律的要求，运用价格、税收、财政、信贷、收费、保险等经济手段，调节或影响市场主体的行为。目前，我国实行的能源和环境污染防治经济激励机制和政策主要包括税收优惠减免政策、排污权和碳权交易、价格政策、补贴政策、补偿政策、建设绿色金融节电信托基金、加速折旧、优先优惠的贷款贴息、节能产品惠民工程、政府采购、能效领跑者计划等。

能源价格政策主要包括清洁能源供暖价格、分布式能源上网电价、差别电价和燃气阶梯电价政策等。各地区的能源价格市场远较一般的商品复杂得多，因此，目前全国各地渐进式地推进能源价格改革，维持市场稳定。《关于推进价格机制改革的若干建议》《关于完善跨省跨区电能交易交割形成机制有关问题》等文件对天然气价格、电价以及价格监管改革提出了具体思路，为各区域建立自己的能源价格政策提供参考。

税收优惠减免政策主要包括节能设备税费减免、燃油税、环保税和清洁能源与可再生能源的税收优惠政策。目前，我国已经出台了 30 余项促进能源资源节约和环境保护的税收政策。虽然制定了一系列促进能源资源节约和环境保护的税收政策，但仍然缺乏对国家鼓励发展的太阳能、地热能等可再生能源和节能、环保技术设备的开发推广的税收支持政策，缺乏监督管理机制以及符合各地方特色的税收优惠政策。实行对清洁能源与可再生能源的税收优惠政策，如减免关税、减免形成固定资产税、减免增值税和所得税；对非清洁能源和非可再生能源实施强制性税收政策，增加新的税种，如碳税政策等；完善高耗能、高污染产业税收政策，在税收政策中明确奖惩机制，可通过实际测算，使得给予高耗能、高污染企业的奖励足以弥补企业治理污染和提高能效的成本；对企业购置并实际使用的环境保护、清洁生产、节能节水的专用设备，允许其按一定比例抵扣企业所得税应纳税额；对开采处于开发后期的“尾矿”资源和三次采油免征所得税；提高资源税税率标准，优化税率结构。对于资源综合开采、回收、利用水平较高和环保效益突出的企业或项目，给予降低税率、税额减征等税收优惠待遇。

补贴政策主要包括工业技术改造补贴、可再生能源发电和分布式发电补贴、建筑节能改造补贴、新能源汽车补贴、煤改电补贴、煤改气补贴等。包括：各地区积极制定《节能减排奖励办法》《合同能源管理项目扶持办法》《绿色建筑补贴》《新能源汽车补贴》等规定；加大投资补贴。增加政府直接补贴，增大对清洁能源的重视力度，提高补贴支持力量；完善可再生能源分布式发电补贴政策，积极开拓接入低压配电网的就地利用的分散式风电；提出合理的“煤改电”“煤改气”的补贴政策。在“煤改电”供热改造中，根据不同的采暖方式，实施市区两级政府补贴。其中，采用空气源热泵和蓄热式电暖器供暖的居民，设备购置费由政府补贴。同时，对采暖“煤改电”居民用户，执行居民用电峰谷分时电价政策。每个采暖期，对完成“煤改电”的农户部分峰谷进行补贴。实施“煤改气”供热改造的，不执行阶梯气价。

其他经济政策主要包括提出碳排放权交易政策、绿色证书交易政策、能源基金政策、工业企业能效领跑者奖励方案、政府采购的产品清单及政策建议、低息贷款政策（光伏发电、清洁煤炭、天然气汽车）等。

7 京津冀及周边地区推广洁净煤技术的可行性

7.1 煤炭开发利用过程的污染物排放

煤炭生产对环境的影响主要是煤炭开采过程中煤矸石、煤矿瓦斯和矿井水排放，以及采煤引起的地表沉陷、环境污染等。其环境影响主要包括：占用、破坏土地资源；引发地质灾害；地表水、地下水大面积渗漏；生态系统破坏；产生煤矸石等固体废物；污染水体；产生瓦斯等危险气体等。此过程中排放的污染物主要是固体废物、废水及瓦斯。

煤炭消费过程对生态安全的影响主要体现在煤炭的直接燃烧和深加工两方面。煤炭开发利用全过程中产生污染物的主要环节是煤炭燃烧的过程。煤炭的直接燃烧会产生大量的二氧化硫、氮氧化物、烟尘，是造成我国复合型大气污染的重要原因之一。煤炭的深加工主要指煤焦化，焦化过程会产生焦化废气，焦化废气来源于煤的干馏、结焦等化学加工转化过程中产生的烟尘、煤尘、飞灰；结焦过程中泄漏的粗煤气，其中主要污染物因子有苯并芘等苯系物和酚、氰、硫氧化物、碳氢化合物等；空气与焦炉煤气燃烧生成的二氧化硫、氮氧化物、二氧化碳等；出焦时灼热的焦炭与空气接触骤然生成的一氧化碳、二氧化碳、二氧化氮等。

7.2 广义洁净煤技术

洁净煤技术（Clean Coal Technology，CCT）是指煤炭从开发到利用全过程中，旨在减少污染排放与提高利用效率的加工、燃烧、转化及污染控制等高新技术的总称。洁净煤技术按其生产和利用的过程可分为三类：第一类是在燃烧前的煤炭加工和转化技术。包括煤炭的洗选和加工转化技术，如煤的物理与化学净化，配煤、型煤和水煤浆技术。煤炭的转化包括煤炭液化、煤炭气化、煤制天然气技术。第二类是煤炭燃烧技术。主要是洁净煤发电技术，目前主要包括超超临界发电、整体煤气联合循环发电、超临界 CFB 发电、多联产技术、低氮燃烧技术、循环流化床燃烧技术、增压流化床燃烧技术、超超临界机组与燃料电池结合的联合循环系统。第三类是燃烧后的烟气净化技术。主要包括烟气脱硫、烟气脱硝、颗粒物控制和以汞为主的痕量重金属控制技术等。同时以二氧化碳的分离、回收和填埋为核心的污染物近零排放燃煤技术也已成为洁净煤技术的主要方向见图 7.2-1。

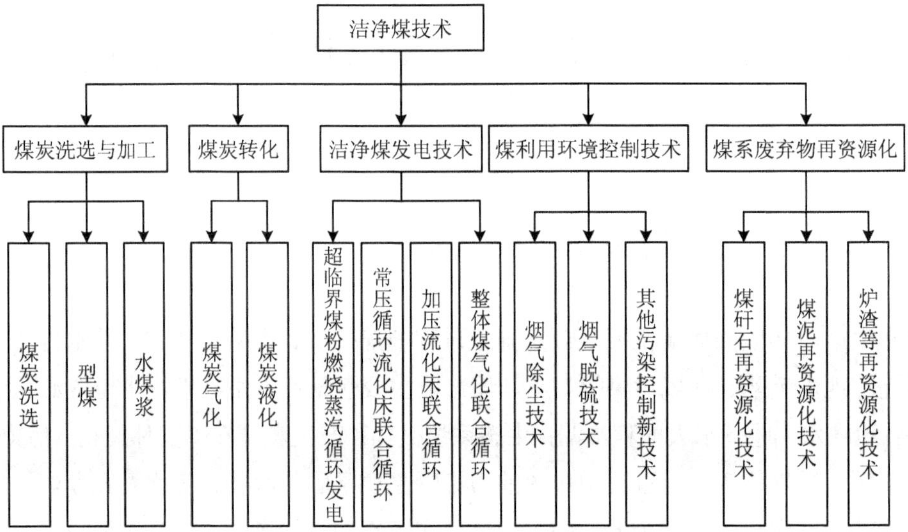

图 7.2-1 广义洁净煤技术体系示意

7.2.1 煤炭净化技术

（1）煤炭洗选技术

煤炭洗选是利用煤和杂质（矸石）物理化学性质的差异，通过物理、化学或微生物分选的方法使煤和杂质有效分离，并加工成质量均匀、用途不同的煤炭产品的一种加工技术。按选煤方法的不同，可分为物理选煤、物理化学选煤、化学选煤及微生物选煤等。物理选煤和物理化学选煤技术是实际选煤生产中常用的技术，可有效脱除煤中无机硫（黄铁矿硫）；化学选煤和微生物选煤还可脱除煤中的有机硫。

（2）型煤技术

型煤是以粉煤为主要原料，通过添加黏结剂、助燃剂、固硫剂，形成的具有一定强度、尺寸及形状各异的煤成品。型煤可分为工业型煤和民用型煤。工业型煤有化工用型煤，用于化肥造气、蒸汽机车用型煤、冶金用型煤（又称为型焦）；民用型煤又称生活用煤，主要用于炊事和取暖。型煤成型过程中，通过加入不同的添加剂，改变原料煤的某些特性，增加反应活性、易燃性、热稳定性，提高灰熔点，同时具有固硫等功能。燃用型煤后，可达到节煤、降尘、减少有害气体排放量的效果。和烧散煤相比，通常可节煤 15%～20%，提高热效率 10%～15%，减小烟尘排放量 60%～80%，并使排烟黑度降低 1～2 级，减少强致癌物（BaP）50%以上。型煤添加固硫剂后，二氧化硫、氮氧化物的排放量减少 50%～

60%。型煤技术不仅使低质的粉煤、泥煤、褐煤提高了其经济价值，而且相对洁净。因此发展型煤是有效利用煤炭资源、减少燃煤污染的重要途径。

（3）水煤浆技术

水煤浆是一种煤基流体燃料，是把灰分很低而挥发分很高的煤研磨成 250～300 μm 的微细煤粉，按 60%～70%的煤粉、40%～30%的水和 1%的添加剂配比混合而成。水煤浆既保持了煤炭原有的物理特性，又具有石油一样的流动性和稳定性，具有浓度高、粒度小、流变性好、燃烧效率高、负荷调节范围大、环保节能、存储安全等特点。一般动力煤热值为 5 000 kcal①/kg，锅炉热效率为 65%～70%；而水煤浆热值为 4 500 kcal/kg，锅炉热效率为 83%～92%。此外，水煤浆本身由选洗的精煤加工而成，其灰分为 6%～8%、硫分为 0.5%左右，因此燃烧后排放的烟尘、二氧化硫和氮氧化物浓度比原煤、燃料油低。

7.2.2 煤的洁净转化技术

（1）煤气化技术

煤气化技术是发展煤基化学品合成（氨、甲醇、乙酸、烯烃等）、煤基液体燃料合成（二甲醚、汽油、柴油等）、整体煤气联合循环发电、多联产系统、制氢、燃料电池等工艺过程的共性关键技术，包括完全气化、温和气化（低温热解）和地下气化。煤经气化后无烟、无硫、无灰，可大大减少环境污染，是实现煤炭洁净利用的先导技术和主要途径。

（2）煤液化技术

煤炭液化技术是将固体的煤炭转化为液体燃料、化工原料和产品的先进洁净煤技术。煤炭液化能够脱除煤中的矿物杂质和有害硫分，使大量高硫煤转化为低硫、低灰燃料，实现煤炭的洁净利用，改善大气环境。煤炭液化技术可分为直接液化技术和间接液化技术。煤的直接液化技术是将固体煤在高温高压下与氢反应，将其降解和加氢从而转化为液体油类的工艺，又称加氢液化，可生产洁净优质汽油、柴油和航空燃料；煤的间接液化技术是先将煤气化成合成气（氢气和一氧化碳），再在催化剂存在下合成燃料油、化工原料和产品。煤液化的产品以汽油、柴油、航煤以及石脑油、烯烃等为主，产品市场潜力巨大，工艺、工程技术集中度高，是我国新型煤化工技术和产业发展的重要方向。

（3）煤制天然气技术

煤制天然气技术指原煤经过气化工艺来制造合成天然气。在实践中，业界往往将煤地下气化，亦称为地下采煤，也作为煤制天然气的一种。全世界已投产的工业级煤制天然气装置较少，而我国的煤制天然气在规划产能层面规模列世界之最。未来我国天然气供不应求的局面将长期存在，利用煤炭资源相对丰富的特点发展煤制天然气产业，是缓解我国天然气供求矛盾的一条有效途径。煤制天然气产品的低热值比国家天然气质量标准规定的低

① 1cal=4.19J。

热值高 17.8%～21%，能量转化效率高。煤制天然气的耗水量在煤化工行业中相对较少，而转化效率又相对较高，因此，与耗水量较大的煤制油相比具有明显的优势。此外，煤制天然气过程中利用的水中不存在污染物质，对环境的影响也较小。

（4）煤焦化技术

煤焦化是指将煤隔绝空气加强热使其分解，也称煤的干馏。煤焦化产品主要有焦炭、煤焦油（苯、甲苯等）、焦炉气（氢气、甲烷、乙烯、一氧化碳等）、精氨水等。这些产品已广泛应用于化工、医药、染料、农药和碳素等行业。有些甚至是石油化学工业无法替代的，如吡啶喹啉类化合物和许多稠环化合物等。

7.2.3 煤的先进燃烧技术

煤炭先进燃烧技术主要是洁净煤发电技术，主要包括超超临界发电、超临界 CFB 发电、多联产技术、增压流化床燃烧技术、整体煤气化联合循环（IGCC）、低氮燃烧技术、循环流化床燃烧技术、超超临界机组与燃料电池结合的联合循环系统等。这些技术都具有高效率、低污染的特点，是很有发展前景的洁净煤技术的发电方式。当前国际公认的最有前途的两种燃煤联合循环发电技术是增压流化床燃烧联合循环（PFBC）和整体煤气化联合循环。尽管目前 IGCC 和 PFBC 发电技术还处于示范性阶段，其技术复杂，整体性技术难点多，但是随着技术的进步以及设备的改进和研发，其效率的增长和成本的降低将逐步实现。

（1）整体煤气化联合循环

整体煤气化联合循环（Integrated Gasification Combined Cycle，IGCC），是通过把煤炭、生物质、重渣油等多种含碳物质进行气化，然后把得到的气体净化再用于燃气-蒸汽联合循环的技术。IGCC 的工艺过程为：煤在气化后变为中低热值煤气，在净化后，通过除掉煤气所含有的硫化物、氮化物、粉尘等污染物质，变成干净的气体燃料，再送入燃气轮机中进行燃烧，产生过热蒸汽推动汽轮机做功。煤炭作为我国能源的主导地位在今后相当长的时间内将很难改变，提高燃煤发电效率，不仅可节约煤炭资源，而且也是减少单位发电量污染物排放的有效措施。以 IGCC 为基础，将煤制氢、燃料电池发电、液体燃料生产、二氧化碳分离和处理等过程集成的能源系统是未来燃煤发电技术的重要方向，可以实现煤电的高效和近零排放。

（2）低氮燃烧技术

通过改变燃烧条件来降低氮氧化物排放的技术，统称为低氮燃烧技术。目前常见的低氮燃烧技术主要有低氮燃烧器技术、空气分级燃烧技术、燃料分级燃烧技术（又称再燃技术）、烟气再循环技术等。低氮燃烧技术是一种简单、经济合理的技术，其应用范围越来越广泛。在燃煤过程中产生的多数污染物中，可以通过改进燃烧方式来降低其排放气体污染物的就是氮氧化物。但是在实际应用时，还是会存在一定的问题：①随着二段空气量的增大，会增加对不完全燃烧的损失，实际二段空气量为空气总量的15%～20%；②温度过低、氧气量过低的现象会导致对锅炉的燃烧效率产生影响，在不提高燃料细度的情况下，会增加飞灰可燃物的产生；在燃烧器区域缺氧燃烧会增加炉膛壁面附近的一氧化碳含量，腐蚀水冷壁管的金属；③为了达到降低燃烧温度与延迟燃烧时间的目的，在一定情况下会使着火稳定性有所降低，同时会导致锅炉低负荷燃烧稳定性降低。

（3）循环流化床燃烧技术

循环流化床燃烧技术（CFB）是技术比较成熟、投资成本低、适合我国资源特点并能满足国家污染物排放要求的洁净煤燃烧技术，也是现阶段唯一实现商业化和大型化的低品位燃料高效清洁燃烧利用技术。流化床燃烧技术有以下几个优点：燃料适应性好，可以燃用各种劣质燃料并能保证稳定燃烧；良好的环保性能，清洁高效；良好的负荷调节能力，特别适于作为调峰机组。

（4）超临界及超超临界发电技术

超（超超）临界机组是成熟、先进的技术，在机组的可靠性、可用率、热机动性、机组寿命等方面已经可以和亚临界机组相媲美，且有了较多的商业运行经验。提高蒸汽参数（蒸汽的初始压力和温度，也即汽轮机进口的蒸汽压力和温度）、采用再热系统（也即由在汽轮机中做了一部分功的蒸汽送回锅炉再一次加热、重新回到汽轮机做功过程中的全部能源及其附属部件所组成的系统）、增加再热次数（也即采用二次中间再热）都是提高机组效率的有效方法。常规亚临界机组的典型参数为16.7 MPa/538℃/538℃（主蒸汽压力/主蒸汽温度/再热蒸汽温度），其发电效率约为 38%；超临界机组的主蒸汽压力一般为 24 MPa左右，主蒸汽和再热蒸汽温度为538～560℃，典型的参数为24.1 MPa/538℃/538℃，对应的发电效率为41%；超超临界机组的主蒸汽压力为25～31 MPa及以上，主蒸汽和再热蒸汽温度为580～600℃及以上。超超临界机组的热效率比亚临界机组的高4%，而超超临界机组的热效率比超临界机组高2%～3%。

7.2.4 典型发达国家发展现状

（1）美国

美国是最早制定和实施洁净煤技术的国家。1984 年 10 月美国政府率先提出“洁净煤技术示范计划”（CCT），旨在通过联邦政府、州政府和各私营企业的合作，开发和示范具有优良运行性能、环保性能和经济竞争力的煤基技术。美国“洁净煤技术示范计划”共制订了 5 轮计划的实施。共有 40 个 CCT 项目，分布于美国的 18 个州。项目类型共分为以下 4 类：①先进发电技术：包括常压循环流化床燃烧发电、增压流化床联合循环发电、煤气化联合循环发电等共 11 个项目。②环境控制设备：主要包括各种低氮燃烧器、燃料脱硫技术、烟气脱硫装置等共 19 个项目。③清洁煤制备技术：包括选煤、煤质专家系统、煤温和气化技术、煤液化技术共 5 项。④工业应用项目：包括在钢铁工业、水泥工业等的应用性示范项目共 5 项。上述项目总投资超过 60 亿美元，其中美国政府投资约为 1/3，工业界投资约为 2/3。如此规模巨大的洁净煤示范计划被誉为是继原子弹计划、航天计划、星球大战计划后美国政府组织的又一大全国性计划。

美国已有 43 个州在推广洁净煤技术。运行结果表明，新技术可以大大减少污染物排放，满足严格的环境标准，而投资和成本大幅降低。目前，美国大小电厂 95%以上已采用不同的污染控制系统。1980—1998 年，美国电站用煤量增长了 60%，但二氧化硫排放总量却降低了 23%。据统计，到 2005 年，电站二氧化硫排放量比 1997 年减少 43%，氮氧化物排放量比未实施洁净煤技术计划时减少 2 500 万 t。

美国是世界上最大的能源消费国，其中煤炭约占 1/4。据统计，美国国内煤炭消费量的 80%用于发电，电煤约占美国电力一次能源消费的 56%。由于美国电力消费一直不断增长，而且煤炭又是美国电力一次能源消费的主体，因此美国非常重视先进发电系统的研究。先进发电系统是美国洁净煤技术 2000 财政年度最主要的资助项目。美国洁净煤技术示范计划包括 11 个先进发电系统的项目，其中 5 个是流化床燃烧项目（CFB）、4 个是煤气化联合循环发电系统（IGCC）、2 个是先进燃烧热机系统（ACHE）。这些先进发电系统中，新的装机容量约为 1 200 MW，改建的装机容量约为 650 MW 以上，全部投资约为 29 亿美元，约占洁净煤技术全部投资的 55.2%。先进发电系统能使温室气体的排放减少 20%以上，同时能大大减少二氧化硫、氮氧化物和悬浮颗粒物的排放。电厂排放的二氧化硫和炉渣等废物经过二次加工，又可转化成建材和石膏板等副产品。

（2）欧盟

欧洲也积极推动洁净煤技术的研究和开发。欧盟制订了“兆卡计划”（Thermic Program），旨在促进欧洲能源利用新技术的开发，减少对石油的依赖和煤炭利用造成的环境污染，确定经济持续发展。

欧共体发展洁净煤技术的主要目标是减少二氧化碳和其他温室气体排放，使燃煤发电更加洁净，通过提高效率减少煤炭消费，确保经济持续发展。目前在改善能源转换和利用的研究开发中优先考虑的是减少污染排放及提高能源转换和利用效率。正在研究开发的项目有煤气化联合循环发电，煤与生物质及工业、城市或农业废弃物联合气化或燃烧，固体燃料，气化燃料，电池联合循环循环流化床燃烧技术等。特别是德国在选煤、型煤加工、煤炭气化和液循环流化床燃烧技术、煤气化联合循环发电、烟气脱硫技术等方面取得了很大进步。

欧共体的洁净煤发展计划注重多学科整体规划。这一规划将欧洲的大学、研究中心、中小型企业以及大的工业集团联合起来，为了一个共同的目标，通过合作开发项目而刺激洁净煤领域的进步。

（3）日本

日本早在1980年就成立了“新能源工业技术综合开发机构”（NEDO），从事洁净煤技术和新能源的研究开发。在1992年制定的第9次煤炭政策中规定，洁净煤技术是日本煤炭科研的重点。1993年，日本在NEDO内组建了一个“洁净煤技术中心”，专门负责开发21世纪的煤炭利用技术，作为“新阳光计划”的一部分，其目标是在21世纪大幅度提高燃煤发电的比重，又不使排污超标。而且，日本的环保要求十分严格，增加煤炭消费量的关键是控制燃煤污染。为了实现这一目标，政府和企业均投入巨资支持开发洁净煤技术，日本政府为“洁净煤技术和洁净煤技术发展”计划提供资金。

日本的洁净煤技术开发从内容上分为两部分，一是提高热效率，降低废气排放。如流化床燃烧、煤气化联合循环发电及煤气化燃料电池联合发电技术等。二是进行煤炭燃烧前后净化，包括燃前处理、燃烧过程中及燃后烟道气的脱硫脱氮、煤炭的有效利用等。

近些年，由于国际石油价格波动较大，而国际煤炭价格却相对稳定，因此日本又将燃煤火力发电作为发展重点。日本通产省于2000年公布了“21世纪煤炭计划”，该计划提出在2030年前分三个阶段研究开发洁净煤技术，其主要项目有：先进发电、高效燃烧、脱硫脱氮和降低烟尘、利用煤气的燃料电池、煤炭制造二甲醚和甲醇、水煤浆、煤炭液化和煤炭气化等。

7.3 我国洁净煤技术的发展

1995年，国家洁净煤技术推广规划领导小组成立。1997年国务院批准《中国洁净煤技术“九五”计划和2010年发展纲要》，指出我国洁净煤技术主要包含4个领域、14项技术，成为促进我国洁净煤技术发展的指导性文件。“十五”期间，洁净煤技术被列入国家计划，成为能源技术领域主题之一，确定了以洁净煤先进发电技术、煤炭高效洁净转化技术为主攻方向。通过实施“十五”计划，我国在洁净煤技术的研究开发、示范及推广应用三个层次上均取得了较大进展，为“十一五”时期洁净煤技术的进一步发展奠定了基础。2012年，科技部印发《洁净煤技术科技发展“十二五”专项规划》，共部署了4个洁净煤的重点方向：高效洁净燃煤发电、先进煤转化、先进节能技术、污染物控制及二氧化碳捕集与封存和资源化利用技术。规划明确了洁净煤技术是我国能源可持续发展的重要领域。

7.3.1 煤炭净化技术

（1）煤炭洗选技术

目前我国的选煤厂以跳汰、重介和浮选三种工艺为主，其中跳汰占59%、重介占23%、浮选占 14%。经过煤炭洗选后，50%～70%的灰分、60%～70%的无机硫和一部分汞等在洗选中脱除，洗选后煤炭热值明显提高。我国煤炭的特点是难选煤多，高灰、高硫煤比重大，原煤中含硫量超过 2%的占 12.8%，原煤入洗率仅 20%左右。现今规模以上煤炭生产企业洗精煤产量仅为 1.63 亿 t，不足煤炭总产量的 1/10。

目前选煤技术存在的问题主要有：①选煤结构不合理。炼焦煤洗选能力过剩，但精煤质量差；动力煤入选比例远远低于国外 50%～95%的水平，动力煤选煤厂开工不足，能力利用率只有 56%。②高效选煤方法比例小，选煤效率低。只有少数选煤厂采用先进的在线检测设备和自动控制手段，自动化程度不足 20%，经济、高效的重介质选煤工艺只占 28%。③整体装备水平落后，设备可靠性低。目前国有重点煤矿选煤厂主要选煤设备达到国际水平和国内先进水平的装备率仅为 20.7%，一般水平的占 66.4%，落后水平的占 12.9%，设备可靠率只有 70%。④选煤发展不平衡。部分国有重点煤矿资源枯竭，造成选煤厂煤源紧张；新开大型煤矿选煤厂建设不及时，选煤比例及总量偏低。

近几年，随着我国整体经济实力的提高，选煤技术能力有了很大进步，入选率由 2005 年的 32%提高到 2017 年的 70%，逐年提高。尤其是洗选、重介质旋流器、细粒煤分选等技术有突出进步；水煤浆制浆年生产量超过了 300 万 t，已经建成生产量达 5 000 万 t 的大规模动力配煤生产线，依靠自主技术建成了锅炉型煤、气化型煤、型焦及配型煤炼焦和生物质型煤生产线。

（2）型煤技术

据不完全统计，目前国内现有工业锅炉 46 万台、窑炉 16 万台，年需型煤 5 000 万 t；现有中、小化肥厂 800 多个，年需造气型煤 6 000 万 t。但由于多方面的原因，工业型煤的发展进展缓慢，推广应用阻力大，实际生产和销售量都很低，生产能力仅为 3 300 万 t/a。民用型煤技术相对成熟，生产能力已达到约 5 000 万 t/a，约占全部民用煤总量的 40%，大中城市型煤普及率已达到 80%。工业型煤发展的主要问题是：①缺乏系统成套生产技术和大型型煤厂的设计建设能力，型煤厂生产规模小、装备水平低。②成型技术，特别是黏结剂技术有待提高，即寻求价格低和效益高的黏结剂。

（3）水煤浆技术

目前我国在煤炭成浆性研究及评价、难制浆低价煤的制浆技术、级配技术、制水煤浆专用磨机、磨矿过程的模拟预测及优化、添加剂技术等的研制方面处于国际先进水平。我国水煤浆技术研究始于 1982 年，经过 30 多年的研究开发和工业性试验，水煤浆技术在我国已基本成熟，正向大型化、规模化、多元化方向发展。目前水煤浆的生产应用还存在一定的问题，例如，水煤浆厂建设规模偏小，生产成本高，缺乏市场竞争能力；设备运行的可靠性差，在线检测手段和控制水平低；锅炉改造费用高，在大型电站锅炉上燃烧还达不到工业应用水平。

7.3.2 煤的洁净转化技术

（1）煤气化技术

“十一五”期间，我国研究开发了具有自主知识产权的干煤粉气化技术、水煤浆气化技术、灰融聚气化技术等关键技术，一批大型煤气化技术与装备相继进行示范和投入工业化运行。多喷嘴水煤浆气化技术取得突破性成果，国内约有 15 家企业、40 台气化炉装置在运行，其性能指标达到世界先进水平；航天炉除了 2 套已投产的装置，还有约 10 个项目、16 套气化炉即将运行，这些煤气化技术均适合未来装置大型化、高效运行的需要。在煤炭转化方面的最大进步是引进和研发了加压粉煤流化床气化炉、灰熔聚常压流化床气化炉等新型煤炭气化技术，降低了工业用煤的单位能耗。

（2）煤液化技术

包括煤直接液化和间接液化。

当前国内外煤直接液化技术的主要研究方向是：气体氢或供氢溶剂在一定的温度和压力下，部分转化成液体，其余转化成气体，固相部分为液化残渣。为追求煤液化的高收率，需在苛刻条件下加氢（温度 430～470℃，压力 10～30 MPa），存在设备制造要求高且投资大、难以国产化、操作稳定性差、存在安全隐患等问题。近年来国内外的许多科研机构都在研究煤的低压液化技术，该技术选用较易液化的褐煤作为原料，操作温度 410～430℃，压力 6～10 MPa。同时传统的煤直接液化技术也在原来的基础上采取多种措施（如提高循环溶剂的供氢能力、选用高活性的催化剂等）来降低操作压力。由于低压液化技术操作条件较为温和，投资成本可大幅度降低，操作稳定性也得到提高。有学者提出了“煤分级高效益集成利用体系”的概念。其主要理念是在较温和的条件下进行煤直接液化，分离出液体产品后的残渣用于气化和制造氢气，做自用供热煤气或制造醇醚燃料，并提供液化用的氢气，以节约原煤制氢。这实际上是针对每种不同成分采用不同方法提取或利用，对煤中易液化和富氢部分使用温和条件液化，其余难液化和富碳部分气化，该概念具有较高的经济效益。

进入 21 世纪后，我国石油进口量逐年增加，推动了我国国内煤直接液化技术的发展。国内已完成高分散直接液化加氢液化催化剂的实验室开发，该催化剂具有添加量低、催化效果好、生产成本低、显著提高油收率等优点，达到国际先进水平。在国外先进技术的基础上，我国开发了“神华煤直接液化工艺”。该工艺采用全部供氢性循环溶剂制备煤浆、强制循环悬浮床反应器、减压蒸馏分离沥青和固体、强制悬浮床加氢反应器等成熟单元组合。2004 年 8 月“神华煤液化项目”批准开工建设，第一条年产 100 万 t 油品的生产线已经建成，并进行了试运行，产出煤液化产品油。

煤炭间接液化方面，国内研究者通过高效、高选择性的催化剂开发和工艺流程简化以及采用先进的气化技术等，对 F-T 合成（Fischer-Tropsch Synthesis）工艺进行了改进，自主研发了低温浆态床 F-T 合成关键技术。目前内蒙古伊泰、山西潞安和内蒙古鄂尔多斯采用中科合成油低温铁系催化剂浆态床费托合成技术先后开工建设了规模（油品）为 16 万～18 万 t/a 的合成油厂。到 2009 年，三套工业示范装置已先后开工运行，产品开始应用，工程化技术不断完善，为更大规模地装置建设积累工程经验。

间接液化中试装置开发、运转是自主知识产权煤基合成油技术的标志性成果，对推动技术国产化和工业化发展有重要作用。煤间接液化技术有较宽的煤种适应性，工艺条件相对宽松，可以通过改变生产工艺条件调整产品结构，或以发动机燃料为主，或以化工产品为主，因此将会成为未来煤制油产业发展的主要方向。

（3）煤制天然气技术

《中国煤制天然气产业市场前瞻与投资战略规划分析报告》显示，我国煤制天然气行业真正起步时间较晚，2009—2013 年，国家发展改革委先后核准的煤制天然气的示范项目包括：神华集团内蒙古鄂尔多斯煤制天然气项目、大唐国际内蒙古克什克腾旗煤制天然气项目、大唐国际辽宁阜新煤制天然气项目、新汶矿业新疆伊犁煤制天然气项目等。截至 2013 年，我国已获批建设的 9 个煤制天然气项目年总产能为 375 亿 m^3。而除了这些已得到核准的项目之外，目前正在开展前期工作和规划中的煤制天然气项目还有 10 多个，年总产能已达到 1 600 亿 m^3。

（4）煤焦化技术

焦化是煤转化利用的主要途径之一，受钢铁工业快速增长的拉动，从 2002 年开始我国焦化工业呈现高速增长的态势。1991 年我国焦炭产量达到 7 350 万 t，跃居世界第一。目前，我国焦炭生产量、焦炭消费量和焦炭出口量均居世界第一位，主要采用大型炭化室、捣固和干熄焦等技术。

7.3.3 煤的先进燃烧技术

（1）整体煤气化联合循环

整体煤气化联合循环发电技术将煤炭气化和煤气净化与联合循环发电技术结合在一起，具有以下特点：①发电热效率高。目前国际上 IGCC 电厂的净效率已达到 43%以上，比常规亚临界燃煤电厂效率高 5%～7%，随着燃气初温的进一步提高，IGCC 的净效率能达 50%或更高。②优越的环保特性。在气化过程中脱硫率≥98%，脱氮率可达 90%，粉尘几乎为零，二氧化碳达到零排放。③耗水量少。比常规汽轮机电站耗水少 30%～50%，这使其更有利于在水资源紧缺的地区发挥优势，也适于在矿区建设坑口电站。④易大型化。单机功率可达到 300～600 MW 以上。⑤发展前景广阔，能很好地融合到高新技术行业中。

2009年，我国首座自主开发、设计、制造并建设的华能天津IGCC示范电站开工建设，成为我国最环保的燃煤示范电厂，发电效率达48%，脱硫效率99%以上，可回收高纯度的硫。随着煤气化技术和燃机技术的不断发展和进步，整体煤气化联合循环发电技术正在由商业性示范走向商业化应用，气化炉容量达到2 500～3 000 t/d，功率可达400～600 MW，联合循环效率超过55%，并且还有提高性能的巨大潜力。未来的发展方向主要有：①将IGCC和煤化工技术结合，构成基于煤气化的多联产系统，形成包括电力和化工产品在内的多种产品输出。②提高系统的集成度，进一步研发利用集成技术，以不断改善IGCC各系统的性能。③增大容量、提高参数。④与二氧化碳分离封存等环保技术结合，形成全新概念的新一代能源动力系统：带二氧化碳分离回收的IGCC半封闭式循环系统。

（2）低氮燃烧技术

空气分级燃烧技术是目前国内外燃煤锅炉上使用最为广泛、技术成熟的主流技术之一。该技术通过空气的分级技术降低燃料点火区的氧气浓度，使点火区产生的挥发分更好地和氮氧化物进行还原反应，从而降低氮氧化物的排放，在主燃区充分的供氧气量可以使燃料得到充分燃烧。空气分级燃烧技术又分水平方向燃烧技术和垂直方向燃烧技术。①水平方向上空气分级技术不但可以使主燃区处于还原性气氛从而减少氮氧化物的排放量，还可使炉墙附近处于氧化性气氛，避免水冷壁的高温腐蚀及因还原性气氛使灰熔融性温度下降而导致的燃烧器附近结渣；②垂直方向上空气分级技术是将燃料所需的空气分成两部分送入炉膛：一部分为主二次风，占总二次风量70%～85%；另一部分为燃尽风，占总二次风量的15%～30%。因此，炉内的燃烧分成三个区域，即热解区、贫氧区和富氧区。上部燃尽风送入炉膛时，已经避开了高温火焰区，使未燃产物能够完全燃烧。近年来，此项技术在我国300 MW以上的电站锅炉上已经得到应用，并取得了良好的效果。

燃料分级燃烧技术燃料所需的空气分两次通入，也就是所说的两段燃烧。第一次通入的空气一般占空气量的5%～10%，燃烧在富燃料缺氧的情况下进行，形成较低的燃烧区域，燃料的表层温度下降，从而使氮氧化物的生成也有所降低，同时燃料析出的挥发分还原低氧燃烧区的氮氧化物。第二段是在温度比较低的区域将剩余的空气进行送入，使第一次剩余的不完全燃烧产物全部燃烧，其中有一氧化碳、碳氢化合物。在进行两次空气供入后，虽然氧气过剩，但是由于烟气温度的降低而抑制了氮氧化物的大量生成。进行两次燃烧，有效抑制了在高温氧化条件下燃烧而产生的氮氧化物的生产量，从而达到降低氮氧化物产量的效果。为了确保不完全燃烧产物能够燃烧完全，需要在再燃区设置燃尽风喷口。

烟气再循环利用技术的原理是将部分冷却的烟气循环利用，再次送入燃烧区，以降低氧气浓度，提高主燃区的温度，达到降低一氧化氮生成、同时提高热效率的目的，烟气循环率一般在 5%～20%减少氮氧化物生成的效果最好。循环烟气可以直接喷入炉内，或用来输送二次燃料，或与空气混合后掺混到燃烧空气中，工业实际中最后一种方法效果最好，应用也最多。但值得注意的是，烟气再循环技术会造成灰中未燃碳的增加。

（3）循环流化床（CFB）燃烧技术

自 20 世纪 80 年代循环流化床燃烧技术出现以来，该技术在我国迅速发展，目前，我国已成为世界上循环流化床锅炉装机容量最多的国家。从 1995 年首台国产 50 MW 循环流化床锅炉投运以来，在短短十多年内，我国完成了从高压、超高压到亚临界循环流化床技术的过渡。一批 300 MW 循环流化床锅炉的成功投运，以及目前已经建成投产的超临界 600 MW 循环流化床燃烧锅炉，标志着我国的大型循环流化床锅炉技术已经走在了世界前沿。截至 2012 年年底，我国装备的 CFB 锅炉总容量已经接近 1 亿 kW，其中已投运的机组 65 台，国产 30 万 kW CFB 锅炉的总量也达到了 115 台。但由于近年来环保要求的提高，循环流化床机组也需要在炉外进行脱硫脱硝，其环保优势丧失，但在燃劣质煤方面仍有优势。

（4）超临界及超超临界发电技术

1992 年，我国首台 600 MW 超临界机组在华能石洞口第二电厂投入商业运行；2004 年我国首台国产化 600 MW 超临界机组在华能沁北电厂投入运行；2007 年 8 月，我国首台 600 MW 超超临界机组在华能营口电厂投入运行；2006 年 11 月，我国首台 1 000 MW 超超临界机组在华能玉环电厂投入运行。近几年除建设的 CFB 机组、热电联产机组外，其他都为超临界机组或超超临界机组。今后超超临界发电技术发展重点仍在材料研发与蒸汽温度提高上，同时注重结构设计、制造技术和与之对应的系统优化技术的改进和提高。为进一步降低能耗和减少二氧化碳排放、改善环境，在材料工业发展的支持下，超超临界机组正朝着更高参数的技术方向发展。600 MW 及以上的超临界机组、超超临界机组将是较好的可供选择的高效洁净发电技术。

7.3.4 燃煤烟气净化技术

（1）烟气脱硫

目前，国内外普遍采用的燃煤锅炉脱硫方法可分为燃烧前脱硫、燃烧中脱硫和燃烧后脱硫（即烟气脱硫）三大类。烟气脱硫是目前控制燃煤锅炉二氧化硫排放最有效的技术。应用最为广泛的烟气脱硫技术有石灰石-石膏湿法、氨法、海水法、烟气循环流化床法等。我国烟气脱硫技术主要采用的是石灰石-石膏湿法，该方法具有技术成熟、脱硫率高（可达 95%以上）、烟气处理量大、煤种适应性强、吸收剂利用率高（不低于 90%）等优点。

由于标准的趋严和地方政府对电力二氧化硫排放要求的提高，对于采用石灰石/石灰-石膏湿法脱硫系统的现役机组以及新建机组采用了脱硫效率更高的脱硫方式，如单塔双循环（塔外浆池）、双塔双循环（串联塔）、双托盘等。采用其他脱硫工艺，如干法、半干法现役机组，无法达标排放的需改造为石灰石-湿法脱硫工艺或其他工艺，国内多个电厂已经进行了改造。

（2）烟气脱硝

目前，控制火电厂氮氧化物排放的方法有两大类：一类为低氮氧化物燃烧技术，在燃烧过程中控制氮氧化物的生成；另一类是烟气脱硝技术，从烟气中脱除生成的氮氧化物。目前普遍应用的烟气脱硝技术有选择性催化还原法（SCR）、选择性非催化还原法（SNCR）、SNCR/SCR 联合脱硝法。随着氮氧化物排放标准越来越严格，单纯的烟气脱硝很难达到稳定达标，对于氮氧化物的控制措施逐步过渡到采用低氮氧化物的燃烧技术与尾部烟气脱硝处理相结合的方式，尽可能最大化地去除尾气中的氮氧化物。

（3）颗粒物控制

燃煤锅炉烟气除尘技术经历了旋风除尘、水膜除尘、文丘里水膜除尘到电除尘的过程。目前应用较为广泛的除尘设备有电除尘器、布袋除尘器、电袋复合式除尘器。近年来，随着技术上的进步，电除尘出现了多项新技术和工艺，主要包括低低温电除尘技术、新型高压电源及控制技术、移动电极电除尘技术、机电多复式双区电除尘技术、烟气调质技术、粉尘凝聚技术、湿式电除尘技术等。由于现代化大型火力发电厂的除尘装备比较完善，除尘效率已高达 99%以上。

（4）重金属控制

目前燃煤烟气中重点控制的重金属是汞。燃煤中汞的控制方法分为三种：燃烧前控制、燃烧中控制和燃烧后控制。燃烧前控制主要包括洗煤技术和化学脱汞过程，燃烧中控制主要通过改变燃烧工况和在炉膛中喷入固体吸附剂，燃烧后控制主要是利用活性炭、飞灰、钙基吸收剂以及一些新型吸收剂来减少汞的排放。目前主要是利用现有的烟气除尘、脱硫、脱硝等装置的协同控制。专有的脱汞技术在国内某些电厂已经开展相关试验。

（5）多种污染物协同控制

脱硫脱硝一体化技术可分为两类：一类是目前广泛应用的分步脱除，即将单独的脱硫和脱硝装置进行串联，这种技术不仅系统复杂，占地面积大，且投资运行费用高。另一类是脱硫脱硝一体化技术，这类技术在同一反应设备中完成脱硫脱硝，设备简单，已逐步成为烟气净化技术的发展趋势。虽然目前脱硫脱硝一体化技术发展迅速，技术种类日趋丰富，但能达到工业规模应用的并不多。

烟气脱硫脱硝一体化控制技术又可分为联合脱硫脱硝技术和同时脱硫脱硝技术。两种控制技术区别在于是否只用一种化学试剂并在不添加氨的条件下达到脱除目的。其中，同时脱硫脱硝技术才是真正意义上的一体化脱除技术，即使用一种化学试剂在一个过程内将烟气中的二氧化硫和氮氧化物一并脱除。联合脱硫脱硝技术实质上仍然是两个工艺流程，即分别脱除二氧化硫和氮氧化物，并且需要氨作为还原剂。主要的联合脱硫脱硝技术有低温等离子体技术（包括电子束法、脉冲电晕法等）、固相吸附/再生技术［包括碳质材料吸附法、CuO/Al_2O_3吸附法等）、气/固催化技术（SNRB 法等］等。同时脱硫脱硝技术是一种在整个系统内同时脱除二氧化硫和氮氧化物的技术，但目前多处在研究阶段，尚未大规模工业化应用。同时脱硫脱硝技术又可分为两大类：炉内燃烧过程的同时脱除技术和燃烧后的烟气污染物同时脱除技术。后者是今后进行大规模工业化应用的重点，典型工艺分为干法和湿法两种。干法技术主要有 NOXSO 技术、LILAC 法、尿素法等。湿法技术主要有氯酸氧化法、$NaClO_2/NaOH$ 法、络合吸收法等。

多污染物协同控制技术主要是对二氧化硫、氮氧化物和气态汞进行协同控制的技术，主要有吸附法、炉内喷钙技术、炉内喷钙尾部增湿活化技术、电子束和脉冲电晕法、电催化氧化（ECO）法、光催化氧化法、循环流化床技术、过氧化氢氧化吸收法、Enviro Scrub Pahlman 工艺等。其中炉内喷钙技术、炉内喷钙尾部烟气增湿活化技术研究较为广泛。目前，已应用于大容量机组的工艺为活性炭吸附工艺，但由于成本因素，尚未大规模应用。

（6）二氧化碳捕集与封存

碳捕集与封存（Carbon Capture and Sequestration，CCS）是指将二氧化碳从工业或相关能源等源头分离出来，输送到一个封存地点，并且长期与大气隔绝的一个过程。CCS 技术主要包括碳捕集、运输和封存三个环节。其中，碳捕集指将二氧化碳从化石燃料燃烧产生的烟气中分离出来，并将其压缩的过程；碳运输指将分离并压缩后的二氧化碳通过管道或运输工具运至存储地；碳封存指将运抵存储地的二氧化碳注入如地下盐水层、废弃油气田、煤矿等地质结构层或者深海海底或海床以下的地质结构中。

目前，二氧化碳捕集技术主要分为燃烧前捕集、燃烧后捕集和富氧燃烧捕集 3 种。其中，燃烧前捕集技术以整体煤气化联合循环技术为基础，先将煤炭气化成清洁气体能源，从而把二氧化碳在燃烧前就分离出来，不进入燃烧过程。燃烧后捕集是在燃烧排放的烟气中捕集二氧化碳，目前常用的二氧化碳分离技术主要有化学吸收法（利用酸碱性吸收）和物理吸收法（变温或变压吸附）。富氧燃烧捕集采用传统燃煤电站的技术流程，但通过制氧技术，将空气中大比例的氮气脱除，直接采用高浓度的氧气与抽回的部分烟气（烟道气）的混合气体来替代空气，这样得到的烟气中有高浓度的二氧化碳气体，可以直接进行处理和封存。

碳捕获、利用与封存（Carbon Capture，Utilization and Storage，CCUS）是 CCS 技术的发展趋势，即把生产过程中排放的二氧化碳提纯，继而投入新的生产过程中，可以循环再利用，而不是简单地封存。与 CCS 相比，可以将二氧化碳资源化，能产生经济效益，更具有现实可操作性。

7.3.5 我国洁净煤技术存在的问题

我国洁净煤技术发展了 20 多年，部分技术如选煤、水煤浆、循环流化床、烟气脱硫等在研究开发、工程示范和工业应用方面已得到了较快发展。但是，洁净煤技术总体发展速度和水平还满足不了我国社会和经济发展的需求，很多示范工程至今仍未实现产业化。总结起来，我国洁净煤技术的推广和发展主要存在以下几个问题：

技术创新性不够。目前我国的洁净煤技术大部分是借鉴甚至是照搬国外的成熟技术，缺乏自主创新。国家应支持和鼓励科研创新，发展适合我国国情、经济和环境效益好、投资较少的优秀技术。

应用广泛、经济性好的技术仍然较少。虽然洁净煤技术种类很多，我国有很多技术得到较快发展甚至走在国际前列，但普适性高、投资小、经济性好、环境绩效高的技术仍然较少。大部分技术因只适用于特定工艺环节或投资较高而很难推广。

推广力度不够。国家虽出台了相关文件大力发展洁净煤技术，但政府对于相关技术的支持力度不够。洁净煤技术作为一项清洁技术，其推广使用必须有政府政策的大力支持，这是由环境作为公共产品所具有的外部性所决定的。已有的洁净煤政策在过去一段时间发挥了一定的积极作用，但随着我国市场经济的发展、环保意识的提高和改革开放的深入，有些政策已不能适应我国现在的发展阶段，需要不断地进行调整和补充。

7.4 洁净煤技术应用现状

7.4.1 民用洁净型煤推广使用现状

（1）洁净型煤地方标准

京津冀地区先后出台了民用洁净型煤的地方标准，对洁净型煤的灰分、硫分、挥发分、发热量、冷压强度、落下强度和限下率等指标进行了限定，特别是硫分和挥发分指标，用以规范民用洁净型煤的生产和销售。各地方标准和指标要求见表 7.4-1。

表 7.4-1 京津冀洁净型煤地方标准具体指标

地区	标准名称	灰分/%	挥发分/%	全硫/%	发热量/（MJ/kg）	冷压强度/（N/个）	落下强度（干煤）/%
北京	低硫煤及制品（DB 11/097—2014）	≤25	≤12	≤0.4	≥24	>400	≥80
天津	工业和民用煤质量（DB 12/106—2013）	≤25	≤12	≤0.4	≥24	>400	≥80
河北	洁净颗粒型煤（DB 13/2122—2014）	≤24	≤12	≤0.4	≥24	≥440	≥80

注：对于“落下强度”指标，北京为落下强度（干煤），天津为落下强度（不适用于蜂窝煤）。

（2）民用洁净型煤生产情况

在民用洁净型煤生产推广过程中，京津冀地区将传统的型煤生产厂更名为民用洁净型煤生产配送中心，扩大了其职能范围：不仅包括型煤生产，还要将型煤包装成袋并建立型煤配送体系。为鼓励洁净型煤生产配送中心建设，河北省出台了民用洁净型煤生产配送中心建设验收标准，对洁净型煤生产配送中心的生产能力、环保措施、配送体系、质量检测体系和产品质量进行了规定，对符合验收标准的型煤厂给予一定数额的建设补贴。

2015 年，北京市共推广洁净型煤 82 万 t，天津市推广洁净型煤 140 万 t，河北省已建成 105 家型煤生产配送中心，洁净型煤推广量为 206.56 万 t。京津冀地区洁净型煤总推广量不到 500 万 t。根据原料不同，京津冀地区推广的洁净型煤主要包括无烟煤型煤、兰炭型煤、无烟煤与兰炭混合型煤，型煤产品指标基本能够达到京津冀地方标准的要求。

（3）散煤治理措施

京津冀及周边地区逐步开展民用散煤治理工作，由于各地能源结构不同，采用民用散煤治理措施各不相同。

北京市颁布了《北京市 2013—2017 年清洁空气行动计划》，开展减煤换煤行动。主要采取优质煤替换烟煤、更换节能炉具、煤改电、煤改气等政策，并推出一系列的补贴政策，其中，对于民用洁净型煤的补贴金额为 230～650 元/t。

河北省民用散煤整治路径采取城乡区别化的策略。在主城区和县城建成区重点推进集中供热和清洁能源利用，基本实现散煤归零。在广大农村地区，每个区县均建设洁净煤配送中心，推广洁净煤和洁净型煤。河北省出台了民用洁净型煤生产配送中心建设验收标准，对洁净型煤生产配送中心的生产能力、环保措施、配送体系、质量检测体系和产品质量进行了规定，符合验收标准的民用洁净型煤配送中心将给予一定数额的建设补贴。

山西省太原市把集中供热全覆盖工程、燃煤电厂超低排放改造、民用洁净焦炭的推广使用作为大气污染防治工作的三大举措。太原市利用已有的焦炉产能，开发并推广民用洁净焦炭，建立了民用洁净焦炭的质量指标体系。

（4）洁净型煤推广效果

京津冀及周边地区率先对洁净型煤进行了推广，取得了一定进展，也获得了较为明显的环保效果。

北京市建立了优质型煤的“供应、配送、质量监督”体系，有 29 家供煤企业，确保洁净型煤供应。2015 年计划推广洁净型煤 200 万 t，实际推广 82 万 t。2015 年北京市空气质量达标天数为 186 天，占全年天数的 51%，达标天气较 2014 年增加 14 天，其中一级优天数增加 13 天。二氧化硫、二氧化氮、可吸入颗粒物、细颗粒物的浓度与 2014 年相比，分别下降了 38.1%、11.8%、12.3%和 6.2%。

天津市 2015 年计划推广洁净型煤 140 万 t，实际推广 116 万 t，安装先进民用炉具 86.2 万套。2015 年，天津市环境空气质量持续改善，空气质量达标天数 220 天，同比增加 45 天，达标天数比例由 2013 年的 40%、2014 年的 48%稳步提高至 60.3%；二氧化硫年均浓度较 2014 年同比下降 40.8%，空气质量综合指数 6.86，较 2014 年下降 15.7%，较 2013 年累计下降 24.4%。

河北省 2015 年已建成 105 个型煤生产配送中心，计划推广洁净型煤 700 万 t，实际推广 206.56 万 t。其中，石家庄市已于 2015 年年底建成 23 家洁净型煤生产配送中心，覆盖全市所有乡（镇）、村的洁净型煤供应网络，洁净型煤总加工能力达到 400 万 t/a 以上，提前两年完成建设任务，推广洁净型煤 20 万 t，型煤专用炉具 2.1 万台。2016 年唐山、廊坊、保定和沧州 4 市计划洁净型煤替代散煤 1 300 万 t。2015 年全省达到或优于二级的优良天数平均为 190 天，占全年天数的 52.1%，比 2014 年增加 38 天，重度污染及以上天数平均为 36 天，较 2014 年减少 30 天。其中，石家庄达到或优于二级的优良天数 180 天，重度污染及以上天数为 48 天。

2015 年 9 月，山东淄博市政府在中心城区及周边重点区域先行开展试点工作，推广使用洁净型煤、兰炭替代散煤，试点区县落实财政补贴资金 2 500 万元，洁净型煤和兰炭配送到户 4 万 t。2016 年 1 月，参与试点的张店区、高新区细颗粒物的平均浓度同比降低了 16%和 14.1%，而淄博市的空气质量指数全省排名由“老第 17”提前到第 11 名。淄博市煤炭局印发的《淄博市煤炭工业管理局 2016 年煤炭清洁利用监管工作意见》中，明确了 2016 年全市推广洁净型煤和兰炭 60 万 t 的目标任务。

7.4.2 京津冀及周边地区洁净煤及清洁灶具替代情况

2014 年 6 月，国家能源局与北京、天津、河北签订了《散煤清洁化治理协议》，推进解决京津冀散煤清洁化燃烧问题。力争到 2017 年年底，京津冀基本建立以县（区）为单位的全密闭配煤中心，覆盖所有乡、镇、村的洁净煤供应网络，优质低硫散煤、洁净型煤在民用燃煤中的使用比例达到 90%以上。

（1）洁净煤替代情况

针对散煤问题，京、津、冀三地采取的治理措施大同小异，基本上都是“减煤换煤”，即减少煤炭用量，提高优质煤使用比例。2015 年冬季，北京启动了城乡接合部地区“减煤换煤”攻坚战，将农村地区减煤换煤任务量从 120 万 t 提高到 140 万 t，实现全市农村地区“减煤换煤”全覆盖。天津也从农村生活、农业生产、城市家用、商业活动、机关企事业单位 5 个方面着手散煤治理，确保散煤治理覆盖全部行政区域。河北计划到 2017 年全省各市县主城区及周边农民、居民用煤和农用煤全部实现洁净型煤配送，民用洁净型煤使用量达到每年 1 800 万 t，农村燃煤清洁利用和替代 90%以上。

（2）用煤补贴及清洁灶具补贴情况

北京各区县都加大了换煤力度，在市级奖励的基础上，各区县修订了 2015 年煤炭补贴政策，有 7 个区县提高了补贴标准，在市财政奖励每吨煤 200 元的基础上，各区县分别补贴 200～500 元。为解决居民优质煤和劣质煤混烧的问题，部分地区还放开了“每人一吨”的规定，大兴区西红门镇通过农户申请、村镇审核、区政府审批等程序，敞开供应，上不封顶，解决了农户好煤烟煤混烧的问题。无烟炉具的更换速度也在加快，通州、昌平等区域的补贴提高到了 90%。天津则从售煤源头着手，按照优质燃煤 950 元/t 为基数的 10%（95 元/t）补贴给全市散煤销售网点，按照优质燃煤替代 180 万 t 为基数测算，财政共负担 1.71 亿元。河北的补贴力度也丝毫不比北京、天津差，以石家庄为例，洁净型煤销售指导价确定为每吨 880 元，居民购置洁净型煤每吨补贴 360 元。此外，购置环保燃煤采暖炉还将按照政府采购价格 80%给予一次性购置补贴。

（3）兰炭替代散煤的环境效益分析

京津冀每年燃烧散煤 3 600 万 t 左右，除了北京用煤标准严格执行，很大比例采用清洁煤外，天津、河北还有很大比例民用散煤达不到用煤质量的要求。兰炭型煤、清水兰炭细颗粒物排放量是原煤的 1.8%左右，对健康影响最大的多环芳烃排放量降低 97%以上。采用兰炭替代达不到质量要求的散煤，按年用量 3 000 万 t 计算，细颗粒物的排放量就可以减少 50 万 t 以上。以兰炭定制化替代现有不符合质量要求的民用散煤、冶金用煤、建材用煤，在不减少总体用能需求的前提下，可进一步减少煤炭用煤量 6 000 万 t，减少燃煤污染物排放 30%以上。

7.4.3 河北洁净煤技术推广情况

加快煤炭洁净、高效利用是河北减小排放的根本出路，也是京津冀地区破解燃煤量大、空气污染严重的有效措施，是实现区域空气治理的首选政策。河北省农工党建议试行洁净煤政策，加紧研究制定《低硫散煤及制品标准》，选择部分地市、重点行业开展试点工作，并将河北省实行洁净煤政策列入京津冀空气治理、重大区域联动协调事项。针对新政策带来的诸如企业成本增加等问题，研究出台系列配套政策，并积极争取国家支持，确保大气质量好转。

河北省提出要以治理空气污染为契机，打造中国北方洁净煤技术开发利用中心、空气污染治理技术中心。积极协调煤炭、电力、化工、冶金、机械及环保部门，制订洁净煤技术发展计划，进行统一布局和管理。通过政策激励，加强河北省高校和研究机构对洁净煤研究人才的培养工作。重点支持关键技术的前期研究、开发及工业示范，同时以政策激励企业作为洁净煤技术商业化发展的经营性投资主体，鼓励大型企业建立技术开发中心。

7.4.4 山西洁净煤技术应用情况

2003 年山西省原煤入选率仅为总产量的 1/5，不到 6 000 万 t，多品种、高附加值的煤炭产品也很少，只有大同煤矿集团建成的 60 万 t 水煤浆生产线和正在投入开工建设的朔州 500 万 t 水煤浆生产线以及部分煤炭企业研制开发的型煤、配煤、煤炭甲醇、活性炭等项目。特别是受现行煤炭管理体制的困扰，国有煤炭企业在兼并联合、做大做强以及开发适销对路的洁净煤产品等方面，较之地方煤矿明显不足。

2010 年 2 月山西出台了《煤炭基地清洁生产的路径选择——洁净煤技术应用与低碳发展》，将洁净煤技术列为重点。大力推广洁净煤技术，有望引导山西煤炭产业的低碳发展，使山西成长为洁净煤技术第一大省。山西煤炭产业推广应用洁净煤技术，有利于降低煤在能源消费中的比重，提高煤炭利用率的同时减少污染物排放。按照山西“十二五”能源规划，2011 年煤炭企业将减至 150 户，到 2015 年产能在 1 000 万 t 和 500 万 t 的大型煤炭企业减少至 60 户，这项规划的按期实施将有力支撑洁净煤技术的推广。

7.4.5 内蒙古洁净煤技术应用情况

2013 年全区火电装机为 6 383 万 kW，消耗煤炭共 2.13 亿 t；已建成煤炭转化项目生产能力商品甲醇 680 万 t、煤制天然气 13.3 亿 m^3、煤制烯烃 106 万 t、煤制油 142 万 t、煤制乙二醇 20 万 t，共消耗煤炭 0.76 亿 t；冶金建材消耗 0.51 亿 t。煤炭转换率为 33%，同比提高了 8 个百分点。已建成投产洗选煤厂项目 153 处，设计洗选能力为每年 5.5 亿 t，原煤入洗量 4.41 亿 t，洗选率为 80%，同比提高了 17.6%。全区累计煤矸石堆存量为 5 亿 t，每年新增煤矸石约为 7 000 万 t，但是煤矸石利用率却只有 15%；焦炉煤气产量为 46 亿 m^3，利用率却在 30%以下，低于全国 15 个百分点；准格尔矿区年产高铝煤炭量大约为 1 亿 t，周边就地发电用煤量为 4 000 万 t，产生的高铝粉煤灰达到 1 200 万 t，但是高铝粉煤灰中的氧化铝基本没有被提取。

7.5 推广洁净煤技术的可行性

7.5.1 推广洁净煤技术的 SWOT 分析

对京津冀地区洁净煤技术发展的内外部条件进行梳理，建立了该区域发展洁净煤技术的 SWOT 模型，具体见表 7.5-1。

表 7.5-1 京津冀地区发展洁净煤技术的 SWOT 模型

外部环境	内部环境	
	优势（Strength）：煤炭资源丰富；具备一定技术基础及条件；发展前景广阔	劣势（Weakness）：技术水平有待提高；经济性、普适性差，进一步产业化受阻
机会（Opportunity）：符合国家及地区节能环保政策导向；正值国内外洁净煤技术大力发展的有利时机	SO 战略：充分发挥洁净煤技术发展优势，抓住国家政策导向的有利时机，充分利用国内外相关资源，大力发展洁净煤技术，利用山西及内蒙古的资源优势开展实践	WO 战略：建立洁净煤技术发展科技创新体系，充分调动科研机构力量，开展校企联合，通过自主创新、合作研发等，突破目前遇到的技术瓶颈；通过提高技术水平等方式降低成本，通过争取国家相关政策优惠、创新投融资等方式，为洁净煤技术发展拓宽资金来源
威胁（Threat）：可再生能源发展挤压洁净煤技术发展空间；传统石化的威胁；低碳政策的影响；煤炭行业整体经济形势下滑	ST 战略：通过科技创新、技术改进，在煤炭利用可持续性、技术成熟度、低碳/减碳等方面提高竞争力；实现煤炭由燃料向燃料与原料并举转变，扩大煤炭产品应用范围，缓解产能过剩危机；提高洁净煤技术经济性，使其成为企业新的经济增长点	WT 战略：完善科技创新体系，提高技术水平，增强竞争力；利用先进技术，降低成本，提高经济性；积极向国家、地方政府寻求政策支持，落实相关政策

（1）优势（Strength）

煤炭资源丰富。洁净煤技术是基于煤炭资源的清洁开发利用技术。我国煤炭资源储量丰富，未来煤炭产量和消费量在一次能源中仍然会占据主体地位。而山西、内蒙古都是煤炭大省，煤炭资源丰富，京津冀地区除北京大力实行天然气替代外，其余地区未来的主要利用能源仍然会以煤炭为主。

具备一定技术基础及条件。我国一直重视洁净煤技术的发展，“十二五”期间又将洁净煤技术作为我国能源可持续发展的重要领域，并出台专项规划。目前，我国已开发出一批具有世界领先/先进水平的洁净煤技术，洁净煤技术储备已达到一定水平，为其发展做了充分准备。而山西和内蒙古依托其煤炭资源，洁净煤技术也有一定的实践基础。

发展前景广阔。随着石油、天然气替代的进行以及科学技术的进步，以煤为基础的化学转化技术得到发展。煤炭转化技术具有良好的系统性、清洁性、高效性，在节能环保的约束下为实现煤炭资源充分有效利用提供了一条新思路和新途径。在如今煤炭面临产能过剩的大背景下，发展先进煤炭转化技术可拓宽煤炭的应用领域，推进煤炭由燃料向燃料和原料并举转变，具有广阔的发展前景。山西及内蒙古以其丰富的煤炭资源为基础，在煤化工方面也具有较为坚实的发展基础。

（2）劣势（Weakness）

科学技术水平有待提高。当前我国洁净煤技术已得到长足发展，但发展空间还有待扩展。《洁净煤技术科技发展“十二五”专项规划》指出，先进燃煤发电技术在高参数大容量机组的设计制造、系统优化、高温部件材料等方面与发达国家仍有较大差距；煤基清洁燃料技术中煤气化技术在某些核心技术及装备制造方面与发达国家仍有一定差距；某些洁净煤技术如 600 MW 超临界循环流化床、IGCC 技术、燃煤污染物控制与治理技术还需进行工业化试验后才能工业推广。

进一步产业化受阻。我国不乏洁净煤技术，且许多技术在污染物控制方面具有良好效果。但受经济性、政策环境等因素影响，并未实现大规模工业化推广。其原因主要是：某些技术应用成本高，经济性不足；约束型环保而非经济型环保的政策环境不利于企业主动性和积极性的发挥等。

（3）机会（Opportunity）

符合国家及地区的节能环保政策导向。节约能源和保护环境是我国的基本国策，特别是党的十八大以来，生态文明建设提到“五位一体”总体布局的高度。国家节能环保政策导向为洁净煤技术的发展提供了强有力的推动力。此外，生态环保对当前煤炭开发利用形成约束，对我国煤炭开发利用方式转变、煤炭产业链上各相关行业转型升级形成倒逼机制，进而有利于推进我国洁净煤技术的发展。京津冀及周边地区对于洁净煤技术也出台了相关政策文件，指导和促进当地洁净煤技术的发展。

正值国内外洁净煤技术大力发展的有利时机。无论是发达国家还是我国，都对洁净煤技术给予高度关注，并切实采取措施推进洁净煤技术。我国自“十五”以来，通过国家自然科学基金、国家重点基础研究发展计划（“973”计划）、国家高技术研究发展计划（“863”计划）、国家科技支撑计划等国家科技发展计划持续推进洁净煤技术的研发和创新。当前正是国内外发展洁净煤技术的有利时机。此外，发达国家已经形成许多成熟且可推广的洁净煤技术，对我国洁净煤技术的发展起到借鉴和推动作用。

（4）威胁（Threat）

可再生能源发展挤压洁净煤技术发展空间。我国正大力发展太阳能、风能等可再生能源替代，对煤炭利用构成一定威胁。当前我国能源结构日益朝多样化方向发展，可再生能源的发展必然降低煤炭在能源消费中的比例，挤压煤炭能源的利用空间，进而影响洁净煤技术的发展空间。

传统石油化工的威胁。与传统石油化工相比，以煤制油、煤制气、煤制烯烃、煤制乙二醇为代表的现代煤化工还处于发展初级阶段。在终端化工产品市场占有绝对优势的石油化工产品将是煤基清洁燃料强有力的竞争对手。在以市场为导向的市场经济环境下，发展成熟的石油化工技术必然对煤基清洁燃料技术构成一定威胁。

低碳政策的影响。国内及国际对于气候变化的重视以及一系列气候变化国际公约的签署，对化石能源的利用形成较大的威胁。低碳、减碳成为目前各行业发展的新契机和新要求。煤炭是高碳能源，近年来为实现高碳能源低碳化，低碳技术层出不穷，国内外也通过各种政策手段推进低碳发展。低碳政策使煤炭利用更生态化、清洁化、精细化，对我国洁净煤技术发展提出更高的要求。

煤炭行业整体经济形势下滑。近年来，国际经济疲软和新能源替代的双重影响改变了国际煤炭贸易形势，国际煤价下滑态势明显。虽然自给自足是我国煤炭市场的惯有特点，但近年来煤炭进口量逐年加大，对国内煤炭市场产生了相当大的冲击。这必然影响煤炭企业对洁净煤技术的投资力度和应用积极性等，最终不利于洁净煤技术的推广，阻碍其工业化进程。

7.5.2 推广洁净煤技术的可行性

随着国家对节能环保的要求日趋严格、民众对环境质量改善的希望日益迫切，京津冀及周边地区提高能源利用效率、减少污染物及温室气体排放，成为必须完成的艰巨任务。而洁净煤技术是实现能源高效利用、污染物减排的有效措施。

通过对京津冀及周边地区发展洁净煤技术的 SWOT 分析可知，发展洁净煤技术仍然是该地区实现煤炭资源清洁开发利用的现实选择。在该地区推广洁净煤技术机遇与挑战并存。在充分发挥洁净煤技术优势的基础上，应通过技术改进、政策支持等方式补足其劣势，推动洁净煤技术的发展。在京津冀及周边省（区）大力发展洁净煤技术是推进该地区煤炭全产业链洁净化、实现煤炭开发利用与生态环境保护和谐统一、煤炭工业转型升级、推动煤炭资源清洁化利用的重要措施、有力抓手。

从污染物减排角度来看，不同洁净煤技术的减排潜力相差较大，但洁净煤技术涉及煤炭消费利用的全过程，并且可以多项技术配合使用，实现最大程度的减排。例如，燃煤电厂可以使用洗选后的煤炭，并采用超超临界或 IGCC 的燃烧方式，结合烟气治理措施，可以全过程减少污染物的排放，实现污染物的超低排放。对于较难控制的散煤问题，可以采用型煤、兰炭等洁净煤替代劣质煤，结合高效节能的炉具，可以较大程度地改善散烧煤的污染问题。

从经济性角度来看，不同洁净煤技术的投资成本不同，部分技术的经济性不高，前期投资较大。但对于污染物产生量大的污染源来说，控制污染物排放而产生的环境效益、因达标排放而减少的排污费、超低排放获得的补贴等都可以视作经济效益。对于燃煤电厂等大型企业来说，采用高效节能的锅炉或燃烧方式，配合烟气治理设施，不仅可以满足国家达标排放的强制要求，甚至还可以减少污染治理的成本。

综合来看，在京津冀及周边地区推广洁净煤技术是可行的。这不仅是为了满足地区节能减排的政策要求，也是地区绿色发展的保障。无论是从国家政策、技术发展、经济性，还是从节能减排的角度，洁净煤技术都是可以选择推广的能源利用方式。

7.5.3 推广洁净煤技术的政策建议

在京津冀一体化及生态文明建设的大背景下，在京津冀及周边省（区）应大力推广洁净煤技术，具体的建议如下：

推进洁净煤技术的研发。合理把握洁净煤技术发展脉络，瞄准洁净煤技术前沿，立足洁净煤技术现状，理清洁净煤技术发展思路，加强顶层设计，明晰洁净煤技术发展路径。一方面，要根据京津冀现有煤炭利用方式、煤化工现状等地方特色，研发适合当地工艺、经济性好的技术。另一方面，要加强企业与科研单位、国内与国外的交流合作，改进现有技术。

加强政策扶持。洁净煤技术还处于发展初级阶段，需要政府在技术研发、工业化示范以及后续的推广过程中给予政策扶持和财税优惠。国家及地方政府要建立健全相关配套制度体系，包括标准体系、法律法规体系、投融资体系等。

加强技术推广。对较为成熟且可实际应用的技术，要加强技术推广和使用。政府应通过政策引导、资金支持、补贴等形式，引导企业及居民使用洁净煤技术。尤其是山西及内蒙古应依托自身的资源优势及已有的洁净煤技术实践，加强洁净煤技术的应用与推广。

加强环境监管力度。洁净煤技术的推广和应用需要环境监管部门进行配合和协调，保障洁净煤技术的切实使用、正常运行、运行效果等，这样才能更大地发挥相关技术的节能减排潜力。

7.6 推广洁净煤技术的减排效益

7.6.1 常用洁净煤技术的效益分析

洁净煤在环保指标及节能降耗方面有着明显的优势。杭州市环境监测站对杭州市洁净煤中心生产的洁净煤与工业混煤燃烧排放情况进行监测对比发现，洁净煤与工业混煤相比，其所排烟尘浓度下降 61.5%，排放量削减 63.8%，二氧化硫浓度下降 30.0%，排放量削减 32.4%，氮氧化物浓度下降 2.12%，排放量削减 7.77%。根据杭州市节能中心检测，使用洁净煤，锅炉热效率提高 5%，节煤率为 10%。

（1）煤炭洗选

每分选 1 亿 t 原煤，可脱除其中大部分的黄铁矿，可减少二氧化硫排放量 100 万～500 万 t，而其成本仅为烟气脱硫的 1/10。只考虑燃煤成本、脱硫费用和二氧化硫排污费缴纳等，根据测算，若煤价按洗煤比原煤高 35 元/t 计算，则每发电 1 kW·h 可减少成本约 0.001 3 元。

（2）型煤

与直接燃烧原煤相比，型煤可以减少烟尘50%～80%，减少二氧化硫排放40%～60%，燃烧效率可提高20%～30%，节煤率达15%，具有节能和环保的双重效益。另外，采用配送方式可最大限度地减少用户煤炭周转库存，大量节约用户的资金、人员和减少煤炭储存中由于各种原因造成的损耗，同时还可减少煤库的占地。根据测算，产生同等热量，燃煤、用电、燃用煤气与型煤的价格比分别为：40∶1、30∶1、19∶1。可见洁净型煤的使用成本具有较大优势。

（3）配煤

烧动力配煤比烧单种煤的热效率可提高5.1%～10.7%，锅炉出力可提高1.53%～37.46%，节煤5%以上，烟尘排放量降低41%，二氧化硫排放量降低26.7%。近年来，随着煤价上涨，企业成本升高，越来越多的电厂选择配煤掺烧，但由于燃煤电厂原本使用的多是优质煤，掺烧后煤质下降，会造成发热量低、污染物产生量增加等不良后果。

（4）水煤浆

由于水煤浆火焰中心温度比烧煤和烧油低，故氮氧化物生成量较少，可以减少氮氧化物50%、烟尘60%。燃用水煤浆对替代燃煤用户而言，经济性很差。以精煤的价格220元计算，将同样的煤加工成的水煤浆即使按340元计算，水煤浆的质量分数按70%计算，则相当于所用精煤的价格为486元。因此，对于燃煤用户而言，改用水煤浆就不会有积极性。

（5）煤气化联合循环发电技术

联合循环可以提高系统热效率。燃烧高硫煤（硫分为3.5%）的煤气化联合循环发电电站，二氧化硫排放量比煤粉炉加烟气脱硫装置少70%，比常压流化床燃烧锅炉少50%；氮氧化物分别减少60%和25%；固体废物分别减少60%和75%。先进的燃气、蒸汽联合循环发电系统可将燃煤发电效率由目前的40%提高到52%以上，排放的二氧化硫可低于10 mg/m^3。IGCC一般用于大型电站，其投资较高，但是其污染物排放量会大幅减少，热效率也会提高。由于IGCC的经济性影响因素较多，难以给出定量的分析，但其节能减排的环境和经济效益是不容忽视的。

（6）流化床技术

流化床有泡床（BFBC）和循环床（CFBC）两类。与采用煤粉炉和烟道气净化装置的电站相比，二氧化硫和氮氧化物可减少50%以上，无须烟气脱硫装置。当Ca/S为2时，泡床脱硫率为80%，循环床脱硫率为90%；氮氧化物排放浓度小于200 mg/m^3。流化床锅炉与传统锅炉加尾气处理装置的组合不同，可以同步实现燃烧发热与污染物控制，对于污染物产生量较小的企业，无须额外的烟气处理投资，具有明显的投资优势。

一般情况下，考虑到不同技术实现应用时可能存在一定参数上的差异，预估各技术的减排潜力大致如表7.6-1所示。

表 7.6-1 采用洁净煤技术与燃烧原煤相比污染物减排潜力 单位：%

类别	技术名称	污染物减排潜力		
		烟（粉）尘	二氧化硫	氮氧化物
原煤替代技术	煤炭洗选	50～80	60～70	—
	型煤	50～80	40～75	25～40
	配煤	40～60	20～30	—
	水煤浆	60	30	50
燃烧方式	煤气化联合循环发电	＞90	50～70	25～60
	流化床技术	＞80	＞50	＞50

7.6.2 推广洁净煤技术的减排潜力估算

由于不同洁净煤技术应用领域不同，可以替代的燃煤总量也不容易确定，所以根据地区燃煤消费总量及替代比例，大致估算可以产生的减排量。以 2015 年为基准情景，假定采用洁净煤替代原煤，分别估算替代比例为 25%、50%、75%时，可减排的污染物总量。因为不同的洁净煤技术的减排潜力不同，按照原煤替代技术中各项技术的最低减排潜力进行计算，即二氧化硫的减排潜力按照 30%计算，氮氧化物的减排潜力按照 25%计算，烟（粉）尘减排潜力按照 40%计算（表 7.6-2）。

表 7.6-2 2015 年京津冀及周边地区煤炭消费量及污染物排放情况 单位：t

地区	二氧化硫排放量	氮氧化物排放量	烟（粉）尘排放量
北京	71 171.67	137 627.14	49 386.55
天津	185 900.43	246 800.02	100 685.72
河北	1 108 370.93	1 350 808.34	1 575 417.12
山西	1 120 643.18	930 750.79	1 448 903.7
山东	1 525 670.10	1 423 884.03	1 082 461.03
河南	1 144 252.03	1 262 371.87	846 125.01
内蒙古	1 230 945.68	1 139 013.23	878 752.73
总量	6 386 954.02	6 491 255.42	5 981 731.86

从计算结果来看，当现有煤炭消费量的 25%以洁净煤替代后，二氧化硫至少减排 47.9 万 t，氮氧化物至少减排 40.5 万 t，烟（粉）尘至少减排 59.8 万 t。由于京津冀地区正在大力推广以电代煤、以气代煤，且规划中拟设定禁煤区，所以洁净煤替代的范围及替代量不会很大，但从计算结果来看，洁净煤替代原煤，尤其是替代生活散烧煤，其污染物减排量是十

分可观的。综合分析，采用洁净煤替代生活散煤具有较大的环境效益，七省（区、市）都可以进行推广。尤其是对于较为难治理的农村面源，洁净煤替代具有较大优势（表 7.6-3）。

表 7.6-3 不同比例洁净煤替代的减排潜力估算

情景	替代比例/%	二氧化硫减排量/t	氮氧化物减排量/t	烟（粉）尘减排量/t
情景一	25	479 021.6	405 703.5	598 173.2
情景二	50	958 043.1	811 406.9	1 196 346.4
情景三	75	1 437 064.7	1 217 110.4	1 794 519.6

8 京津冀及周边地区产业与能源结构优化建议

8.1 产业结构优化调整建议

8.1.1 统筹优化产业布局

（1）统筹优化区域产业空间布局

打破区域内行政界限，整体考虑产业结构和产业布局。京津冀地区依据《京津冀协同发展规划纲要》中三省市各自的发展定位，依托各自的资源和现有产业优势，结合当地资源和环境承载力，统筹规划产业布局。周边四省（区）依据自身资源和产业优势，配合和融入京津冀的协同发展，充分发挥七省（区、市）的比较优势，引导产业有序转移和承接，形成空间布局合理、产业链有机衔接、各类生产要素优化配置的发展格局，促进京津冀及周边地区产业协同发展。

七省（区、市）区域内要协调发展方向，共同协商和配合，不断调整优化整个区域的产业布局。结合“2+26”城市大气污染防治工作方案，各省（区、市）应加速完成化解钢铁过剩产能任务，推动完成违法“小散乱污”企业取缔工作。首先，应降低盲目的区域产业结构趋同化，因地制宜，根据地缘、资源等优势促成差异化的产业结构。其次，要改变过去到现在合理化与高度化严重不足的产业结构现状，通过降低劳动成本，提升产品附加值等方式逐渐向更合理化、高级化的产业结构转变。长期来看，提升第三产业结构是主要方向之一，根据当前发达国家先进产业结构状况，结合我国国情，即世界平均三产比例达 70%，主要发达国家第三产业比例平均达 75%的产业水平，应分阶段提升第三产业水平，2020 年将第三产业产值占生产总值比例的平均水平提高到 65%以上；2030 年年底前，实现区域产业全绿色，第三产业产值占生产总值比例的平均水平提高到 75%以上。京津冀及周边各区域分别结合各自的规划大力推动产业转型升级，京津冀区域第三产业需在 2020 年达到 70%以上，其中北京需达到 85%左右，天津、河北分别达到 60%、50%左右，2030 年京津冀区域第三产业比例应提升到 80%左右，北京、天津、河北分别应达 90%、70%、60%左右。

（2）有序实现产业互补性转移与整合

京津冀区域中，疏解北京非首都功能的对象，包括一般性产业特别是高消耗产业，区域性物流基地、区域性专业市场等部分第三产业，部分教育、医疗、培训机构等社会公共服务功能，部分行政性、事业性服务机构和企业总部等四类非首都功能。按照相关规划实现产业的精准转移与对接。河北省应重新规范和整合开发区布局，形成区域开发区平台，以承接北京的产业转移。京津两地外迁企业要根据其资源消耗、环境影响、产业特征等合理布局，形成集成型的产业园区。周边地区应加快产业发展定位，制定产业转移承接规划，实现对京津冀区域的产业承接以及区域自身的互补性合作发展。

另外，应加快产业转移到整合的过渡，借产业迁移之机合理布局三地产业结构。依据各园区的支柱产业、产业发展程度、发展潜力、当地资源环境承载能力、产业链布局等因素，整合三地的开发区、技术园区，形成各具特色、产业优势明显、产业链完整、集中度高、集成性好的新型产业园区。周边四省（区）尤其是山西和内蒙古要在资源方面对其他区域提供支撑。

（3）建设产业疏解承担平台

按照产业渐进、梯次的转移规律，利用地缘优势以大量承接京津产业转移到河北等地。应加快北京的产业疏解合作平台建设，推进产业转移，周围城市也应将搭建平台承接北京的产业转移作为重点工作。加强北京的辐射带动作用，为产业发展提供技术、管理、金融、物流等生产性服务。在载体对接方面，继续建设未来科技城、滨海新区中心商务区、武清京津产业新城、静海团泊健康产业园等功能承接平台，围绕产业、科技、服务、金融、物流等方面提升承接能力，促使这些平台成为带动京津冀发展的有效载体。周边地区应根据城市禀赋和比较优势，努力承接产业，错位发展。同时，注意防止以丧失本地区均衡发展为代价而过度开发。

8.1.2 推动现有产业升级改造

（1）推进现代化农业发展

京津冀地区主要是以河北农业结构的调整为主线，北京和天津由于地域因素，发展农业有局限性。具体可以通过合理的农业布局调整，优化三地种植品种结构，引进新型技术，发展绿色农产品，做好农产品的加工转化，着力推进农业产业化经营，充分发挥紧邻北京的区位优势，在环京津地带大力发展生态型和城郊型现代农业，努力建成北京的生态涵养地和蔬菜等副食产品供应基地，加快延伸农业产业链，拓展农业多种功能，引导产业集聚发展，以培育多元化农村产业融合主体，建立多形式利益联结机制等，提升农产品附加值和国际竞争力，提高农业产品服务化水平，拓宽第一产业的现代化市场。

周边地区可根据自身禀赋资源，在保证“粮食安全”的前提下，调整农业结构，如山西应加快粮食种植结构调整优化，转变粮食生产发展方式，构建具有地方特色的现代种植业生产体系、经营体系、产业体系。山东应考虑适当缩小种植业的面积，大力发展林业、海洋渔业及其相关服务业，提高其在第一产业中的比重。此外，还应依托相关龙头企业，加强对农产品的技术加工与包装，譬如可以依托青食、青啤、大洋、华东等制品企业，发展海洋产品、粮油农产品的精加工；河南继续以构建现代农业经营体系、生产体系和产业体系为重点，加快培育新型农业经营主体，创新农业经营方式，发展生态农业，健全农业社会化服务体系，推动农业产业化集群培育工程，实现多种形式的农业适度规模经营发展。内蒙古加快推进农牧业供给侧结构性改革，以绿色发展为导向，加快推进农牧业转型升级和现代化建设，加快实现农牧业大区向农牧业强区转变，形成具有区域品牌特色的农牧业体系。

（2）推动工业转型升级

作为京津冀地区经济发展的基础，工业结构的调整是协同发展的重中之重。结合“2+26”城市大气污染防治工作方案要求，推进重点行业治污升级改造。首先，应从调整微观的组织结构入手，尽快形成专业化分工的生产组织体系，发挥规模经济效应，以市场机制引导资源合理配置，通过技术研发投入等创新激励，提高生产技术水平和产品质量，从而加强企业的竞争力。其次，应依托京津冀经济圈所拥有的区位优势、人才优势和政策优势，结合其与发达国家之间的较大差距以及较大的发展空间，大力培育高新技术产业的发展。对此，区域内政府应该以区域整体为出发点协调制定各地高新技术产业发展战略。同时应保证企业的主体地位，以市场需求为导向，通过技术转让、委托研发、共同合作等形式，加快企业科技创新进程。使区域的科研资源得到有效利用，迅速提升企业竞争力。逐步形成产、学、研的良性机制。最后，鉴于工业发展所带来的污染问题较为突出，京津冀区域工业转型发展需要走低碳经济（即清洁化、集约化生产）的道路。高污染、高能耗的产业需淘汰，环保型工业行业将是重点发展方向。政府需提供必要的资金和政策支持，企业需提高自主创新能力，加快工业的转型升级进程。

周边地区应结合自身工业发展形势，在发展特色制造业的基础上，努力培育发展高新技术产业。山西在实施战略性新兴产业发展规划的基础上，特别要注重煤炭行业的改革创新，优先发展节能减排产业，加快传统产业技术改造，化解过剩产能，推动工业绿色转型发展。山东可优先发展具有规模优势和较强竞争力的现代制造业，培植新兴产业，改造传统优势行业，化解淘汰抵消落后产业，实现工业转型升级。河南继续加快产业集聚区建设，快速发展制造业，内蒙古继续推动新兴工业体系构建，加快优势产业基地建设，加强工业发展，促进工业经济平稳增长。

（3）加快现代服务业发展

加强第三产业的协同发展是经济发展的大趋势，是一体化发展进程中的重要发展方向，其发达程度已经成为区域经济结构合理与否的重要标准之一。北京作为第三产业发展较佳的城市，在区域经济一体化中的带动地位基本形成。服务业的发展水平一直是各省（区、市）第三产业中的发展重点，而当前京津冀服务业的发展仍处在中上游，区域各地区发展不均衡现象严重，北京和天津发展较快，河北相对比较落后。传统服务业和现代服务业比例不均衡。对此，首先，应以先进的管理技术，改造传统服务业，改变其劳动生产率落后的局面。其次，鼓励发展现代服务业特别是生产性服务业，充分发挥中心城市作为现代服务业空间载体的功能，带动整个区域产业结构优化升级，壮大生产性服务业总量规模，加强产业集聚程度，建成一批特色鲜明、主业突出、功能完善、配套齐全的生产性服务业集聚区。同时，还需加快第三产业的进一步开放，以提高京津冀地区服务业的国际化水平。

周边地区在结合产业发展定位的基础上，努力提升第三产业比例。山西着力促进生产性服务业结构优化，促进企业集中化、规模化、专业化和社会化程度大幅提高，形成符合区域特色的生产性服务业空间发展格局及生产性服务业密集区。山东应在注重典型行业水平提升的基础上，重点发展现代服务业，扩大行业类型的同时，保证质量改进，区域性打造龙头企业，形成规模效应后逐步辐射到其他区域，同时加大不发达地区的投资，提高服务业的水平。河南应深化传统服务业的改革，加强服务业的市场化、产业化发展，提高产业集中度和市场竞争力。内蒙古应以区情为出发点，加快生产性服务业的发展，在保证传统服务业发展的基础上，加大对新兴服务业的投资，实行服务业税费减免优惠政策，鼓励服务产品创新和技术创新，提升生产型服务业规模和层次，打破服务行业垄断，引进市场竞争机制，提高服务业的国际竞争力。

8.1.3 完善产业基础条件建设

（1）加快交通设施一体化建设

实现互联互通是京津冀地区协同发展的基础。解决好首都工程疏解进程中交通格局的调整和规划建设问题，对天津和河北具有明显的经济发展意义，对北京则是疏解首都功能的基础条件，加快京津冀区域的交通建设，促进铁路、公路等无缝连接，避免交通断崖，有效推动京津冀区域及与周边区域形成完善、经济的交通网络。加快北京新机场建设，将石家庄机场纳入首都机场集团统一管理；尽快完成京津城际延长线和津保铁路调试；加快张唐铁路建设，推动京张铁路、丰台站改造工程进展等；实现首都地区环线高速、京秦高速、京台高速等一批“断头路”“瓶颈路”段的打通或扩容。同时，加快周边地区的交通路线设计与建设，加快实现与京津冀区域的互通连接。

（2）促进人才一体化发展

以人才结构优化来引领和助推产业结构调整，是区域协同发展的根本措施。一方面，各区域需着力培养大批高素质人才；另一方面，各区域需要共同打通人才流动、使用、发挥作用中的体制机制障碍，实现人才资源共享。具体措施可包括：制定统一的人才发展战略。加强人才数据库共享，搭建统一开放的人才交流平台，方便区域内的人才信息利用；

整体考虑区域未来人才需求总量，确立人才开发的重心、统筹考虑人才引进、培养的分工合作，实现人才结构的错位布局；同时要搭建人才对话与协作交流的平台，促进相互之间的思想碰撞和科研资源的共享。建设人才“飞地”，让企业带动人才流动。从政策上实现区域内的同地经营，从而实现“人才随着产业走，市场用脚投票”，让人才随着企业而在区域内部流动。再者可以实行人才柔性引进，科研院所和高校的高层次人才，可以根据自身的实际需要选择单位和落户地点，支持科研人员和企业合作，发挥人才潜在价值。地方政府要针对区域专业人才储备、资源禀赋和产业基础，进行综合的风险分析，以向产业布局输送人才。最终形成人才合力，实现人才一体化发展。

（3）加强环境基础设施建设

生态环境共建共保是京津冀协同发展的重点，产业的承接和转移过程中，必须保证生态环境的安全。区域之间可联合制定环境基础设施建设统一规划，有计划地建设并完善区域污水处理设施、垃圾处理设施，加大脱硫脱硝除尘设施的建设运营，各地政府带头，加大区域环境基础设施建设投资，同时实施基础设施建设工程产业化运作，吸引社会投资，为建设完备的环境基础设施提供支持，推进整个区域的环境基础设施建设等。争取到2020年，基本建成城乡公共环境基础设施体系，保障京津冀及周边地区的产业整合及一体化发展顺利开展。

8.1.4 创新协同发展机制

（1）统筹协调京津冀产业协同发展政策

要实现京津冀协同发展，最根本的是要在制度上协调和统一。产业政策是产业发展的指南和方向，只有统筹七省（区、市）的产业政策，使区域发展方向一致、产业结构调整思路一致，才能实现协同发展，尽早实现产业的统一规划、统一管控。区域内的产业政策、财税政策、发展方向需进行协商和统一，在土地保障、融资支持、资源供给、市场准入、要素供给、劳动用工、公司设立等各个方面提供政策支持。

（2）改革政府考核机制

地方政府对自身利益最大化的追求一直是众多学者认为形成产业结构非合意性趋同的一个重要原因。要打破产业趋同化，就需要对当前的产业发展机制进行改革，根本上应从驱动力层面出发，改革政府的考核机制。建立一种全新的评价体系，如此才能保障地方政府的行为与地方发展利益实现真正的均衡。

（3）制定完善的财税政策

区域间的产业协同发展需要设定明确的财政支持和税收分享制度。在财政方面，应加强政府投资制度建设，积极筹措财政资金出资引导基金，并保障执行；税收方面，区域政府间可按照对产业的边际贡献系数比例，在省际产业转移时，实行税收分享，即横向分税制；对于跨省市合作项目带来的新增增值税、所得税等地方留成部分，可按一定比例在合作地区之间进行分成。

（4）建立生态补偿机制

充分考虑大气污染问题，是解决京津冀协同发展问题的根本出发点之一，为了形成联防联控机制，应在过去唯发展论的基础上，革新理念，充分认识和理解生态问题对京津冀区域协同发展的重要性，从体制机制上探索解决方法，注重生态补偿机制构建，具体落实到恢复及建立生态廊道等工作上，促进产业的绿色发展与布局。

（5）完善利益协调分享机制

要保证各地区政策的一致性，做好利益分享的制度设计，从政策上做到协同发展。推进大通关体系建设，建立信息互换、监管互认、执法互助工作机制，建立区域统一的企业产权、知识产权、林权等市场化流动制度，推动制定跨区域的技术、人才等要素流动和优化配置的政策措施，促进金融、旅游等资源共享，加快一体化进程。

（6）健全市场调节功能

发挥市场作用，减少商品、服务和要素在区域内外流动的障碍和行政干预，让价格机制在市场资源的空间配置中起到重要作用，使得高投入、低产出的产业从劳动力短缺的地区流向劳动力资源和空间资源相对丰富的地区，因此市场建立健全市场调节与政府引导相结合的跨界协调机制，对打破行政区划藩篱，清除市场壁垒有很大作用。

（7）加大投融资机制创新

跨区域的基础设施投资必然需要地方投融资机制创新。这既需要金融机构在配置金融资源时作出创新和调整，又要创新机制引入社会资本，特别是京、津、冀三地的金融资源和社会资本分布并不平衡，需要在地方投融资改革中做出新的融资安排，既要解决区域交通体系建设的融资瓶颈，又能缓解地方债务压力，理顺融资和投资机制，在财政资金引导和社会资金引入上有所突破。周边地区同样面临类似问题，需要在投融资机制上加大政府支持和市场激励，加大对京津冀及周边地区产业升级、冬季清洁取暖和大气污染治理等领域的信贷投放。促进搭建金融合作平台，有序有效提供金融供给，优化金融资源配置，以更好地服务于各地产业的协同发展。

8.2　能源结构优化调整建议

8.2.1　削减煤炭消费总量

以保障城市空气质量达标为出发点，通过实施区域煤炭消费总量控制政策，不断削减区域煤炭消费总量，降低煤炭消费比重，实施煤炭消费减量替代，提高煤炭清洁高效集约化利用水平，从源头上实现多污染物综合控制与节能减碳。

加大力度削减中部平原核心区煤炭消费总量，提升西部能源基地供给能力，实现煤炭利用的集约化。将京昆高速以东，荣乌高速以北，天津市、保定市、廊坊市与北京市接壤的区县之间区域划定为禁煤区，除煤电、集中供热和原料用煤企业（包括洁净型煤加工企业用煤）外，到 2017 年年底前全面实现无燃料煤炭。到 2020 年，北京市基本实现无煤化，其他 16 个重点城市以及传输通道城市全面实现规划区无燃料煤炭；北京市、天津市、河北省煤炭消费量相比 2015 年分别降低 50%、25%、20%，分别降至 600 万 t、3 000 万 t、24 000 万 t 以内，煤炭在一次能源消费中所占的比重分别降至 10%、50%、60%；山东省、河南省煤炭消费量相比 2015 年分别降低 25%、20%，分别降至 30 000 万 t、20 000 万 t 以内，煤炭在一次能源消费中所占比重的下降幅度要高于全国平均水平；内蒙古自治区、山西省煤炭消费量增速低于 2%。到 2030 年，其他 16 个重点城市以及传输通道城市全面实现平原地区无燃料煤炭；京津冀煤炭消费量保持持续下降，天津市、河北省煤炭消费量相比 2015 年分别降低 50%、60%，分别控制在 2 000 万 t、12 000 万 t 以内；山东省、河南省煤炭消费量相比 2015 年分别降低 63%、60%，分别控制在 15 000 万 t 和 10 000 万 t 以内；内蒙古自治区、山西省煤炭消费总量实现负增长。

（1）划定禁煤区

加大力度削减核心控制区煤炭消费总量，提升山西、内蒙古煤电供给能力，实现煤炭利用的集约化和清洁化。将天津市 3 个（武清、宝坻、蓟州等）区、廊坊市 9 个（广阳、安次、香河、三河、大厂、固安、永清、霸州、廊坊开发区等）、保定市 9 个（涿州、高碑店、白沟、定兴、涞水、容城、雄县、易县、徐水等）县（市、区）以及三河市、大厂回族自治县、香河县划定为禁煤区，除电煤、集中供热和原料用煤外，到 2017 年年底前全面实现无燃料煤炭，大气污染传输通道“2+26”城市实现煤炭消费总量负增长。到 2020 年，北京市实现平原地区基本无煤化、其他 27 个传输通道城市全面实现建成区无燃料煤炭，京、津、冀、鲁、豫五省（市）煤炭消费总量控制在 8.8 亿 t 以内；到 2025 年，进一步扩大禁煤区范围，区域内区县建成区实现无燃料煤炭；到 2030 年区域地级及以上城市全面实现平原地区无燃料煤炭，京津冀煤炭消费总量保持持续下降，控制在 15 000 万 t，山东煤炭消费总量不超过 20 000 万 t，努力实现蒙、晋、豫三省（区）煤炭消费总量负增长。

（2）推行区域差别化能源政策

在能源消费总量大且大气污染严重的核心控制区、重点控制区和延伸控制区，制定严格的能源消费控制政策，大力优化能源结构，发展清洁能源。在能源资源丰富的山西、内蒙古，根据水资源和生态环境承载能力，在节水节能环保、技术先进的前提下，合理加大能源开发力度，增强跨区调出能力。

实行区域能源消费总量和强度双控，完善目标分解落实机制，强化目标导向和指标约束。推动区域能源消费总量尽快达到峰值，北京市努力实现能源消费总量在 2020 年左右达到峰值，京津冀地区、山东省和河南省努力实现能源消费总量在 2025 年左右达到峰值，内蒙古自治区、山西省在 2030 年之前能源消费总量达到峰值。

（3）优化调整用煤行业规模与布局

严守空间红线、总量红线、准入红线“三条铁线”的要求，优化调整以煤炭为原料或燃料的行业规模与布局。京、津、冀三地严禁新增以煤炭为原料或燃料的行业，强制淘汰落后产能，在满足当地资源环境承载力的前提下采取升级改造、异地重建的方式转移必须保留的以煤炭为原料或燃料的行业产能。区域地级及以上城市建成区原则上不得新建燃煤锅炉。核心控制区严禁新建除热电联产以外的用煤项目，河北省、山东省、河南省新建用煤项目需实行煤炭减量替代。

到 2020 年年底，全面完成北京市、天津市现有工业企业及经营服务场所清洁能源改造，不再新建用煤企业，其他地区逐步淘汰用煤落后产能，保定市和廊坊市、沧州市除保留必要的热电联产和大型集中供热设施外不再有其他燃煤设施；到 2025 年年底，北京市、天津市及石家庄市、济南市、郑州市建成区全面禁止燃料煤的使用，河北省、山东省、河南省其他地级市建成区逐步推进工业企业和经营服务场所燃煤设施实施清洁化能源改造。

（4）严格民用煤炭散烧控制

以冬季取暖清洁化为压减居民生活散煤的突破口，以城中村、城乡接合部和农村地区为重点治理对象，全面推进民用清洁燃煤供应和燃煤设施清洁改造，加快推进天然气输配管网和农村电网升级改造，多方开拓煤改气气源，提高管道输送能力，通过煤改气、电、热泵利用工业余热供暖等措施推进民用生活散煤压减。重点加快区域电网改造，提升供电能力，为散煤采暖改用热泵为主的清洁节能采暖提供电力支撑。在不具备改造条件的地区推广洁净型煤和先进炉具，制定先进民用炉具标准，在有条件的城市对先进炉具消费者实行补贴。制定以环保指标为主要内容的、严于国家标准的京津冀及周边地区煤炭产品质量地方标准，从需求侧出发合理规划分区域的大型全密闭配煤中心，建设洁净型煤生产—流通—供应网络。强化煤炭使用全过程监管，推行优质洁净、低排放煤炭产品的替代机制，建立煤炭管理信息系统，对煤炭供应、储存、配送、使用等环节实现动态监管。到 2020 年，北京市全面实现零民用散烧煤，其他传输通道城市基本实现平原地区零民用散烧煤；津、冀建成覆盖所有乡镇村的洁净煤供应网络，民用散烧洁净煤使用率达到 100%以上，蒙、晋、豫、鲁四省（区）的重点规划区（传输通道城市和 5 个盟市）达到 80%以上，民用散烧煤含硫率不高于 0.4%。到 2025 年，传输通道城市全面实现零民用散烧煤；蒙、晋、豫、鲁四省（区）省会城市建成区实现零民用散烧煤，其他地区民用散烧洁净煤使用率达到 100%以上。到 2030 年，区域其他地级及以上城市平原地区全面禁止民用散烧煤。

8.2.2 提高清洁能源消费比重

加大清洁能源供给能力，努力提高电力调入能力，持续提高天然气消费比重，大力发展风能、太阳能、地热能、生物质能等可再生能源，在周边地区适度安全发展核电，不断优化区域能源消费结构。

2020 年，北京全市建成以电力和天然气为主体、地热能和太阳能等可再生能源为补充的清洁能源体系，优质能源消费比重提高到 90%以上，可再生能源比重达到 8%左右，外调电受电能力达到 3 400 万 kW，外调电比例达到 70%以上；天津市外调电比例达到 1/3 以上，非化石能源占一次能源消费比重达到 4%；河北省非化石能源占一次能源消费比重达到 10%；山东省外调电受电能力达到 2 400 万 kW，非化石能源占一次能源消费比重达到 7%；河南省非化石能源占一次能源消费比重达到 8%；内蒙古自治区和山西省外送电力装机容量均不低于 6 000 万 kW。

（1）提高西部电力输送能力

提高西部能源基地和西北部生态涵养区能源富集地区向京津冀地区输入电力的能力，加速建设大型煤电基地，加快重点输电通道建设。

优化并加快速建设大型煤电基地。在资源环境可承载的前提下，在山西省、内蒙古自治区等煤炭富集地区，按照最先进的节能环保标准，发展大容量、高参数超临界、超超临界燃煤发电机组，建设大型燃煤电站（群），重点推进鄂尔多斯、锡林郭勒盟、晋北、晋中、晋东等以电力外送为主的千万千瓦级现代化大型煤电基地建设，提高煤炭就地转化率。

加快重点输电通道建设。发展远距离大容量输电技术，加快电网一体化建设，依托国家特高压电网、华北电网，采用安全、高效、经济先进输电技术，推进山西省、鄂尔多斯盆地、锡林郭勒盟能源基地向京津冀鲁地区的输电通道建设，加快建成已列入“大气十条”的重点输电通道方案的特高压外送电通道，推动扩大东北、山西省、内蒙古自治区等能源基地向京津冀输电规模。

（2）持续提高天然气消费比重

坚持增加供应与提高能效相结合，加强供气设施建设，扩大天然气进口，努力提高天然气占一次能源消费的比重。到 2020 年，实现北京市、天津市城镇居民生活 100%使用管道天然气，河北省、山东省城市管道燃气普及率将分别达 90%和 80%以上，北京市、天津市、河北省、山东省天然气占一次能源消费比重分别提高到 40%、25%、11%和 10%；到 2030 年，北京市、天津市、河北省、山东省天然气占一次能源消费比重分别提高到 60%、40%、20%和 20%。

提高区域天然气输送与储存能力。多渠道增加天然气供应，形成陕京、中俄、海上等输气通道。加快主干天然气管网、LNG 接收站等基础设施建设，增加国内、国外向京津冀输送天然气的能力。完善北京市、天津市、河北省、山东省的现有储气库，新建适当规模的地下储气库，采用集中与分布相结合的方式加快储气能力建设。

加强天然气需求侧管理。新增天然气应优先保障居民生活和替代分散燃煤，优先加快实施保民生、保重点的民用煤改气项目。鼓励发展天然气分布式能源等高效利用项目，在气源落实的情况下，循序渐进替代分散燃煤。

适度发展天然气发电。在北京市、天津市、河北省、山东省地区，在气源落实的前提下，有序发展天然气调峰电站，结合热负荷需求适度发展燃气—蒸汽联合循环热电联产。

（3）大力发展可再生能源

按照输出与就地消纳利用并重、集中式与分布式发展并举的原则，有序发展风电，加快发展太阳能发电，积极推进生物质能、地热能和海洋能开发利用，加强电源与电网统筹规划，科学安排调峰、调频、储能配套能力，实施可再生能源电力优先上网。

①有序发展风电。在深入做好资源评价与气候影响评价的基础上，统筹规划、有序推进冀北、晋北、蒙、鲁等大型现代风电基地及配套送出工程建设，解决弃风限电问题，省内就地消纳与区域协同消纳并举，因地制宜推广风电与地热及低温热源结合的绿色综合供暖系统，推动张家口、承德、乌兰察布、赤峰、锡林郭勒盟、包头等地区的风电有序开发和统筹消纳。到 2020 年，北京市、天津市、河北省、山东省、河南省、山西省、内蒙古自治区风电累计并网容量分别达到 50 万 kW、100 万 kW、1 800 万 kW、1 200 万 kW、600 万 kW、900 万 kW、2 700 万 kW；到 2030 年，区域风电装机容量继续大幅提高。

②加快发展太阳能发电。按照“自发自用、多余上网、电网平衡”原则，结合资源特点和区域用能需求，大力推广与建筑结合的光伏发电、太阳能热利用，鼓励大型公共建筑及公用设施、工业园区等建设屋顶分布式光伏发电，提高分散利用规模。积极开拓接入低压配电网的就地利用的分散式风电，完善调峰、调频、备用等系统辅助服务补偿机制，完善可再生能源分布式发电补贴政策。到 2020 年，北京市太阳能光伏装机容量达到 116 万 kW，太阳能集热面积达到 900 万 m^2；天津市太阳能光伏装机容量达到 200 万 kW，太阳能集热面积达到 1 000 万 m^2；河北省太阳能光伏装机容量达到 1 500 万 kW，太阳能集热面积达到 1 600 万 m^2。到 2030 年，区域太阳能利用能力继续大幅提高。

③积极发展地热能、生物质能和海洋能。坚持统筹兼顾、因地制宜、多元发展的方针，有序开展地热能、海洋能资源普查，制定生物质能和地热能开发利用规划，积极推动地热能、生物质和海洋能清洁高效利用，推广生物质能和地热供热，开展地热发电和海洋能发电示范工程。到 2020 年，北京市、天津市、河北省、山东省、河南省地热供暖能力分别达到 7 000 万 m^2、3 500 万 m^2、13 000 万 m^2、10 000 万 m^2、10 000 万 m^2；到 2030 年，区域地热供暖能力继续大幅提高。

（4）在周边地区适度安全发展核电

在周边地区通过建设核电，改善整体能源结构。强化在建核电项目全过程管理，在采用国际最高安全标准、确保安全的前提下，保障建设质量，加快推进沧州海兴核电项目，山东海阳、石岛湾及国核示范电站等在建核电站建设进度并及时投入发电运营，进一步研究论证其他内陆核电项目。到 2020 年，在京津冀周边地区投运核电装机容量不低于 850 万 kW，2025 年不低于 1 200 万 kW，2030 年不低于 1 700 万 kW。

8.2.3 推进全社会节能减排管理

推进社会各领域节能减排，抑制能源消费过快增长，实施煤电行业升级改造，推进重点工业领域与建筑领域节能减排，大力发展新能源与燃气交通，努力推动生活用能方式变革，促进全社会节能减排。

（1）推进重点工业领域节能减排

①强化燃煤工业锅炉节能降耗。提高燃煤锅炉、窑炉污染物排放标准，对经过整治仍无法达标排放的燃煤锅炉、窑炉坚决取缔。在化工、造纸、印染、制革、制药等产业聚集区，通过集中建设热电联产和分布式能源逐步淘汰分散燃煤锅炉。加快推进集中供热、天然气分布式能源等工程建设，在供热供气管网不能覆盖的地区，改用电、新能源或洁净煤，推广应用高效节能环保型锅炉。区域地级及以上城市建成区原则上不得新建燃煤锅炉。

②以能源消费约束落后用煤行业产能。参考能效领跑者的内容进行确定，对高耗能产业和产能过剩行业实行能源消费总量控制强约束，其他产业按先进能效标准实行强约束，现有产能能效要限期达标，新增产能必须符合国内先进能效标准。对于装备水平低、能源消耗高、环保设施差、污染严重的用煤企业，要依据国家有关法律、法规和当地环境质量状况，坚决予以取缔。优化调整钢铁、焦化、石化、建材等产业布局，建立以工艺、技术、能耗、环保、质量、安全等为约束条件的推进机制，强化行业规范和准入管理，坚决淘汰落后产能。

③实施工业节能行动计划。实施电机、内燃机、锅炉等重点用能设备能效提升计划，推进工业企业余热余压利用。深入推进工业领域需求侧管理，积极发展高效锅炉和高效电机，推进终端用能产品能效提升和重点用能行业能效水平对标达标。以整合设计和先进技术应用为突破口，全面推动主要能耗行业和各类园区节能改造，提升工业能源利用效率和清洁化水平。优先在工业领域探索实施系统化节能，挖掘能源梯级利用和资源综合利用潜力，充分利用工业余热进行城市供暖。利用能效电厂、需求响应、能源互联网等模式深化工业领域节能，不断提升系统效率水平。

（2）推进建筑领域节能减排

①实施绿色建筑行动计划。加强建筑用能规划，加快绿色建筑建设，2017 年在河北省、

山东省、河南省全面实施75%居住建筑节能设计标准。推行公共建筑能耗限额和绿色建筑评级与标识制度，大力推广节能电器和绿色照明，积极推进新能源城市建设。在京津冀城镇地区，到2020年绿色建筑占新建建筑的比例达到50%，到2025年新建建筑全部绿色化，并对在用建筑实施有序的绿色化改造，到2030年基本实现建成区绿色建筑全覆盖。

②实施建筑能效提升工程。推进供热计量改革，新建建筑和经供热计量改造的既有建筑实行供热计量收费。加快既有建筑节能改造，在京津地区开展零能耗或者超低能耗建筑的试点工作，推广带有热回收功能的居住建筑和公共建筑新风系统。

（3）推动生活用能方式变革

①实施新城镇、新能源、新生活行动计划。科学编制城镇规划，优化城镇空间布局，推动信息化、低碳化与城镇化的深度融合，建设低碳智能城镇。制定城镇综合能源规划，大力发展分布式能源，科学发展热电联产，鼓励有条件的地区发展热电冷联供，发展风能、太阳能、生物质能、地热能供暖。

②加快农村用能方式变革。抓紧研究制定长效政策措施，推进绿色能源县、乡、村建设，大力发展农村小水电，加强水电新农村、电气化县和小水电代燃料生态保护工程建设，因地制宜发展农村可再生能源，推动非商品能源的清洁高效利用，加强农村节能工作。加强城乡用电高效衔接，完善配电网建设及电力接入设施、农业生产配套供电设施，实施新一轮农村电网改造，全面提升区域农村地区供电可靠性，切实提升农村电力普遍服务水平，助推农村电器设备升级换代。推动区域农村地区建立包含太阳能、生物质能、小水电、沼气等多能互补的清洁能源系统，推进农村用能结构转型。2017年年底前，北京实现农村炊事气化，2020年天津市农村地区炊事气化全覆盖，其他地区2025年实现炊事气化。

③开展全民节能行动。实施全民节能行动计划，加强宣传教育，普及节能知识，推广节能新技术、新产品，大力提倡绿色生活方式，引导居民科学合理用能，使节约用能成为全社会的自觉行动。

④能源运输网络建设。2020年年底前推进区域煤、电、油、气运输方式升级改造，完善西部煤炭能源储备、核心区域电力储备和东部地区核能储备能力建设及调峰设施建设。加快推进区域内跨省市骨干能源输送网络建设，实现煤炭的清洁无污染运输，优化建设电网主网架和跨省输电通道。2025年年底前，优化和完善区域电、气运输设施，建设区域统一电、气运输网络，完成核心区外围电、气储备和调峰设施升级改造，形成多个电力输送大通道。2030年年底前，全区域实现电、气统一调配和统一管理。

参考文献

[1] 柴发合，薛志钢，支国瑞，等. 农村居民散煤燃烧污染综合治理对策[J]. 环境保护，2016，44（6）：15-19.

[2] 陈丹，林明彻，杨富强. 制定和实施全国煤炭消费总量控制方案[J]. 中国能源，2014，36（4）：20-24.

[3] 罗宏，张保留，吕连宏，等. 基于大气污染控制的中国煤炭消费总量控制方案初步研究[J]. 气候变化研究进展，2016，12（3）：172-178.

[4] 贾静涛，孙文生，李园菲，等. 河北省产业结构与经济增长关系的实证分析[J]. 经济论坛，2017（2）：22-25，72.

[5] 潘和平，梁明. 安徽省产业结构合理化和高度化实证研究[J]. 安徽建筑大学学报，2016，24（5）：88-92，100.

[6] 张婷婷. 京津冀地区大气环境规制与经济增长关系的实证研究[J]. 生态经济，2016，32（8）：158-164.

[7] 曹慧丰，毕巍强，曾诗鸿. 产业结构调整的大气污染治理效应——以河北省为例[J]. 管理世界，2015（12）：182-183.

[8] 赵丽芬. 美国和日本产业转型升级的经验与启示[J]. 产业经济评论，2015（1）：100-104.

[9] 王栋. 京津冀协同发展背景下的产业结构优化研究——以河北省为例[J]. 经济论坛，2014（8）：13-16.

[10] 王旭. 产业结构变动与经济增长关系的实证研究[D]. 重庆：西南大学，2014.

[11] 宋晓梅，徐剑琦. 对京津冀大气环境的影响产业结构[J]. 中国统计，2014（5）：49-50.

[12] 李淑敏. 山东省产业结构变动对经济增长影响的实证研究[D]. 济南：山东财经大学，2014.

[13] 孙根紧. 我国西南地区产业结构趋同的实证分析[J]. 区域经济评论，2013（1）：69-74.

[14] 曹刚. 区域产业结构演进与经济增长关系的实证研究[D]. 兰州：西北师范大学，2012.

[15] 李蓁. 产业结构合理性问题研究及中国的实证[D]. 昆明：云南大学，2012.

[16] 王兆生. 能源结构、经济结构与经济增长关系研究[D]. 沈阳：辽宁大学，2012.

[17] 张景. 京津冀地区产业结构对经济增长质量的影响研究[D]. 大连：东北财经大学，2011.

[18] 李烨，杨卫芳，李劲，等. 调整产业结构改善区域大气环境质量[J]. 环境与可持续发展，2011，36（2）：42-45.

[19] 陈红霞，李国平. 京津冀区域经济协调发展的时空差异分析[J]. 城市发展研究，2010，17（5）：7-11.

[20] 冷玉东. 山西省产业结构变动与经济增长关系的实证研究[D]. 太原：山西财经大学，2010.

[21] 罗琦，李艺纹. 基于 VEC 模型的天津市产业结构与经济增长的实证分析[J]. 天津经济，2009（10）：25-28.

[22] 闫家厂，杜小梅. 河南产业结构与经济增长的关联分析及调整对策[J]. 经济研究导刊，2009（4）：112-113.

[23] 郭亚军，杨耀东，张瑞华. 区域产业结构的合理性及其评价方法[J]. 工业技术经济，2003（3）：76-77.

[24] 董计鑫. 锅炉低氮燃烧技术分析及应用[J]. 能源与节能，2016（8）：98-99.

[25] 冯炘，李玲，解玉红. 天津市纤维素乙醇替代传统化石能源费用效益分析[J]. 产业与科技论坛，2015，14（14）：42-45.

[26] 盖彩虹，艾晓玉. 煤炭直接液化技术及其发展趋势[J]. 广东化工，2010（10）：242-243.

[27] 郭海涛.2016 年中国能源政策调整方向及重点研判[J]. 中国石油经济，2016，24（2）：1-7.

[28] 郭亚丽. 国外五大城市群的产业结构特点[J]. 合作经济与科技，2008（13）：23-24.

[29] 郝大庆. 内蒙古煤炭资源清洁高效利用技术战略研究[D]. 呼和浩特：内蒙古大学，2014.

[30] 郝吉明，王金南，蒋洪强，等. 环境承载力约束下的国家产业发展布局战略研究[J]. 中国工程科学，2017，19（4）：20-26.

[31] 郝宇，尹佳音，杨东伟. 中国能源贫困的区域差异探究[J]. 中国能源，2014，36（11）：34-38.

[32] 何燕，胡晓，蒋平，等. 经济激励政策对绿色建筑发展的促进作用分析[J]. 环境与可持续发展，2017，42（6）：34-39.

[33] 黄莹灿，李梦，王燕楠，等. 风电节能减排环境经济效益分析[J]. 中国市场，2014，（24）：135-139，174.

[34] 黄渝祥，刘俊. 大气污染防治项目的费用-效果分析[J]. 同济大学学报（社会科学版），2007，18（2）：108-111.

[35] 朱琳. 基于成本—效益的节能减排政策执行效果分析[D]. 天津：天津师范大学，2014.

[36] 吉卫华. 京津冀散煤治理攻坚农村[N]. 中国电力报，2015-10-31（003）.

[37] 蒋建云，章永洁，叶建东，等. 北京农村地区燃煤供暖替代技术方案实效对比[J]. 暖通空调，2016，46（9）：51-55.

[38] 李德英. 供热工程[M]. 北京：中国建筑工业出版社，2004.

[39] 李江龙. 中国的能源转型：环境治理约束视角[M]. 北京：经济科学出版社，2017.

[40] 李默洁，王璐雯，米志付. 中国消除能源贫困的政策与行动[J]. 中国能源，2014，36（8）：40-43.

[41] 李澎. 燃煤工业锅炉现状及能效提升途径研究[J]. 中国化工装备，2016（6）：19-21.

[42] 李晓红. 兰炭产业助力京津冀改善环境[N]. 中国经济时报，2017-01-16（006）.

[43] 李长安，王德刚，李小龙. 规模化养猪场沼气工程成本效益典型案例研究[J]. 浙江农业科学，2013，1（12）：1679-1682.

[44] 刘惠萍，罗永浩，侯震寰. 工业锅炉清洁燃料替代与系统节能技术研究探索[J]. 上海节能，2012（2）：20-21.

[45] 刘俊. 污染治理投资评价理论与方法探讨[D]. 上海：同济大学，2006.

[46] 刘培伦. 散煤燃烧现状及防控策略研究[J]. 科技经济导刊，2017（18）：232.
[47] 刘乾辰. 浅谈洁净煤发电的 IGCC 技术[J]. 科技致富向导，2011（17）：92，56.
[48] 刘睿，翟相彬. 低碳火电项目成本效益分析[M]. 北京：中国电力出版社，2015.
[49] 刘铁. 城区清洁能源替代政策的影响评估[D]. 上海：上海交通大学，2009.
[50] 刘叶志，余飞虹. 户用沼气利用的能源替代效益评价[J]. 内蒙古农业大学学报（社会科学版），2009，11（1）：105-107.
[51] 刘媛. 生物质发电环境成本核算及效益评估[D]. 北京：华北电力大学，2014.
[52] 马国远，邵双全. 寒冷地区空调用热泵的研究[J]. 太阳能学报，2002，23（1）：17-21.
[53] 马杰. 促进我国清洁能源发展的财税政策研究[M]. 北京：经济科学出版社，2014.
[54] 马骏，李治国.$PM_{2.5}$减排的经济政策[M]. 北京：中国经济出版社，2014.
[55] 孟庆堂. 费用效益分析在能源规划环境影响评价中的应用[D]. 天津：南开大学，2004.
[56] 孟亚东，孙洪磊. 京津冀地区“煤改气”发展探讨[J]. 国际石油经济，2014（11）：84-90.
[57] 庞卫科，吕连宏，罗宏. 适用于我国农村地区的低温空气源热泵采暖技术[J]. 环境工程技术学报，2017，7（3）：382-387.
[58] 清洁能源行动办公室. 城市清洁能源行动规划指南[M]. 北京：中国环境科学出版社，2005.
[59] 任勇，周国梅. 环境政策的经济分析：案例研究与方法指南[M]. 北京：中国环境科学出版社，2011.
[60] 茹毅. 吸收式热泵技术在工业余热回收利用中的应用研究[D]. 太原：太原理工大学，2012.
[61] 师琼. 洁净煤技术的发展简史[D]. 太原：山西大学，2007.
[62] 王春兰，许诚，徐钢，等. 京津冀地区天然气和热泵替代燃煤供暖研究[J]. 中国环境科学，2017，37（11）：4363-4370.
[63] 王东. 煤炭化学工业的现状及发展[J]. 榆林科技，2015，（3）：5-8.
[64] 王东升，刘明锐，白向飞，等. 京津冀地区民用燃煤使用现状分析[J]. 煤质技术，2016，（3）：47-49.
[65] 王宏利. 能源财税政策成本效益分析[J]. 经济研究参考，2006（14）：29-42.
[66] 王盼盼. 中国洁净煤技术发展现状、问题及对策分析[J]. 科技传播，2013（6）：94，96.
[67] 王小兵. 关于太原市大力发展洁净煤的可行性分析及建议[J]. 山西能源与节能，2003（2）：29-30.
[68] 王忠良，华德尊，李春艳. 大气环境容量与工业布局关系研究[J]. 环境科学与管理，2008（1）：18-21.
[69] 巫永平，喻宝才，李拂尘. 基于成本收益分析的“天然气替代燃煤政策”评估——兼论天然气替代燃煤的经济效益和环境效益[J]. 公共管理评论，2014，16（1）：3-14.
[70] 武忠，查春. 论洁净煤技术产业化与山西省能源结构优化[J]. 煤，2003，12（1）：60-62.
[71] 肖婧，王伟，郭庆慈，等. 空气源热泵在北京低温环境下运行性能的现场实测研究[J]. 建筑科学，2010，26（10）：242-245.
[72] 谢青青. 居民阶梯气价实行现状及效益评价研究[J]. 天然气技术与经济，2015，9（1）：67-69
[73] 许磊. 夏热冬冷地区地源热泵技术的应用研究[D]. 南京：南京理工大学，2013.

[74] 薛惠娟. 在全省尽快推广使用洁净煤[N]. 河北日报，2014-02-10（012）.

[75] 杨洋，祁娇，张冉. 基于污染治理视角的洁净煤燃烧技术的经济效益和环境效益分析[J]. 矿业科学学报，2016，1（3）：291-298.

[76] 姚建平. 中国农村能源贫困现状与问题分析[J]. 华北电力大学学报（社会科学版），2013（3）：7-15.

[77] 叶建东，章永洁，蒋建云，等. 农村型煤替代散煤采暖对比分析[J]. 建筑节能，2016，44（11）：102-103.

[78] 于波，辛毅. 发展洁净煤技术建设美丽中国[J]. 北方环境，2013（8）：35-38.

[79] 于涛，乔春珍，赵玉清. 空气源热泵+散热器低温采暖在北京农村地区应用的综合性分析[J]. 节能，2014（12）：51-54.

[80] 云雅如，王淑兰，胡君，等. 情景分析法在我国环境保护相关领域管理决策中的现状与展望[J]. 中国人口·资源与环境，2012，22（S2）：131-135.

[81] 曾春花. 北京某区域分布式能源规划环境效益及环境问题分析[J]. 沈阳工程学院学报（自然科学版），2014，10（4）：305-308.

[82] 张灿，周志恩，杨三明. 推行洁净煤技术促进重庆市节能减排[J]. 三峡环境与生态，2010（3）：52-56.

[83] 李澎. 燃煤工业锅炉现状及能效提升途径研究[J]. 中国化工装备，2016（6）：19-21.

[84] 张嘉强. 农户沼气使用及生态环境效益评价：来自恩施州的证据[D]. 武汉：华中农业大学，2008.

[85] 赵嘉博，刘小军. 洁净煤技术的研究现状及进展[J]. 露天采矿技术，2011（1）：66-69.

[86] 中国工业节能与清洁生产协会. 中国节能减排发展报告：能源与环境的双赢机会[M]. 北京：中国经济出版社，2014.

[87] 钟连红，刘晓，李志凯，等. 北京居民生活用煤大气污染控制思路与对策[J]. 环境保护，2015，43（z1）：77-78.

[88] 朱书全，戚家伟，崔广文. 我国洁净煤技术发展现状及其发展意义[J]. 选煤技术，2003（6）：47-51.